Y

｜王向远译学四书｜

中国译学史新论

【王向远】————— 著

九 州 出 版 社
JIUZHOUPRESS

图书在版编目（CIP）数据

中国译学史新论／王向远著．--北京：九州出版
社，2021. 11

ISBN 978-7-5225-0727-9

Ⅰ．①中… Ⅱ．①王… Ⅲ．①翻译—语言学史—中国
—文集 Ⅳ．①H159-092

中国版本图书馆 CIP 数据核字（2021）第 249508 号

中国译学史新论

作　　者	王向远　著
责任编辑	王海燕
出版发行	九州出版社
地　　址	北京市西城区阜外大街甲 35 号（100037）
发行电话	（010）68992190/3/5/6
网　　址	www.jiuzhoupress.com
印　　刷	唐山才智印刷有限公司
开　　本	880 毫米×1230 毫米　32 开
印　　张	12. 25
字　　数	252 千字
版　　次	2023 年 1 月第 1 版
印　　次	2023 年 1 月第 1 次印刷
书　　号	ISBN 978-7-5225-0727-9
定　　价	99. 00 元

目 录
CONTENTS

三、翻译文学史与译学思想史析论

前　言

　　《中国译学史新论》作为《王向远译学四书》之一，为作者首次结集出版的一部古今译学史的专题论集。

　　从学术概念的角度看，"译学史"不同于"翻译史"，两者有相通之处，但重心不一。翻译史的重心是"翻译"，主要是翻译实践的历史，译学史的重心是"译学"，是将翻译作为一门学问并予以探究、言说的历史，主要表现为翻译理论史。众所周知，古代中国翻译实践兴旺发达，翻译家们跨越表意文字与拼音文字两种不同的语言语系，持续翻译近九百年，译出了上亿字的佛典，形成了源远流长的翻译史；与此同时，也出现了不少翻译理论家，他们将翻译作为一门学问予以探讨琢磨，从而形成了独具特色的中国译学史。

　　中国译学与其他一切学问形态一样，起初并不是要特意创造出一种学问或理论，而是朴素的、不自觉的、自然发生的，久而久之才渐成学问之形的。但是，即便如此，由于中国古代翻译主要是佛典的翻译，译学也是佛典的译学，所以一直以来，关于译学的问题都是在佛学范畴内进行的。古代译学的文献资料大都包含在佛学之中，译学问题主要从属于佛学问题，这样"译学"也就难以独立。站在现代学科意识的角度看，中国古代译学史虽源远流长，但"译学"的学科意识却相对较为薄弱。所以，对中国古代"译学"研究与阐发，必待"翻译学"学科意识的自觉。因此，一直到了20世纪，特别是20世纪后半期，中国古代有"译学"这一事才逐渐被确认，对中国古代译学的研究也才逐渐展开。

而且，这个过程是缓慢艰难的，开始时人们审慎地称之为"翻译论"或"翻译理论"或"翻译研究"，到了20世纪末至21世纪之交，才开始使用"译学"这个概念。从概念辨析的角度看，由"翻译论""翻译理论""翻译研究"的概念，再到"译学"的概念，就是承认了中国人对翻译不仅有议论、有研究、有理论，而且形成一种学科形态——译学。

有了"译学"的学科意识，就会用它来梳理中国译学的历史。1990年代初出现了陈福康著《中国译学理论史稿》那样的填补中国古今译学史空白的著作，但是可惜这样的译学通史类书籍不可多得。此后，出版了若干大部头、多卷册的中国翻译史的通史，翻译的断代史、专门史的著作更多，但全面深入、丰富翔实的中国译学史著作，至今仍在期待中。

不过，进入21世纪以来翻译学界陆续发表的相关论文与著作，实际上都在为今后"中国译学史"的撰写做准备、打基础。最重要的是在个别具体问题上，对相关史料有所挖掘、有所整理、有所发现。特别是发现史料中所蕴含的理论问题、所提出的理论命题，并将概括和反映这些理论问题及理论命题的概念与范畴，一个个地提炼出来。本书所做的工作，主要体现于此。

在古代译学概念的提炼方面，笔者曾在《"翻""译"的概念——中国古代"翻译"概念的建构》一文中，从翻译方法的角度，辨析了"译"与"翻"两个不同的元概念，并以此作为"译文学"体系建构的出发点；又在《汉译佛典"出经"及其概念功能》一文中认为，魏晋南北朝时期频频使用的"出经"一词不同于后来所说的"译经"或"翻经"，具有很强的概念功能。早期"出经"的主体多是"执梵本"的外僧，本土"译"（传译）者仅仅助其传达，因而"出经"一般不称"译经"，出经场所也不称"译场"。"出经"不是单纯的翻译活动，很难用"译经"或"翻经"来概括。到了佛经汉译后期，唐玄奘对以往的"出经"方式做了彻底的简化改革，使其成为单纯的翻译活动，以此终结了"出经"时代，进入了中国人自主翻译的"新译"时代。

除"译/翻"与"出经"这样的翻译方法或翻译行为的概念之外，中国古代译学者还有一整套关于"译本"或"译文"的概念，笔者在《中国古代译学五对范畴、四种条式及其系谱构造》一文中，发现和提炼了中国古代译学在翻译文本（译本、译文）的识别与评价方面形成的五对范畴，即"胡本/梵本""全本/抄本""异本/合本""旧译/新译""失本/得本"，又总结了古代译学在翻译行为的经验论、实践论与操作论方面形成的分条论列的四种"条式"，即道安的"五失本、三不易"、彦琮的"十条"与"八备"、玄奘的"五不翻"和赞宁的"六例"。我认为，这五对范畴和四种条式，连同上述的"译/翻"与"出经"概念，可以作为中国古代译学史建构的几个理论焦点及体系建构大纲。

对一些重要理论问题的辨析辨正也是中国古代译学史研究的重要环节。对中国古代译学史上影响很大的理论命题，如何正确训释和理解，对于中国传统译学理论的阐发与继承具有重要意义，笔者在《"不易"并非"不容易"——对释道安"三不易"的误释及其辨正》一文中，认为对释道安的"五失本、三不易"论长期存在误释误读，"三不易"之"不易"一直被训释为"不容易"，并且把"三不易"当作三条"不容易"做而又必须努力去做的事来理解，这不仅不符合"五失本"与"三不易"之间的逻辑关系，而且完全颠倒了道安的原意。从文字训诂及道安一贯的翻译思想来看，"不易"宜作"不变"解。"不易"并非"不容易"，而是不变、"不轻易"或"勿轻易"之谓。"三不易"是为了规避"五失本"而对译者提出的三条"勿轻易而为"，概言之，就是勿轻易以古适今，勿轻易以浅代深，勿轻易臆度原典，此可视为翻译的"三戒"。

整体看来，中国古代译学史的资料资源十分丰富，但由于长期缺乏"译学"的学科意识，现有的研究还很不够，还有许多问题需要发现、提炼、辨正与总结，待重要的理论问题各个击破之后，中国古代译学史的研究才会水到渠成。

晚清以降的中国现代译学，从纵向上看是承接了中国古代译学传统。这主要表现在以严复为开端的中国现代译学，是从中国古代译学的"信""达""雅"（亦可合称"信达雅"）概念的理解与使用开始的。"信达雅"论成为古代译学与现代译学之间的津梁，而且作为现代译学的一组最重要的概念，贯穿着整个中国现代译学史。同样地，关于翻译的"神似"与"形似"，也与传统译学、美学中的"形""神"之辨颇有渊源关联。但是现代译学毕竟也有其"现代性"，主要是要应对和处理现代翻译中的一些新问题，并且受到了西方译学的一些影响。例如，所谓"可译"与"不可译"作为一个理论问题就是从西方传过来的，这个问题纯粹就是西方人提出来的，因为在中国传统译论中有"翻"与"译"的分别，这个问题实际上早已解决——凡是"不可译"的就"翻"，凡是可"翻"就不用"译"。再如，关于"直译"与"意译"的概念，则是从日本那里传来的，中国传统译学中固然有"直译"的概念，但指的却是直接从某种外文翻译，而不经过其他语言转移，大体相当于"迻译"的意思，而"直译/意译"中的"直译"，却是与改动原文句法结构的"意译"相对而言的迻译。又如，翻译到底属于"科学"还是"艺术"的问题及其争论，也是一个带有强烈现代西方色彩的问题，在中国传统译论中，并没有"科学/艺术"这样截然的二元对立，相近似的只有"文"与"质"或者"信"与"美"之类的概念。

现代中国译学学科意识的自觉与强化，集中体现在翻译文学国别归属的理论争鸣中，中国的翻译文学究竟属于中国文学，还是仍然属于外国文学，这是在 20 世纪最后二十年间困扰中国学界的一大问题，为此展开了长时间的争鸣。通过学术争鸣、概念辨析、中外比较、翻译史研究等种种方式，在 20 世纪与 21 世纪之交，对这个问题的认识已经大体一致，问题也基本得到解决，那就是：中国的翻译文学不同于中国文学，也不是外国文学，而是中国文学的一个特殊组成部分。这个问题的解决，标志着中国译学有了自己的学科界定，获得自身合法性的基础。而且，进入 21 世纪后，随着中国译学建构的加倍努力，中国译学也有了自己独特的概念与论题，例如，围绕许渊冲先生的"三美""三化""三之"（简称"美化之艺术"）这三论，中国译学界展开了理论争鸣。对于这些理论争鸣，笔者曾在《二十世纪中国文学翻译之争》（2005 年，与陈言合著）一书中，做了较为系统的评述。又在《中国文学翻译九大论争》（2007 年）中，对上书做了进一步补充、修订与简练。本书第二栏的第二至第七篇文章，就是在《中国文学翻译九大论争》的基础上编订而成的。

最近几年来，中国译学的新动向，就是围绕"创造性叛逆"这一西方概念的中国适用性问题，展开了"创作性叛逆"论与"破坏性叛逆"论的争论，又由此而进一步生发了"译介学"与"译文学"两种译学范式之间的讨论与争论。这些问题与理论建构固然有着开放的学术视野乃至世界背景，但却是中国译学自己的独特问题，而不是从外国接过来的问题，因为国外似乎并没有类似问题的鲜明提出与辨析。这些问题表明，当代中国译学理论与译学建构取得了巨大的进步，中国不仅仍然是一个翻译大国，而且也是译学大国，如今译学及译学理论建设也远远走在世界前列。这样的判断，也许会受到质疑，但却经得起质疑与追问。

通过这样的简单回顾亦可发现，中国古今译学史，以基本概念、范畴、命题、论题为中心、为节点，已经具备了大致的轮廓。译学史作为翻译史的思想提纯形态，虽然看上去其丰富性不能与作为实践层面的中国翻译史相比，但译学思想史是需要从翻译史上去发掘、发现、总结和提炼的，译学史的研究撰写相对于一般翻译史、翻译文学史而言也要困难得多。笔者在本书第三栏的文章中，就尝试做了这样的总结提炼工作，对中国翻译文学史的理论与方法问题，中国翻译文学史的类型与写法做了初步的探索，而其中的《中国翻译思想的历史积淀与近年来翻译思想的诸种形态》一文，也可以视为中国译学通史的一篇提纲挈领之文。所谓"历史积淀"，是要挖掘传统译学的资源，最终落脚于"近年来"即进入 21 世纪之后的中国译学。

本书题名《中国译学史新论》，平台范围是"中国译学史"，而内容则是"译学新论"。这就意味着，今后《中国译学史》的撰写，应该不同于一般历史书那样的时代编年体的写法，也不是以人物为单元的学术传记式的写法，而是以译学思想的发展演变为线索，以概念、范畴、命题的提炼与辨析为基本单元，予以逻辑的展开。为此，笔者自己需要继续努力，更期待、更乐见译学界的同事们推出研究成果。

一、古代译学史新论

古代译学的范畴、条式与体系^①

　　中国古代翻译学是在近千年间印度佛经翻译的实践中逐渐形成的，是在东方文化范畴内产生的，是东方译学的代表，也是我们的东方学研究的重要层面。中国古代译学在翻译文本（译本、译文）的识别与评价方面形成了五对范畴，即"胡本/梵本""全本/抄本""异本/合本""旧译/新译""失本/得本"；在翻译行为的经验论、实践论与操作论方面，形成了分条论列的四种"条式"，即道安的"五失本、三不易"、彦琮的"十条"与"八备"、玄奘的"五不翻"和赞宁的"六例"。以这五对范畴和四种条式为支点，形成了独特的内在构造与理论体系。它将静态的译本形态论与动态的翻译行为论结合起来，兼具学术翻译的性质和文学翻译的品格，具有普遍和恒久的

---

① 本文原载《安徽大学学报》2016 年第 3 期，原题《中国古代译学五对范畴、四种条式及其系谱构造》。

理论价值，在世界译学中堪称独步。但迄今学界对此估价过低，这是需要反思和矫正的。

汉译印度佛典是东方文化内部交流的产物，汉译佛典不仅是一种翻译实践，也是一种翻译理论产生的温床。在大量的汉译佛典的序、跋、记以及"高僧传"等文体样式中包含丰富的译学思想，是同时期东方各国唯一自成体系的译学，这不仅是中国译学，也是"东方译学"。

汉译佛典中的东方译学所具有的独特的概念范畴与命题，都与具体的翻译文本的论述密切相关，基本上属于"译文学"即"译文之学"的范畴。但是一直以来，译学界对中国古代翻译范畴及其系谱构造问题研究得很少。杨自俭教授在十几年前曾说过：译学范畴的研究很重要，但现在的问题"一是对传统译学范畴自身特点的研究很少；二是对传统译学范畴体系也无从进行理性的鉴定。就是钱锺书和罗新璋的研究在上述问题上也没有什么突破"。①近年来相关研究虽然陆续发表，然而大都受到流行的"文化翻译"观念及"译介学"模式的影响，习惯于站在文化、哲学、美学及文论的立场上，从"诚""信"等儒学范畴或"神韵""意境"等美学范畴切入翻译研究。例如有一部专门研究"中国传统译论范畴及其体系"的专著，用了20多万字的篇幅，迂回曲折、翻山涉水地加以引

---

① 杨自俭：《中国传统译论的现代转化问题》，《中国传统译论经典诠释》，武汉：湖北教育出版社，2003年，序言第6页。

证论述，最终认定"'道、诚、有无、意象'可确立为传统译论本体论范畴"。① 似这样以中国传统哲学、美学或文论的范畴代替译学的范畴，结果势必会使翻译学从属于哲学、美学或文论，反而掩蔽了中国传统译学的特色乃至译学本身，给人的印象是中国古代译学没有自身特有的范畴，实际上也就没有"译学"或"译论"（翻译理论）可言。其实这不是对"中国传统译论范畴与体系"的"研究"，而是对"传统译论范畴"的消解，是对"传统译论体系"的抹杀与解构。

实际上，通过对译学文献的细致的研读与发掘，我们就会发现中国古代译学既有自己特有的范畴，也形成了自己特有的理论体系。关于翻译本体论，有两个元范畴"译"与"翻"及其合璧词"翻译"。② "翻译"又分"翻译文本"与"翻译行为"两个方面，其中关于翻译文本至少有五对范畴——"胡本/梵本""全本/抄本""异本/合本""旧译/新译"，还有一组对译本加以价值判断的范畴"得本/失本"（或称"案本/乖本"）；关于翻译行为，则主要通过分条加以列示的"条式"表现，主要有四种条式——"五失本、三不易""十条、八备""五不翻"和"六例"。把中国古代译学范畴从大量译学文献中提炼出来，并将其组织化、谱系化，是中国古代译学、东方译学研究的不可缺少的基础性工作。

---

① 张思洁：《中国传统译论范畴及其体系》，上海：上海译文出版社，2006年，第120页。
② 参见拙文《"翻""译"的思想——中国古代"翻译"概念的建构》，《中国社会科学》2016年第2期。

一、五对范畴

1. 胡本/梵本

要说明"胡本"与"梵本",须先说明它们与"经"、与"本"这两个概念的关系。作为佛教的"经",是梵文"修多罗"的意译,狭义上是指佛教三藏"经、律、论"之一,即佛教诸经,主要指佛陀所说并由其弟子结集的文本。而在佛经翻译的语境中,"经"的概念要宽泛得多,不仅指"经律论"之"经",也泛指三藏。佛经翻译的常用术语是"出经"。"出"就是诵出、译出,"经"指的是一切佛教经籍。如东晋释道安在《摩诃钵罗若波罗蜜经抄序》中,说"阿难出经,去佛未久"。① "出经"指的是阿难陀诵出经文;而"前人出经,支谶、世高,审得胡本",是说在以前的"出经"中,支谶、安世高的翻译对"原本"搞得非常清楚明白;又在《鞞婆沙序》中,有"昔来出经者,多嫌胡言方质而改适今俗"。② 东晋僧人支愍度在《合首楞严经记》中也有"凡所出经,类多深玄",③ "出经"指的是译出佛经。

所谓"本",则是"经"的物态化、具体化、书本化。"本"就是文本,在更多情况下指的是"原本"即"原文"。

---

① (东晋)道安:《摩诃钵罗若波罗蜜经抄序》,僧祐《出三藏记集》卷八,苏晋仁、萧鍊子点校,北京:中华书局,1995年,第290页。版本下同。
② (东晋)道安:《鞞婆沙序》,僧祐《出三藏记集》卷十,第382页。
③ (东晋)支愍度:《合首楞严经记》,僧祐《出三藏记集》卷七,第270页。

而"原本"或原文具体所指的就是"胡本"或"梵本"。"胡本/梵本"这两个概念的区分有一个较长的过程。在支谦、道安时代,"胡本"又称"胡经",泛指一切佛经原本,包括印度的"梵本"和西域诸国的"胡本"。

三国时代译经家支谦在《法句经序》中说:"……又诸佛兴,皆在天竺。天竺言语与汉异音,云其书为天书,语为天语,名物不同,传实不易。唯昔蓝调、安侯世高、都尉、弗调,译胡为汉,审得其体。"①在这里,前面说的"天竺言语"即梵语,后接着说"译胡为汉",此"胡"当然指的是"梵"。道安的《比丘大戒序》中有"译胡为秦"一句,在《摩诃钵罗若波罗蜜经抄序》中也有"译胡为秦","胡"指"胡语""胡经";《鞞婆沙序》中有"传胡为秦"等句,"胡"指的都是原本。道安在《阿毗昙序》中有"胡本十五千七十二首卢,秦语十九万五千二百五十言"②之句,将"胡本"与"秦言"对举。

东晋佚名作者在《首楞严经后记》中,说支施崙在翻译时"手执胡本"。③ 支施崙是月支人,他手执的本子很可能就是真正的"胡本"。东晋高僧释慧远在《三法度经序》中说到《三法度经》的翻译时,说僧伽提婆"自执胡经,转为晋言",④ 僧伽提婆是罽宾(中亚古国)人,他手里拿的"胡

---

① (东汉)支谦:《法句经》,僧祐《出三藏记集》卷七,第273页。
② (东晋)道安:《阿毗昙序》,僧祐《出三藏记集》,第377页。
③ 佚名:《首楞严经后记》,僧祐《出三藏记集》,第271页。
④ (唐)慧远:《三法度经序》,僧祐《出三藏记集》,第380页。

本"是梵语的本子还是西域胡语的本子，语焉未详。

有时显然是把"梵本"说成"胡本"。如后秦时期跟随鸠摩罗什译经的僧叡在《大品经序》谈到鸠摩罗什翻译时"手执胡本，口宣秦言，两释异音，交辩文旨"；[①] 慧皎《高僧传》卷二记载"鸠摩罗什，此云童寿，天竺人也"，从小出家学习佛经，所以鸠摩罗什手执的"胡本"必是"梵本"无疑。看来，所谓"胡本"也包括了天竺的原本和来自西域的原本，"胡本""梵本"并不仔细区分。在许多情况下，僧祐把"梵"包含在"胡"之中，例如在《胡汉译经文字音义同异记》一文中，他显示了丰富的语言学知识，把当时世界的语言文字分为"梵""佉楼"（印度闪米特语系文字）和仓颉造的汉文字三种，并从翻译的角度，对梵汉的音义做了比较，认为两者存在巨大差异，从而强调"宣领梵文，寄在明译。译者释也，交释两国"。[②] 这里说的是"梵文"与"汉文"之间的"宣领"（翻译领会），是中印两国之间的"交释"。但是在这篇文章的最后，他说"言本是一，而胡、汉分音，义本不二，则质文殊体"，前面的"梵""汉"又变成了"胡、汉"。可见在僧祐那里，"梵"是"胡"的一种，梵语、梵本是包含在胡语、胡本当中的。

当然，也有把梵本称为"梵本"者。支愍度在《合维摩诘经序》中谈到《维摩诘经》时，有"斯经梵本，出自维耶

---

① （东晋）僧叡：《大品经序》，僧祐《出三藏记集》卷八，第292页。
② （梁）僧祐：《胡汉译经文字音义同异记》，僧祐《出三藏记集》卷一，第13页。

离"一句。维耶离又作吠舍离、毗舍离，是古印度十六个大国之一，出自那里的《维摩诘经》自然不是"胡本"，所以在此支愍度用"梵本"称之。同样，南朝刘宋时代的释法云（道慈）在《胜鬘经序》中记载"有天竺沙门，名功德贤，素业敦尚，贯综大乘，远载梵本，来游上京"，[①] 其中明确将天竺人功德贤带来的佛经本子称为"梵本"。但起码在魏晋南北朝时期，像这样明确地区分"梵本"的情况并不多见。

在佛经翻译文献中"胡本"与"梵本"不太区分，是当时"胡与汉""东与西"或"中与外"二分法的地理观念造成的，也是因为当时佛经的"主译"大多是印度人或西域人，而中方的"笔受""度语"等协助翻译的人员并不直接地接触原文，造成了"原文"或"原本"意识的薄弱。而对翻译活动加以记载与评论的，基本上是像道安、僧叡、僧祐那样的不太懂原文，但又组织和主持译事、对翻译问题较为了解的高僧们。

对上述道安等人将"梵本"与"胡本"合为一谈的问题，隋代的彦琮在《辩正论》一文中予以了批评，他写道：

> 旧唤彼方，摠名胡国，安虽远识，未变常语。胡本杂戎之胤，梵唯真圣之苗，根既悬殊，理无相滥。不善诸悉，多致雷同，见有胡貌，即云梵种，实是梵人，漫云胡族，莫分真伪，良可哀哉！语梵虽讹，比

---

① （梁）法云（道慈）：《胜鬘经序》，僧祐《出三藏记集》卷九，第349页。

胡犹别，改为梵学，知非胡者？①

　　彦琮认为，以前用"胡"来总称所有的外国，道安虽然具有远见卓识，但仍然没有改变"胡"的这种"套话"；彦琮由此认为"胡本"是夹杂着"戎"（西戎）的一些成分的，而只有"梵"才是正宗的"真圣之苗"。彦琮强调区分"胡"与"梵"及"梵本"与"胡本"两种原本之间的区别，是原文意识强化的表现。更重要的是他要在"胡本"和"梵本"两者之中，强调"梵本"的正统性与权威性，进而在"梵本"与译本两者之中，强调"梵本"的正统和译本的局限。他甚至认为，如果学习了梵语，翻译就不必要了。他说：

　　　　俗有可反之致，忽然已反；梵有可学之理，何因不学？又且发蒙草创，服膺章简，同鹦鹉之言，仿邯郸之步，经营一字，为力至多，历览数年，其道方博，乃能包括今古，网罗天地，业似山丘，志类渊海。彼之梵法，大圣规摹，略得章本，通知体式，研若有功，解便无滞。匹于此域，固不为难，难尚须求，况其易也！或以内执人我，外惭咨问，枉令秘术，旷隔神州，静言思之，愍而流涕。向使法兰归汉，僧会适吴，士行、佛念之俦，智严、宝云之末，

---

　　①　（隋）彦琮：《辩正论》，道宣《续高僧传》卷二，郭绍林点校，北京：中华书局，2014年，第54页。

才去俗衣，寻教梵字，亦霭僧数，先披叶典，则应五天正语，充布阎浮，三转妙音，普流震旦，人人共解，省翻译之劳，代代咸明，除疑纲之失。①

从贬低"胡本"到推崇"梵本"，从推崇"梵本"到主张学习梵语，从认为译本只是鹦鹉学舌、邯郸学步，到认为那些会梵语的译者与其翻译不如教授梵语，以使得"五天正语（梵语）充布阎浮，三转妙音，普流震旦，人人共解，省翻译之劳"，这是典型的"原文中心主义"或"原典至上主义"。当然，彦琮并不是无条件地否定翻译，而是在"原本"与"译本"的价值判断中，充分认识到了译本的局限性，意识到就原文而言，翻译只是仿造品。同时，也因为中国地广人多，佛经翻译的译本不同，徒然造成理解上的歧义，所以不如直接读梵本，"直餐梵响，何待译言?"②在译经鼎盛的隋唐时代，彦琮的话不啻逆耳之言，振聋发聩。当然，这里只是表达了他崇尚梵文原本的心情，其意图并不是主张以学梵文取代翻译。否则，他就不会写作《辩正论》来专"正"翻译之道了。

2. 抄本/全本

"抄本"和"全本"是佛经翻译的两种文本形式。其中，在古代译论文献中，"抄本"常常写作"抄撮""抄经"，"全本"又写作"委本"。

---

① （隋）彦琮：《辩正论》，道宣《续高僧传》卷二，第54—55页。
② （隋）彦琮：《辩正论》，道宣《续高僧传》卷二，第57页。

道安的《道行经序》在谈到早期佛典《道行品》的译文时写道：

> 佛泥曰后，外国高士抄九十章为《道行品》。桓灵之世，朔佛赍诣京师，译为汉文。因本顺旨，转音如已，敬顺圣言，了不加饰也。然经既抄撮，合成章指，音殊俗异，译人口传，自非三达，胡能一一得本缘故乎？由是《道行》颇有首尾隐者。古贤论之，往往有滞，仕行耻此，寻求其本，到于阗乃得。送诣仓垣，出为《放光品》。斥重省删，务会婉便，若其悉文，将过三倍。善出无生，论空特巧。传译如是，难为继矣。二家所出，足令大智焕而阐幽。支谶全本，其亦应然。何者？抄经删削，所害必多，委本从圣，乃佛之至诚也。①

这里讲的是不同文本、不同译本之间，"抄撮"（即抄译本）或节译本与全译本（"全本"）之间的复杂关系。一是全本与节译本的关系，《道行品》先有"外国高士"所"抄"或"抄撮"的抄本（节选本），竺朔佛据此译出；接着朱仕行寻得原本，并根据原本翻译了"斥重省删"的抄本，最后是支谶的"全本"（全译本）。道安肯定了前两个抄译本的特点

① （东晋）道安：《道行般若经序》，僧祐《出三藏记集》卷七，第263—264页。

和价值，认为它对读者是有益的。但是，从译本形态上看，同样是节译本，竺朔佛和朱仕行的本子是不同的，因为竺朔佛译本所依据的本来就不是原本而是抄本。抄本内容本来就不全（"颇有首尾隐者"），故而不可能保证处处都忠实原文（"得本"），因此在读者阅读理解的过程中"往往有滞"。由于这样的原因，朱仕行便去寻求原本并且重新节译为《放光品》。虽然《放光品》仅仅抄译了原文的三分之一，但在道安看来它在阐述佛教的"无生"和"空"论方面颇得要领，所以高度赞赏曰"传译如是，难为继矣！"但是，无论如何，以上两种毕竟都是节译本。支谶本来也可节译的，但他没有节译，"何者？抄经删削，所害必多"，而只有"委本"才能做得到"从圣"。道安在这里所论及的不同文本之间的关系，是翻译学中的重要问题之一。早期翻译往往因为条件所限，对译者及读者的要求都不高，节译本多，一定程度的删繁就简的节译是应该存在的，而在抄译中，所据文本是否是原作，也影响到了不同抄译本的价值。在中国佛经翻译史上，抄译本往往是过渡时期的产物，后来才会出现全译本。但是，严格地说，由于中外文体的差异，并非所有的译本都需要"一一得本"的全译本，不能"一一得本"的"失本"也是允许的。

关于抄译本，释慧远在《大智论抄序》中谈到童寿（鸠摩罗什）译的《大智度论》，说他"以此论深广，难卒精究，因方言易省，故约本以为百卷。计其所遗，殆过参倍"。未译出的部分是原文的三倍。换言之，一百卷的"约本"也只是百卷原文的四分之一。但是慧远说，即便如此"文藻之士犹以为烦"。他认为，假如不加以抄译，就会"咸累于博，罕既其实。譬大羹不和，虽味非珍；神珠内映，虽实非用"。[①] 可见，对于这样的"约本"的必要性及其价值，慧远是予以充分肯定的，认为原文篇幅太庞大，就好像大餐虽有滋味，但味道杂而不和，又仿佛珍珠藏在里面不得见，也没有什么用处，从而肯定了抄译的独特价值。

僧祐在《抄经录》中专门讲了"抄经"及其抄译本的问题，他说："抄经者，盖撮举义要也。昔安世高抄出修行，为《大道地经》。良以广译为难，故省文略说。及支谦出经，亦有孛抄。此并约写梵文，并隔断成经也。而后人弗思，肆意抄撮。或棋散众品，或芟剖正文。既使圣言离本，复令学者逐末。"[②] 认为"抄经"是古代佛经文本中的常见现象，同时指出佛经的全译（广译）很难，可以抄译，但只有像安世高、支谦那样的翻译大家，所抄译的经典才可靠可行。而后人以为抄经容易，便肆意抄撮，结果既毁坏了经典，也有害于读者。也就是说，正是因为抄译要"撮举义要"，并不比"广译"容易些，所以"抄译"不能轻易为之。

3. 异本/合本

所谓"异本"指的是同一个原本的不同译本，作为古代翻译理论术语，多有使用。如支愍度在《合首楞严经记》中，有"今不见复有异本也"。支愍度在《合维摩诘经序》中对

---

① （唐）慧远：《大智论抄序》，僧祐《出三藏记集》卷十，第 391 页。
② （梁）僧祐：《抄经录》，《全上古三代秦汉三国六朝文》之四，北京：中华书局，影印版，第 3379 页。

"异本"的定义是："同本、人殊、出异。"① 也就是说，同一个本子，不同的人翻译，译出了不同的译文，就形成了异本。关于同一原本形成不同译本的原因，僧祐也在《新集条解异出经录》中做了分析，他说："异出经者，谓胡本同而汉文异也。梵书复隐，宣译多变，出经之士，才趣各殊。辞有质文，意或详略，故令本一末二，新旧参差。若国言讹转，则音字楚夏；译辞格碍，则事义胡越。岂西传之踳驳，乃东写之乖谬耳。是以《泥洹》《楞严》重出至七，《般若》之经，别本乃八。傍其众典，往往如兹。"②他所说的"异本"是作为译本的异本，是由不同时代、不同译者、不同翻译质量以及传播过程中的变异而形成的不同的本子。

所谓"合本"，有时又称"合部"，就是把两种以上的译本加以互相校勘，取长补短，合为一本。古代佛经中有若干合本者，一般首字都带"合"字。例如《合首楞严经》《合维摩诘经序》《合部金光明经》等。关于"合本"与"异本"的价值、特点及其相互关系的论述，以支愍度为最集中。他在《合首楞严经》中说，《首楞严经》的异本有五种，包括支谶译本、支谦（支越）译本、支谦改定支谶本、法护译本、叔兰译本。支谦译本散佚不见，支愍度就"以越（支谦）改定本为母、护（法护）所出为子，兰（叔兰）所译者系之，其所无者辄以其位记而别之"。也就是以支谦改定本为主，以法

① （东晋）支愍度：《合维摩诘经序》，僧祐《出三藏记集》卷八，第310页。
② （梁）僧祐：《新集条解异出经录》，僧祐《出三藏记集》卷二，第65页。

护译本为次，以叔兰译本做参考，合成一本，即成"合本"。关于各种"异本"的价值，支愍度认为它们有助于读者相互参照地理解，"求之语义，互相发明"。①他又在《合维摩诘经序》中谈到了《维摩诘经》的三种译本，即支恭明、法护、叔兰这三人的三种异本的特点：

> 此三贤者，并博综稽古，研机极玄，殊方异音，兼通开解。先后译传，别为三经，同本、人殊、出异。或词句出入，先后不同；或有无离合，多少各异；或方言训诂，字乖趣同；或其文胡越，其趣亦乖；或文义混杂，在疑似之间。若此之比，其涂非一。②

这里对异本之"异"的概括相当全面精当，涉及了词句的顺序、有无、离合，用字的"义"与"趣"的异同出入，还有文义似同非同等情形。关于合本的价值与作用，支愍度也做了清晰的判断与阐述，他在《合维摩诘经序》中认为："若其偏执一经，则失兼通之功；广披其三，则文嫌难究。余是以合两令相符……若能参考校异，极数通变，则万流同归，百虑一致。庶可以辟大通于末路，阖同异于均致。"③ 主张合本的

---

① （东晋）支愍度：《合首楞严经记》，僧祐《出三藏记集》卷七，第270页。
② （东晋）支愍度：《合维摩诘经序》，僧祐《出三藏记集》卷八，第310页。
③ （东晋）支愍度：《合维摩诘经序》，僧祐《出三藏记集》卷八，第310—311页。

兼收并蓄、取长补短的功能。

　　"异本/合本"，作为古代汉译佛经文本形态的一对概念，具有重要的理论价值。在某一原本已经有了若干种特点不同的译本的情况下，实际上后来的译者已经很难出新了。于是在佛经翻译中便出现了像《合首楞严经》《合维摩诘经序》那样的博采众长的"合本"，然而由于种种原因，合成译本这种形式及其"合本"的概念，在后世的翻译理论中几乎消失了。其实，后世的许多所谓"复译"便包含了"合本"的成分，只是笼而统之地被称为"复译"，这样便无法显示它与此前译本的继承关系。而现代翻译术语中作为"复译"之意的"重译"，则更有"重新翻译"的意思，给人的印象是译者撇开前译而另起炉灶，这实际上既不可能，也不可取。说"不可能"，就是译者明明知道以前有译本了，却还要翻译，肯定是出于某种考量，既已"考量"说明译者看过之前的译本，这种情况下要让译者在翻译中做到不看那些译本、不参考那些译本或不受那些译本的影响，是不可能的；说"不可取"，就是作为一个"复译本"或"重译本"的译者，却不对此前的译本加以研读，从而取其精华去其糟粕，以便超越之，那是极其不可取的。这样做不仅在翻译技艺上失去了学习前贤的机会，也剥夺了让读者含英咀华的可能。在这种情况下，古代译学中的"异本/合本"的概念在今天就显示出了运用的价值。有些本子，例如近百年来出现的成千上万、各种各样的《一千零一夜》(《天方夜谭》)，有许多并非原创，也不是翻译出来的，而是由各种异本"攒"出来的，因而既不能视其为"创作"，也不能叫它"复译"，而中性的、客观的叫法，就是"合本"。

4. 旧译/新译

"旧译/新译"是中国古代译学中文本形态的一对范畴，其中"旧译"又称为"前译"，"新译"又称"后译""新翻"。就中国古代佛经翻译而言，受宗教文化、政治历史等方面因素的制约与影响，不同时期的翻译呈现出较为鲜明的时代特征。而"旧译/新译"的译本形态论，不仅概括了不同时代译本的时间印记，而且已经触及了"译本老化"这一重要的理论问题。

影响译本老化的最直接的因素是翻译家的双语水平。旧译与新译的差异，很大程度上是由不同时期、不同译者的梵语水平的差异所决定的。中国古代翻译积累甚为丰厚，但最大的尴尬是双语译才的缺乏，据说在近千年的中国佛经翻译史上，能够精通双语的本土与外籍译者，最多也就十人左右。像鸠摩罗什那样的能够"手执胡本，口宣秦言，两释异音，交辩文旨"的人实在太少了。本土译者如玄奘者，也不啻凤毛麟角。对此，僧叡在《毗摩罗诘提经义疏序》中，从佛教"名/义"翻译处理的角度谈了这个问题。他认为此前的译经主要失误在于对佛经的一些基本概念的翻译出了偏差，而到了鸠摩罗什的翻译，这个问题才有了很大改观。他的体会是："既蒙鸠摩罗什法师正玄文，摘幽旨，始悟前译之伤本，谬文之乖趣耳。"他接下来举了几个例子，如"前译"就将"不来相"译为"辱来"，将"不见相"译为"相见"，将"未缘法"译为"始神"，将"缘合法"译为"止心"之类。僧叡认为像这样的"名"与"义"不合的情况，达到了"无品不用，无章不尔"的程度。①僧叡又在《小品经序》中谈到了《小品经》的翻经缘起，说后秦太子"深悟《大品》，深知译者之失"，所以请鸠摩罗什复译。僧叡断言："考之旧译，真若荒田之稼，芸过其半，未讵多也。"②认为旧译的一多半直如荒田杂草，这话未必算是过言，是他对"旧译"的一种判断。

在翻译高峰期的唐代，以前的翻译都成为"旧译"或"前译"了。作为唐代译场霸主的玄奘，对待旧译，是否定、是弃之不准使用，为此就要加以"新译"，如参与玄奘译场工作的许敬宗在《瑜伽师地论新译序》中记载了该经"新译"的情况。道宣《续高僧传》第二十七卷法冲的传记中也有记载云："三藏玄奘不许讲旧所翻经，冲曰：'君依旧经出家，若不许弘旧经者，君可还俗，更依新翻经出家，方许君此意。'奘闻遂止。"③可见玄奘是不许当时的僧人使用旧译佛经的，这种做法也得到了像法冲这样的僧人的抵制。对旧译的不满意乃至否定，当然是玄奘对旧译加以重译的根本动机。以玄奘登峰造极的梵典翻译水平，对旧译的不满和否定是可以想象的。但旧译也毕竟已经发挥了其历史作用，这一点恐怕是谁也不能完全否定的。

关于"旧译"与"新译"的历史变迁，彦琮在《辩正

---

① 参见僧叡：《毗摩罗诘提经义疏序》，僧祐《出三藏记集》卷八，第311页。
② （东晋）僧叡：《小品经序》，僧祐《出三藏记集》卷八，第298页。
③ （唐）道宣：《续高僧传》卷二十七，第1080页。

论》中做了回顾和评价，他认为"佛教初流，方音鲜会，以斯译彼，仍恐难明"；对于汉魏时代，他评价说："汉纵守本，犹敢遥议。魏虽在昔，终欲悬讨。"肯定了当时佛经译者的探求精神，但其译本"或繁或简，理容未适；时野时华，例颇不定"，在简繁、文质的问题上没有定例定规。到了晋、宋时代，虽然也不是没有四五个高德译出了八九部大经，但总起来说，"晋、宋尚于谈说，争坏其淳；秦、梁重于文才，尤纵其质"，认为晋宋秦梁时代，由于崇尚清谈和重文轻质的风气而影响到了翻译，把佛经给糟蹋了。而"自兹以后，迭相祖述，旧典成法，且可宪章，展转同见，因循共写，莫问是非，谁穷始末。'僧鬘'惟对面之物，乃作'华鬘'；'安禅'本合掌之名，例为'禅定'。如斯等类，固亦众矣"。① 从而导致了一系列误译。唐代的翻译史家道宣在《续高僧传》卷四"附论"中，回顾了自汉魏，经晋宋齐梁陈隋至唐"九代"的翻译历史，高度评价了汉魏时代的翻译，认为"汉魏守本，本固去华，晋宋传扬，时开义举，文质恢恢，讽味余逸"，但是"厥斯以降，轻靡一期，腾实未闻，讲悟盖寡……得在福流，失在讹竞"。这种看法与彦琮同出一辙。而到了唐代，"翻转梵本，多信译人，事语易明，义求罕见，厝情独断，惟任笔功，纵有覆疏，还遵旧绪"。② 认为"唐代后译，不屑古人，执本陈勘，频开前失"。对于以玄奘为中心的新译（"后译"）给予了高

① （隋）彦琮：《辩正论》，道宣《续高僧传》卷二，第55页。
② （唐）道宣：《续高僧传》卷四，第138—139页。

度评价。

5. "得本/失本"（"案本/乖本"）

在以上所述的"胡本/梵本""全本/抄本""异本/合本"
"旧译/新译"等四对文本形态的范畴之外，还有一对对译本
做综合性价值判断的概念，就是"得本/失本"（或称"案本/
乖本"）。

"失本"，顾名思义就是通过增删、修饰，所造成的对原
文文本的失实或损伤。道安在《摩诃钵罗若波罗蜜经抄序》
中最早对此做了系统论述，他认为"译胡为秦"的时候，有
五种情况可造成"失本"："一者胡语尽倒，而使从秦，一失
本也。二者胡经尚质，秦人好文，传可众心，非文不合，斯二
失本也。三者胡经委悉，至于叹咏，叮咛反覆，或三或四，不
嫌其烦。而今裁斥，三失本也。四者胡有义说，正似乱辞，寻
说向语，文无以异。或千五百，刈而不存，四失本也。五者事
已全成，将更傍及，反腾前辞，已乃后说。而悉除此，五失本
也。"① 这里讲的仍然是译本与原本之间的关系。"失本"的
"本"是原文原本，有所"失"者是译本。

道安所说的"一失本"，是翻译中的梵汉语法句序上的必
要的改变调整。只要是"译胡为秦"，就必须如此。"三失本"
"四失本""五失本"，实际上说的差不多是一回事，那就是汉
文翻译中对原文的删繁就简的问题。删得多了，就是抄译、节

---

① （东晋）道安：《摩诃钵罗若波罗蜜经抄序》，僧祐《出三藏记集》卷八，
第 290 页。

译的问题。

"二失本"指的是在文字风格上"文"与"质"的关系。这一条最为重要，历来讨论最多，人们的理解也各有不同。对道安所谓"胡经尚质，秦人好文"的看法，有人认为未必正确，因为"胡经"有胡经之"文"，秦人有秦人之"文"，对母语与外语的"文"与"质"的感受与判断会有不同，精通熟悉梵汉双语的、来自印度的佛经翻译家鸠摩罗什认为："天竺国俗，甚重文藻。其宫商体韵，以入弦为善。"①是说印度人更好"文"，这似乎与道安的"胡经尚质，秦人好文"的说法正好相反。但释道安在这里所说的胡经之"质"，并不是孤立地判断出印度或西域人的文章质朴无文，似乎更多地是指佛经未被改动修饰时的原本的样子，而译者为了符合读者的口味而特地加以文饰，就是"文"的了。但无论道安所说的"质"有何深意，几乎所有的古代译论家都认为，译文中"文"与"质"的失调是造成"失本"或"乖本"的因素。正如僧叡所说，在翻译时"文过质则伤艳，质甚则患野，野艳为弊，同失经体"，所以他提出"质文允正"，②以避免"失本"。南朝僧人释慧恺也强调："翻译之事殊难，不可存于华绮。若一字参差，则理趋胡越。乃可令质而得义，不可使文而失旨。故今所翻，文质相半。"③"文质相半"就是"文"与"质"的

---

① （梁）僧祐：《鸠摩罗什传》，僧祐《出三藏记集》卷十四，第 534 页。

② （东晋）僧叡：《胡汉译经文字音义同异记》，僧祐《出三藏记集》卷一，第 15 页。

③ 释慧恺：《摄大乘论序》，《全上古三代秦汉三国六朝文》之四，北京：中华书局，影印版，第 3502 页。

调和统一，才能避免"理趋胡越"的"失本"。慧远在《大智论抄序》中说："圣人依方设训，文质殊体，若以文应质，则疑者众；以质应文，则悦者寡。是以化行天竺，辞朴而意微，言近而旨远。意微则隐昧无象，旨远则幽绪莫寻。……远于是简繁理秽，以详其中，令质文有体，义无所越。"①他认为"文"与"质"是由原典所决定的，适应了不同读者的需要。不能在翻译中"以文应质"，也不能"以质应文"，而应追求"质文有体，义无所越"，主张"文""质"调和，试图从理论上解决"文/质"的悖论。

但是"文"与"质"的调和只是一种理想状态，从"得本/失本"的角度看，"质"更能"得本"，而"文"则更容易导致"失本"。东晋佚名作者在《首楞严经后记》中赞扬《首楞严经》的翻译"辞旨如本，不加文饰"，认为"质"才是根本的，"饰近俗，质近道。文质兼，唯圣有之耳"；② 慧远在《三法度经序》中也指出："自昔汉兴，逮及有晋，道俗名贤，并参怀圣典，其中弘通佛教者，传译甚众。或文过其义，或理胜其辞，以此考彼，殆兼先典。"在这里他用了"文"与"理"这对概念，与"文""质"概念基本相同，只是更倾向于从佛教的"义理"角度去看待"质"。在他看来，东汉以来的译经无一例外都存在"文过其义"或"理胜其辞"的问题，所以他以僧伽提婆翻译的《三法度经》为例，强调其译文

---

① （唐）释慧远：《大智论抄序》，僧祐《出三藏记集》卷十，第 391 页。
② 佚名：《首楞严经后记》，僧祐《出三藏记集》卷七，第 271 页。引用时标点有变动。

"虽音不曲尽，而文不害意，依实去华，务存其本"。①指出了"文"与"意"，"华"与"实"的关系。但总体上他认为，还是应该以"意"为中心，"文""华"的存在均不能妨害"意"与"实"。所以本质上看，慧远也并不是"文"与"质"的"折中派"或梁启超所说的"调和论调"，到底还是重于"实"的。同样地，彦琮也声称："宁贵朴而近理，不用巧而背源。"② 看来，以忠实于原文为本、以"质"为本，这是中国传统译学的一个特色，与欧洲古罗马及近代人文主义翻译思潮的主流译论明显有别。

道安在《鞞婆沙序》中转述了和他一起译经的同事赵正的话，并提出了"案本"的概念，认为尊重原文固有的"文"与"质"，是"案本"的保证："赵郎谓译人曰：'……文质是时，幸勿易之，经之巧质，有自来矣。唯传事不尽，乃译人之咎耳。'终咸称善。斯真实言也。遂案本而传，不令有损言游字，时改倒句，余尽实录也。"③在《合放光光赞略解序》一文中，道安又提出了"得本"的概念，可以看作是"案本"的同义词、"失本"的对义词。

关于"失本/得本"的问题，在翻译实践中的理解与运用有所不同。当年道安的弟子僧叡说，自己在跟随鸠摩罗什译经时，"执笔之际，三惟亡师'五失''三不易'之海，则忧惧

① （唐）释慧远：《三法度经序》，僧祐《出三藏记集》卷十，第380页。
② （隋）彦琮：《辩正论》，道宣《续高僧传》卷二，第56页。
③ （东晋）道安：《鞞婆沙序》，僧祐《出三藏记集》卷十，第382页。

交怀，惕焉若厉，虽复履薄临深，未足喻也"；① 而道安的另一名佚名弟子在《僧伽罗刹集经后记》中则认为："既方俗不同，许其五失胡本，除此之外，毫不可差。"②

道安的"五失本"，是指五种特定情形下狭义的"失本"。都属于梵汉文法、文体上的差异及其变通问题，是为了适合汉文读者的需要而采取的有意识的，或者迫不得已的翻译策略与方法，并不属于误译。但是在翻译中，除了道安所说的五种"失本"的情况外，还有更多、更严重的"失本"的情况。这个"本"，落实到具体字句的翻译方面，就是"名/实"或"名/义"的关系，用今天的话来说，就是术语或关键词的翻译，亦即"译名"与其原文中的含义要相符，否则就会造成"失本"。这是翻译中的最重要的节点，对宗教哲学类翻译而言尤为重要，故而古代译论家对此也多有论述。

僧叡在《大品经序》中说："……而经来兹土，乃以秦言译之，典谟乖于殊制，名实丧于不谨。致使求之弥至，而失之弥远。"③ 在他看来，中印两国文化制度不同，再加上翻译中的不谨慎，便会造成"名"与"义"或"名"与"实"之间的乖离，即所谓"名与义乖"的现象。僧叡谈到了鸠摩罗什如何译出《大智释论》，并以此对前人译出的《大智经》（即《般若经》译本）加以"正义"：

---

① （东晋）释僧叡：《大品经序》，僧祐《出三藏记集》卷八，第 292 页。
② 佚名：《僧伽罗刹集经后记》，僧祐《出三藏记集》卷八，第 375 页。
③ （东晋）僧叡：《大品经序》，僧祐《出三藏记集》卷八，第 292 页。

其事数之名与旧不同者，皆是法师以义正之也。如"阴入持"等，名与义乖，故随义改之。"阴"为"众"，"入"为"处"，"持"为"性"，"解脱"为"背舍"，"除入"为"胜处"，"意止"为"念处"，"意断"为"正勤"，"觉意"为"菩萨"，"直行"为"圣道"。诸如此比，改之甚众。胡音失者，正之以天竺；秦言谬者，定之以字义。不可变者，即而书之。是以异名斌然，胡音殆半。斯实匠者之公谨，笔受之重慎也。幸冀遵本崇实之贤，推而体之，不以文朴见咎，烦异见情也。①

僧叡跟随鸠摩罗什译经，对"名/义""名/实"问题尤为重视和敏感，反复论及并提出了"尊实崇本"的主张。僧叡发现，即便翻译巨匠鸠摩罗什，在"名"与"义"吻合的问题上也有可商榷之处。例如关于《思益经》的译名，僧叡说《思益经》在梵语中的"正音名"是"毗绝沙真谛"，是"梵天殊特妙义菩萨"之号。但是，"详听什公传译其名，翻覆辗转，意似未尽。良由未被秦言，名实之变故也。察其语意，会其名旨，当时'持意'，非'思义'也……旧名'持心'，最得其实。"② 出现这样"名/实"相乖的问题，关键原因还在于译者对汉语（"秦言"）掌握得不太到家，于是造成了"名实

---

① （东晋）僧叡：《大品经序》，僧祐《出三藏记集》卷八，第 293 页。
② （东晋）僧叡：《思益经序》，僧祐《出三藏记集》卷八，第 308 页。

之变"。

僧叡在《毗摩罗诘提经义疏序》① 一文中，又从"名/义"的翻译转换的角度，提出了"伤本""乖本"的问题。他说自从跟随鸠摩罗什译经，对佛经的深奥含义更有所体会，"始悟前译之伤本，谬文之乖趣耳"。例如以前把"不来相"翻译成"辱来"，把"不见相"翻译成"相见"，把"未缘法"翻译为"始神"，把"缘合法"翻译成"止心"等等之类。像这种关键词错译的情况到处可见，达到了"无品不有，无章不尔"的程度，这就造成了"伤本"。他还提出，使用以儒释佛、以道释佛的"格义"方法去翻佛经，搞得过分了也会"乖本"，即所谓"格义迂而乖本"。这在当时的般若各家各宗中都普遍存在，而他自己所属的性空宗还算是"最得其实"的。

二、四种条式

上述五对范畴主要是关于译文或译本的，属于"译文"之学，即译文评论、译文鉴赏、译文研究的范畴，是静态的；而以下所说的"四种条式"则主要是针对翻译家的翻译行为的，是动态的"翻译学"的操作系统或规范体系。

"式"者，法式、体式也，标准、规范也，就是分条列示

---

① （东晋）僧叡：《毗摩罗诘提经义疏序》，僧祐《出三藏记集》卷八，第311 页。

的关于翻译的注意事项、标准或规范，是中国古代译学的一种重要的理论表述方式，例如已散佚不传的明则的《翻经法式论》、灵裕的《译经体式》① 等。道宣《续高僧传》卷二《彦琮传》全文附录了彦琮的翻译专论《辩正论》，说彦琮"著《辩正论》，以垂翻译之式"。② 翻译的"条式"作为给从事翻译的人列示的诸项法式、体式、资格和条件，并不具有刚性约束的意义，而是条式的列示者自身经验的条理化的总结，为的是让自己更自觉更明确，使他人一目了然、易记易行。

我国翻译理论中"条式"这种表达方式的开创者是上述道安的"五失本、三不易"。③ 道安之后是彦琮。彦琮的《辩正论》作为中国第一篇关于翻译问题的专论，其宗旨是辩物正名，故曰"辩正"，内容涉及辩胡汉、梵汉之别，辩翻译与原典之别，辩旧译与新翻之别，辩翻译之局限等。其中，"垂翻译之式"具体指的是他所提出的"十条"和"八备"。

关于"十条"，彦琮写道：

> 安之所述，大启玄门，其间曲细，犹或未尽，更凭正文，助光遗迹，粗开要例，则有十条：字声一，句韵二，问答三，名义四，经论五，歌颂六，咒功

---

① 汤用彤的《隋唐佛教史纲》有云："彦琮《辩正论》之外，尚有明则之《翻经法式论》，灵裕之《译经体式》，刘凭之《内外旁通比较数法》等，亦与译事有关。"武汉：武汉大学出版社，2008年，第75页。
② （隋）彦琮：《辩正论》，道宣《续高僧传》卷二，第53页。
③ 对道安的"五失本、三不易"，另文专论。

七，品题八，专业九，异本十。各疏其相，广文
如论。①

　　所谓"安之所启"显然是指《辩正论》开篇提到的道安
的"五失本、三不易"，这里所说的"十条"，学界历来认为
表达简略模糊，到底是转述道安的话，还是彦琮自己的首倡，
似难以断言。但是，仔细读来，意思还是较为清楚的。彦琮说
"安之所述，大启玄门"，是说自己转述的是道安"所述"，但
又觉得道安"其间曲细，犹或未尽"，在细部、细节上言犹未
尽，所以他"更凭正文，助光遗迹"，即要依据道安的"正
文"，来帮助道安，使其"所述"发扬光大，使其观点彰显不
湮，亦即"助光遗迹"之意。道安"五失本、三不易"虽开
翻译"条式"的先例，但确实只是就"失本"做了一般的概
括提示，因而还需要进一步细化。这样看来，"十条"就是彦
琮对道安"五失本、三不易"的具体化。故而彦琮的"十条"
所讲述的全都是对于翻译中的字词、声韵、名/义、体裁样式、
文本等具体问题的处理。但在我们今人看来，彦琮的这"十
条"跟道安的"五失本、三不易"一样，"犹或未尽"或更有
甚之，因为彦琮只是列出名目，至于在翻译中"十条"该如
何解释和处理，他并未提及。不过在当时的语境下，对于从事
翻译的人而言，这也许是不言而喻的。

　　彦琮更进一步认为，翻译非常不容易，"凡圣殊伦，东西

————————————

① （隋）彦琮：《辩正论》，道宣《续高僧传》卷二，第55页。

隔域，难之又难"，译者必须具备包括道德修养、知识修养、语言能力及翻译水平在内的八项条件才行，于是又提出了"八备"：

> 诚心爱法，志愿益人，不惮久时，其备一也。将践觉场，先牢戒足，不染讥恶，其备二也。筌晓三藏，义贯两乘，不苦暗滞，其备三也。旁涉坟史，工缀典词，不过鲁拙，其备四也。襟抱平恕，器量虚融，不好专执，其备五也。耽于道术，澹于名利，不欲高衔，其备六也。要识梵言，乃闲正译，不坠彼学，其备七也。薄阅《苍》《雅》，粗谙篆隶，不昧此文，其备八也。八者备矣，方是得人。[①]

彦琮的"八备"说其灵感来源显然也是道安的"五失本"。他用诸项条列的方式，对翻译中的问题、规律、规范、注意事项等加以总结。但从内容上看，道安"五失本"讲的是翻译本身应注意的问题，彦琮"八备"讲的是译者从事翻译所应具备的八项条件，包括宗教修养、人格修养、知识文化修养等；道安讲的主要是翻译的技术与艺术问题，彦琮讲的主要是从事翻译者的主体资格问题，两者互为补充。当然，彦琮讲翻译主体资格的目的和宗旨，还是为了使译者"闲正译"，即熟悉并掌握"正译"的方法。"正译"也是他"辩正"之

---

① （隋）彦琮：《辩正论》，道宣《续高僧传》卷二，第56页。

"正"的核心，就是提倡汉人译者要好好学习梵文，能看懂原典，才能堪当"正译"。

彦琮的"十条""八备"，承续道安的"五失本、三不易"，在概念范畴之外开启了中国译学理论中的"条式"这一表述方式。彦琮之后，到了唐代，玄奘提出了"五不翻"，[①]进一步强化了"翻"的概念，讲了翻译中可"译"而"不可翻"的五种情况，其中心思想就是对佛典中各种特殊词语、概念，最好"不翻"，即不加以解释性的翻转，而是采取"译"（平行的迻译，主要是音译）的方法，"不翻"的就"译"，"不可翻"就可以"译"，目的是为了"存梵音"，更加忠实原文、尽可能贴近原文。对"五不翻"的理解与诠释，必须在"翻"与"译"区别的前提下才能有效进行，而对中国古代译论两个元范畴"译"与"翻"加以辨析考论，有助于对"五不翻"这一条式的深入理解。[②]

到了宋代，赞宁又提出了"六例"。关于"条式"的表达方式，赞宁有着自觉的历史继承意识。他写道：

---

① 玄奘的"五不翻"论保存在宋代法云的《翻译名义集》卷首周敦义撰写的序文中：曰："一、秘密故，如陀罗尼；二、含多义故，如薄伽梵具六义；三、此无故，如阎净树，中夏实无此木；四、顺古故，如阿耨菩提，非不可翻，而摩腾以来常存梵音；五、生善故，如般若尊重，智慧轻浅。"另据隋代灌顶《大般涅槃经玄义》记载，在此之前，广州的一位名叫大亮的人曾提出了五种"不翻"，与玄奘的"五不翻"大体相同，可以看作玄奘"五不翻"的早期版本。

② 参见王向远：《"翻""译"的思想——中国古代"翻译"概念的建构》，《中国社会科学》2016年第2期。

迩观道安也，论五失三不易，彦琮也籍其八备，明则也撰翻经仪式，[①] 玄奘也立五不翻，此皆类左式之诸凡，同史家之变例。今立新意，成六例焉。谓译字译音为一例，胡音梵言为一例，重译直译为一例，粗言细语为一例，华言雅俗为一例，直言密语为一例也。[②]

　　这里赞宁直接把包括他自己的"六例"在内的诸种条式，与《春秋左传》中的"诸凡"、史家的"变例"看作同类，把自己与道安的"五失本、三不易"、彦琮的"八备"、明则的"翻经仪式"，视为一脉相承。赞宁的"六例"与前人的"条式"相比确实有"新意"，既有其实践性，可操作性也强，适用性更强，前三条是翻译中最常遇到的字词翻译的处理（如译字译音）问题、常见概念的混淆与辨别（如"胡"与"梵"、"胡音"与"梵言"）问题、"重译"（即转译）与"直译"（从原文直接译）的问题。最后三条则是佛经语言中的粗细、雅俗、神秘字词与俗词的关系及翻译处理。这些问题十分具体细致，同时又十分常见，对于翻译家而言具有普遍性，对于读者对译文的鉴赏评论而言也具有参考价值。

　　至此，道安的"五失本、三不易"、彦琮的"十条"及

----

① 明则及其所撰"翻经仪式"，即《翻经法式论》现已不存。明则是何人，亦失考。

② （宋）赞宁：《宋高僧传》卷三，范祥雍点校，北京：中华书局，1987年，第53页。

"八备"、玄奘的"五不翻"、赞宁的"六例",形成了中国古代翻译理论中的"四种条式"。比起概念范畴来,"条式"在表达方式上自成一体,是一个由多种概念范畴形成的系统,例如道安的"五失本"中包含了胡与秦、文与质、简与繁等诸种概念;"三不易"则强调译者的"三种勿轻易而为"之事,即勿轻易以古释今、勿轻易以浅代深、勿轻易臆度原典,是对译者的"三戒"。①彦琮的"八备"除了提出"正译"这一概念之外,每一条都是一种主张、一种判断或一种命题。玄奘的"五不翻"、赞宁的"六例"亦复如是。这样的表述方式对后来的翻译理论产生了相当的影响,众所周知的近代严复提出的"译事三难:信、达、雅"②说,分开来看讲的是"信、达、雅"三个概念,而合起来看就是一种"条式",在表达上与古代译论之"条式"是一脉相承的。

三、古代译论的范畴、条式的系谱构造及其评价

综上,中国古代以佛经翻译为中心的翻译,在长达九百年的历史过程中,译出了上亿字规模的作品,积累了包括各种译本的序、跋、记,译经家的传记评论以及翻译专论等在内的丰

---

① 此前人们将"三不易"之"不易"理解为"不容易",实际上"不易"之"易"应做"轻易""轻率"解,"三不易"即"三勿轻易"。参见王向远:《"不易"并非不容易——道安"五失本、三不易"的误释及其辨正》,《文学评论》2016 年第 3 期。

② 严复:《〈天演论〉译例言》,罗新璋、陈应年编《翻译论集》(修订版),北京:商务印书馆,2009 年,第 202 页。

富的译学文献，形成了自己的实践传统与理论传统。它以
"译"与"翻"之辨及"翻译"概念的建构为出发点，逐渐
创立了一系列概念范畴，提出了多条翻译行为指南和译本评价
的准据。对此，我们可以归纳为"五对范畴、四种条式"，并
绘成"中国古代译学范畴与条式系谱构造图"，如下：

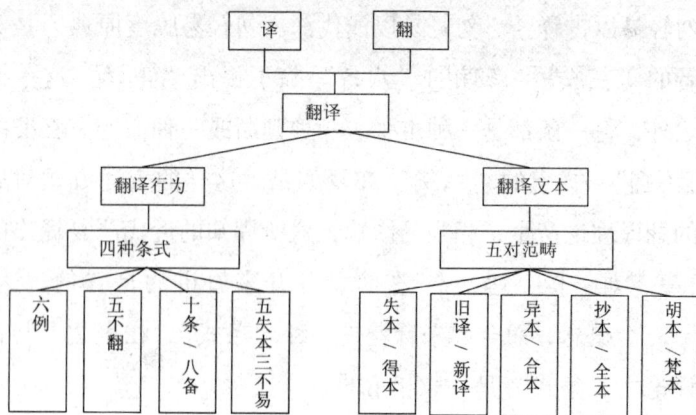

图1-1　中国古代译学范畴与条式系谱构造图

由上图可以看出，中国古代译学根本上就是关于"翻译"
的本体论，是以"五对范畴"与"四种条式"为基础和支点
的。"五对范畴"各自形成了"胡本/梵本""全本/抄本"
"异本/合本""旧译/新译"、得本/失本这样的相反相成、相
对而立的"对跱"性构造；而"四种条式"则以条分历数的
方法，令人印象鲜明、明白易晓。它既是关于翻译文本（译
本、译文）的识别与评价的理论，又是关于翻译行为的经验
论、实践论与操作论，把静态的译本形态论与动态的翻译行为

论两方面结合起来，既为翻译实践做指南，也为翻译评论与翻译研究做规范，从而形成了中国特色的翻译理论体系。

需要强调的是，由于梵汉之间的翻译是跨文化、跨语系的翻译，在文化跨越、语际转换上的复杂程度是古代欧洲语言间的翻译所不能比拟的。另一方面，佛经翻译虽为宗教哲学翻译，但因佛典极具文学性，有些佛典本身就是文学作品，这就使得佛经汉译兼具了学术著作翻译与文学作品翻译的双重属性。换言之，它既是"佛典翻译"也是"佛典文学翻译"。由此，基于佛经翻译的中国古代译论也具有了学术翻译理论与文学翻译理论的双重性格。因此可以说，中国古代以佛经翻译为中心的翻译，在实践上具有全面性与综合性，在理论上也具有普遍和恒久的价值，于世界译学史上堪称独步。

可惜的是，现有的译学史及译学理论研究，虽然都认为"传统译论"——包括古代、现代译论——已经形成了自己的体系，但是却没有说明这个体系是什么，译学研究家罗新璋先生在《我国自成体系的翻译理论》一文中认为：

> 我国的译论，原作为古典文论和传统美学的一股支流，慢慢由合而分，逐渐游离独立，正在形成一门新兴的学科——翻译学。而事实上，一千多年来，经过无数知名的和不知名的翻译家、理论家的努力，已经形成我国独具特色的翻译理论体系。……案本-求信-神似-化境，这四个概念，既是各自独立，又是相互联系，渐次发展，构成一个整体的；而这个整

体，当为我国翻译理论体系里的重要组成部分。①

　　罗先生虽然没有说"案本-求信-神似-化境"就是"我国自成体系的翻译理论"本身，而说是"我国翻译理论体系里的重要组成部分"，但他没有说还有别的体系，因此可以理解为它起码是目前所能总结的"翻译理论体系"。显然，这个判断是有依据的，不过他从中国古代译学所汲取的概念实际上只有一个"案本"。至于"求信"二字（"信"不等于"求信"），则似乎不见于中国古代译论原典，"神似"和"化境"则直接取自现代的傅雷和钱锺书。正如以上"中国古代译学范畴与条式系谱构造图"所示，中国古代译学不仅仅有现代学术意义上的概念范畴，而且还有由范畴、判断、命题构成的"条式"，这是中国古代译学的显著特色之所在。况且，就范畴概念而言，也绝不仅仅是"案本"一个。以"案本"这一个概念来代表中国古代译学的一系列概念范畴，是很不全面的。单就"案本"而言，中国古代译论所涉及的问题绝不仅仅是翻译如何忠实原文（"案本"或"得本"）这样一个单纯或者说简单的问题，而是"得本"与"失本"的关系论、矛盾论与对立统一论的问题。"案本-求信"仅仅是对翻译的忠实性的要求，而"得本/失本"则不仅揭示了翻译行为过程的矛盾运动，同时也为译本的评价提供了一个维度。换言之，

---

① 　罗新璋：《我国自成体系的翻译理论》，罗新璋编《翻译论集》，北京：商务印书馆，1984年，第19—20页。

若只抓住"案本"之类的孤立概念，而不是从"案本/失本"这样的"对跖"性、对立统一性上去理解中国古代译论范畴的构造特点，就无法充分认识中国古代译论的丰富内涵。

看来，如何看待以佛经翻译为中心的"古代译论"在"中国传统译论"中的位置？如何看待"古代译论"的成就与贡献？古代译论本身有没有形成自己的概念范畴及理论体系？这些问题都需要我们的再审和反思。实际上，对中国古代译论，迄今为止人们似乎并没有做出充分的估量和评价。仍以罗新璋先生《我国自成体系的翻译理论》一文为例，其中有这样一段论述：

> 汉末以来的一千七百年间，翻译理论的发展以其自身显现的历史阶段而言，当可分为三大时期。汉唐以来，主要在佛经翻译方面，译经大师有各自的主张，直译派、意译派、融合派也有不少论述，各种观点在当时已见大端，译论里也见有信达雅等字，但总的来说，是"开而弗达"，没有形成一种能笼罩当世的观点。①

这篇文章写于 1982 年，作为罗新璋编选、商务印书馆1984 年出版的《翻译论集》的序言而冠于卷首，2009 年仍作为《翻译论集》修订版的序言冠于卷首，可见作者的这种看

---

① 罗新璋：《我国自成体系的翻译理论》，罗新璋编《翻译论集》，第14页。

法在二十多年中没有改变。他所说的不仅仅是汉唐九百年间的译论，而是"汉末以来一千七百年间"的译论，在这么长的历史时期及其相关文献中，只见出"直译、意译"与"信达雅"，又断言在翻译理论上是"开而弗达"。罗新璋的这种看法也大体代表了译学研究界流行的看法。翻阅近三十年来出版的各种《中国翻译史》《中国译学史》之类的著作和论文，对中国古代翻译理论大体都普遍存在着估价不足的问题。最大的问题是没有真正以虔敬的态度走进古代译论，设身处地地去发掘古人的译论范畴、捕捉古人关注的焦点、体会古人的表达方式，而是站在近现代翻译论的立场上去看古代译论，用现代范畴去规制古代译论。

例如，首先是"信达雅"论。近代严复提出了"译事三难，信达雅"，现代钱锺书强调了"信达雅"的传统渊源与价值，于是当代学人便顺着"信达雅"三字去看古代译论，瞪大眼睛去寻找"信达雅"，论述"信达雅"的文章与书籍连篇累牍，层出不穷。实际上，征诸古代译论文献，就会发现"信达雅"三字并不是古代译论原有的概念，而是后人的一种发挥与概括。

其次是"直译/意译"论。由于受到来自近代日本翻译理论的影响，梁启超在《翻译文学与佛典》中断言："翻译文体之问题，则直译意译之得失，实为焦点。"① 五四时期翻译理

---

① 梁启超：《翻译文学与佛典》，《梁启超全集》第七册，北京：北京出版社，1999 年，第 3797 页。

论的核心概念是"直译/意译",且发生了"直译/意译"利害得失的论争,这些都使得许多学者热衷于在传统译论中寻找"直译/意译"。而实际上,"直译"一词在中国古代译论中很罕见,在上文引用的赞宁《宋高僧传·译经篇》附"论"中,可见"直译"一词,但意思却是"直接"从梵文原文翻译而不是经由胡文本转译,这与现代的"直译"一词的含义大相径庭;至于"意译"一词,根本就不见于古代译论文献,它是近代以后从日本输入的"新名词",因而从现代译学概念"直译/意译"出发去看待古代译论,则必然会偏离鹄的。上引罗新璋文章所说的古代译论中的"直译派、意译派、融合派"等概念,也都不是古人的范畴而是现代人的概念。

第三是"文/质"论。如上所说,"文/质"是中国古代译论中的重要概念,"文/质"问题是中国古代译论的核心问题之一,这是显而易见、不能否认的。在许多情况下大体相当于"雅/俗"论。但是,无论是"文/质"还是"雅/俗",都不是中国译学的特有理论范畴,而是中国古典文论与美学的范畴。中国古代译论在借用这对范畴并论述翻译的语言风格的时候,是把它从属于"得本/失本"这对范畴的,是"得本/失本"的次级概念。或者说,"文/质"关乎"得本/失本",是在"得本/失本"的语境下被阐述的。中国古代文论总体上推崇"文/质"的和谐统一,而在"得本/失本"的语境下,古代译论始终都主张为了"得本"而偏向于"质"。这与古代文论的价值标准判然有别。

可见,在中国古代译学的研究中,我们若不摆脱"信达雅""直译与意译""文与质"或"雅与俗"等概念的束缚，若不去发掘和提炼古代译论特有的范畴，它们就会被忽略，甚至视而不见；对古代译学理论的特殊性、体系性更是无从得见。对此我们需要加以反思和矫正。本文对古代译学中的五对范畴、四种条式加以论证与确认，对以此为支点而形成的独特的体系构造加以勾画，希望有助于我们正确认识中国古代译论的成就与价值，并做出充分的评价。

汉译佛典"出经"及其概念功能^①

　　从中国东方学史的跨学科综合研究的角度考察汉译佛经史，就会发现魏晋南北朝时期相关文献中频频使用的"出经"一词，不同于后来所说的"译经"或"翻经"，具有很强的概念功能。"出经"包含了"檀越请出→执梵本者口翻→译者口传→笔受→理味→校定→合本"这样复杂的程序环节，而且还需要"讲经"（宣讲）那样的特定场所的仪式活动，以使在场僧众成为"出经"的参与者与见证者，这些都不是单纯的翻译活动，都很难用"译经"或"翻经"来概括；早期"出经"的主体多是"执梵本"的外僧，本土"译"（传译）者仅仅助其传达，因而"出经"一般不称"译经"，出经场所也不称"译场"。到了佛经汉译后期，唐玄奘对以往的"出经"方式做了彻底的简化改革，使其成为单纯的翻译活动，并

---

① 本文原载《上海师范大学学报》2022 年第 4 期。

汉译佛典"出经"及其概念功能　>>> _41_

且将"翻"与"译"合二为一，针对"五翻"而提出"五不翻"，以此终结了"出经"时代，进入了中国人自主翻译的"新译"时代。

所谓"经出西域，运流东方"是南朝梁僧祐在《出三藏记集序》中的一句话，也可以视为佛学东方化的精炼概括。所谓"佛学东方化"，狭义上是指佛典的汉文化、佛教的中国化；广义上是指通过佛典的中国化，使得印度与中国、东亚与南亚两个区域有了深层的精神联系，从而形成了一个"东方精神文化共同体"。佛学东方化有一个漫长的历史过程和复杂的程序环节，其中最为关键的就是汉文佛经的生产，中国古人称之为"出经"。所谓"经出西域，运流东方"的过程，首先也是"出经"的过程。"出经"一词作为佛典翻译史中的一个重要概念，具有很强的概念功能，包含着一系列复杂的程序、环节及其过程，因此，有必要从中国的东方学史及翻译史的角度，对"出经"及其概念功能进行考察分析。

一、"出经"概念及与"译经"之区别

佛典由原语转换为汉语，佛学研究史上通常称之为"译经"或"翻经"，这是众所周知的。但是实际上，起初极少称作"译经"或"翻经"，而称作"出经"。"出经"既是一个汉文佛典的生成过程，也是一种行为指向。因为佛教典籍包括经、律、论三藏，因而更具体、更准确的说法是"出三藏"。

南朝梁僧祐编撰的《出三藏记集》是一部记录"出三藏"之缘起的资料集，使用的就是"出三藏"一词，"出三藏"就是"出经"，简言之就是"出"。

也许有人会说：所谓"出经"岂不就是"译经"吗？若不翻译，如何"出"得？但是，事情并非这么简单。

早期人们对"译"这个概念的理解与使用与后来颇有差异，佛典的汉译初期，"译"只是传达之意，与"翻"（翻转）相对而言，而"翻"概念的出现和使用则晚于"译"，至于"翻译"这个合成概念的出现及意义的明确化，则多是在隋唐之后了。[①]从佛典起源而言，"经出"或"出经"之地是印度，当然它本身与翻译无关，故而僧祐在《出三藏记集》序中谈到在当时的印度，"经出之岁，诵说比肩""自兹以来，妙典间出"，[②]指出"经出西域，运流东方"。而"经出"的过程既是一种生成过程，也是一种流传过程。东晋高僧道安在《摩诃钵罗若波罗蜜经抄序》（383 年）中有"阿难出经，去佛未久"[③]的话，这里的"出经"指的是佛经在印度的生成。正如众所周知的那样，阿难作为佛陀的弟子，在佛灭后的第一次结集中凭记忆诵出了三藏中的经藏，也就是道安所说的"出经"。这个"出经"，是从佛教史意义上说的，是就印度的

---

① 参见王向远：《"翻""译"的思想——中国古代"翻译"概念的建构》，原载《中国社会科学》2016 年第 2 期。

② （梁）僧祐：《出三藏记集》，苏晋仁、萧錬子点校，北京：中华书局，1995 年，第 2 页。版本下同。

③ （东晋）道安：《摩诃钵罗若波罗蜜经抄序》，释僧祐撰《出三藏记集》，第 290 页。此处引用时重新划分段落。

佛经起源而言的。道安在谈到汉文佛经的形成时，往往着眼于文本的生产过程而使用"出"字。在印度的出经叫作"出"，在中国转换为汉语再出，也叫"出"。对此，道安在《鼻奈耶序》中说，当初印度"阿难出经，面呈圣旨，五百应具，更互定察，分为十二部，于四十九年之诲，无片言遗矣，又抄十二部为四阿含，阿毗昙、鼻奈耶，则三藏备也。天竺学士罔弗遵焉，未坠于地也。"①这里讲的是阿难出经、三藏齐备，在印度流传未坠的情形。道安接着写了这些佛经的情况：

> 经流秦地，有自来矣。虽天竺沙门所持来经，遇而便出于十二部，毗曰罗部最多，以斯邦人庄老教行，与方等经兼忘相似，故因风盛行也。道安常恨三藏不具，以为阙然。岁在壬午，鸠摩罗佛提赍《阿毗昙抄》《四阿含抄》，来至长安。渴仰情久，即于其夏，出《阿毗昙抄》四卷，其冬出《四阿含经抄》四卷。又其伴属宾鼻奈，厥名耶舍，讽《鼻奈经》甚利，即令出之。佛提梵书，佛念为译，景昙笔受。②

可见，从东汉到晋代，特别是道安那个时代，汉文佛典的

---

① （东晋）道安：《鼻奈耶序》，许明编著《中国佛教经论序跋记集》（一），上海：上海辞书出版社，2002年，第24页。《中国佛教经论序跋记集》版本下同。

② （东晋）道安：《鼻奈耶序》，许明编著《中国佛教经论序跋记集》（一），第25页。着重号为引者所加。

形成与产生大都用"出"字来概括表述。考究起来，这个"出"字，含义较广较深。从上引道安的这些话可知至少有三重意思。

"出"的第一层意思，首先指的是经之来源，即经出之处，也就是道安所谓"经流秦地，有自来也"，表明其有确切可靠的来源地。而要知其所出，就要有人"得梵本"（胡本）。① 而在早期，能够"得梵本"而又持来汉土的多是来自印度或西域的僧人。

"出"的第二层意思是"首出"，即指佛经在汉土秦地首次出现，并被首次转换为汉语文本。这一层意思很重要，在中国佛教史文献中，凡是某种经文首次出现并首次被转换为中文的，才叫"出"或"出经"；相对的，经文的复译不再称为"出经"，最多叫作"译经"或"翻经"，准确地说是"重译"。

"出"的第三个意思，与"出"的行为主体密切关联，指的是出经者，言"出经"而不言"译经"，盖因当时出经与否往往不取决于译者，而取决于"请令出之"的"令"者，他就是翻译的策划人与主持人，最有代表性的人物就是东晋时期的道安，以及道安的支持与合作者赵文业（赵郎）等。他们都不通梵语，也不能做翻译，但却是最初出经的决定者。正如以上引文所言，鸠摩罗什的多次出经，就是道安组织安排的。译出后，又是道安对译本加以整理定稿的。对于出经而言，道

---

① "得梵本"一词，见（东晋）慧皎：《高僧传》卷一，汤用彤校注，北京：中华书局，1992年，第11页。《高僧传》版本下同。

安、赵郎作用并不小于翻译者，而且往往是决定性的。在这一意义而言，道安虽不能说是"译经"者，却是"出经"者。

第四，"出经"一词还意味着，在早期汉语佛经的生成过程中，"译"者只是"执梵本"的外僧的助手，负责把外僧"翻"得不彻底、不地道的汉语，做进一步解释，同时向在场的听众传达，称为"译传"或"传译"。"出经"的主体是外僧而不是译者，译者仅仅是辅助者，因而"出经"一般不可以称为"译经"。如《高僧传》卷一："朔（指竺佛朔）又以光和二年于洛阳出《般舟三昧》，支谶为传言，河南洛阳孟福、张莲笔受。"[1]这里的"出"与"传言""笔受"分指翻译中的三个环节，"出"的关键环节是"翻"即"翻出"，是与"传言"（译传）相对而言的。东汉至魏晋时期，"翻""译"二字的合璧"翻译"一词很少使用，直到南北朝时期，"翻译"一词也只是偶尔使用，在这种情况下，"出"意则大体相当于"翻"或"翻译"。

二、从方式、环境与条件看"出经"的意味

实际上，检考初期的"出经"历史，可以发现那些"出经"的外僧是自己独自出经的，不太需要"译者"帮助传达。例如西晋时代的高僧、月氏人竺法护（约238—316年，又名昙摩罗叉）自记云："沙门法护，于市长安，已执梵本，手自

---

[1] （东晋）慧皎：《高僧传》，第10页。

演出为晋言。"①表明竺法护是一个人在当众"演出"。这里的
"演出"，是一边对佛经进行敷衍讲经（亦即所谓"释梵为
晋"），一边将经文转换出来。据《高僧传》载，竺法护世居
敦煌，早年拜印度高僧竹高座为师，又随师去西域（印度），
带来大量梵经，据说他"外国异言三十六种，书亦如之"。②因
精通中外语言，他便可自己口头"演出"佛经，这个过程本
身可以不要协助，有时只需要别人代为笔录。竺法护对佛经的
"演出"，显然是"出"的具体化，也是"出经"的一种方
式。"演出"这种说法也见于其他记载，例如曾协助竺法护译
经的晋僧竺法首在《佛说圣法印经题记》中，也简单记载了
该经的"出经"："元康四年十二月二十五日，月氏菩萨沙门
昙法护，于酒泉演出此经，弟子法首笔受。"③他用的"演出"
一词与法护所用的"演出"意思大体相同，更可见所谓"演
出"指的是面对听讲的众僧，口头的出经方式。这种情况下，
只需要有人协助做笔记加以整理（笔受）即可。

　　而有的外僧在"出经"时，连"笔受"也不需要。汉地
首位僧人、东汉的严佛调（浮调、严调）曾协助最早在汉土
译经的安息僧人安世高（安清、安玄）一起"出经"，严佛调
在《沙弥十慧章句序》中说到安世高："于是汉邦敷宣佛法，

① （西晋）竺法护：《渐备经后记》，许明编著《中国佛教经论序跋记集》
　　（一），第9页。
② （梁）慧皎：《高僧传》，苏晋仁、萧鍊子点校，北京：中华书局，1995
　　年，第23页。
③ （西晋）竺法首：《佛说圣法印经题记》，许明编著《中国佛教经论序跋记
　　集》（一），第10页。

凡厥所出百万言，或以口解，或以文传"。①严佛调在这里对安世高"出经"的方式的表述，用的是"出"字，亦即"口解"或"文传"，即口头与书面两种方式。可见安世高能够以汉语的口语和书面语两种形式"出经"，而不依赖其他人来做"译者"。

诚然，相比后来的"出经"，早期"出经"对环境条件的要求较为简单，最简单的是上述的安世高、竺法护那样的外僧一人独自的"演出"。唐代道宣《续高僧传》卷二，谈到隋代来华的中天竺僧人、佛典翻译家法智："妙善方言（方言，指汉语——引者注），执本自传，不劳度语"。②法智作为印度人，精通汉语，所以翻译时无需别人帮助"度语"（传译）。③不过，这种独自翻译的情况在早期佛典翻译史上并不多见，大多情况下还是需要他人协助。而最初的所谓的"译""译人"，指的是帮助"执梵本"的人做传达、担任传译工作的人，即负责把外僧的梵语或胡语，还有不地道的汉语，加以传达、传译，所以才被称为"译传"或"传言"。④当然也有将外僧"翻"不过来或"翻"的程度不够的语句加以较为充分"翻转"的

---

① （东汉）严浮调：《沙弥十慧章句序》，僧祐《出三藏记集》，第369页。

② （唐）道宣：《续高僧传》，郭绍林校点，北京：中华书局，2014年，第41页。版本下同。

③ "度语"一词，后世多有误解。此处的"度语"，与"传译"同义；另见《高僧传》卷三，说求那跋娑"常令弟子法勇传译度语"（见汤用彤校注本，第131页）。可见"度语"是"传译"之意。

④ 称译者为"传言"者，如《高僧传》卷第一："时有天竺沙门竺佛朔……于洛阳出《般舟三昧》，谶为传言，河南洛阳孟福张莲笔受。"见汤用彤校注《高僧传》，第10页。

情况，但也属于辅助性的工作，而不是"出经"的主体。三国时代康僧会（280年卒）说到安世高与严佛调"出经"时，"愍世曚惑，不睹大雅，竭思释传斯经景模。都尉（指安世高——引者注）口陈，严调笔受，言既稽古，义文微妙"。①这是中外二人合作"出经"的较早记载，这里也没有使用"翻""译"的概念，而是用了"口陈"（相当于口译）一词，即由安世高口头说出大意，严佛调再记录整理为文字，严佛调所做的只是辅助的工作。

　　二人合作出经的情况后来也曾出现，东晋高僧慧远（334—416年）记述了他与罽宾沙门僧伽提婆的合作："提婆乃手执胡本，口宣晋言。临文诚惧，一章三复。远亦宝而重之，敬慎无违。"②在《三法度经序》中，慧远又记述了提婆独自出经的情况："自执胡经，转为晋言，虽音不曲尽，而文不害意，依实去华，务存其本。"③能够这样做的前提，是"执胡本"者必须像僧伽提婆那样，汉语（晋言）具有一定水平。这个僧伽提婆在中国居住有年，《高僧传》记载他"居华稍积，博明汉语，方知先所出经，多有乖失"。④因此他能够一个人担当通常两个人（执梵本者、传译者）的角色功能。于是《阿毗昙心序》（佚名）有载："提婆自执胡经，先诵本文，然

---

①　（三国吴）康僧会：《法镜经序》，僧祐《出三藏记集》，第255页。
②　（东晋）慧远：《阿毗昙心序》，许明编著《中国佛教经论序跋记集》（一），第47页。
③　（东晋）慧远《三法度经序》，僧祐《出三藏记集》，第380页。
④　（梁）慧皎《高僧传》卷第一，汤用彤校注本，第37页。

后乃译为晋语，比丘道慈笔受。"① "译"或"传译"的环节就不必要了，"出经"的环节就减少了，"笔受"只是记录并润色文字即可。

后来更常见的是三人合作"出经"。上引道安在《鼻奈耶序》中讲述"出经"的过程，有言"佛提梵书，佛念为译，昙景笔受"，可见是佛提、佛念、昙景三人合作完成的。佛念的"译"、昙景的"笔受"都只是做鸠摩罗佛提的助手，"出经"的主体还是鸠摩罗佛提。

关于三人合作"出经"的情形，后秦国君姚兴（366—416年）在《释摩诃衍论》中谈到的"出经"过程以及分工合作的情形，较为特别，他写道："直翻译人筏提摩多三藏，传俗语人刘连陀等，执笔之人谢贤金等，首尾二年，方缮写毕功。"②值得注意的是这里使用了"直翻"一词，指的是把梵语径直"翻转"过来的那个人，这个人当然必须兼通汉语，否则无法"翻"。照理说，他应该被称为"翻人"，但不称"翻人"而称"译人"，盖因他把所"翻"者传给了第二道工序，交给了负责"传俗语"的人，此人也必须对梵语有所通，将"直翻"的经文用当时的语言（俗语）表述传达出来，然后再交给负责第三道工序即整理书写的"执笔人"。这是姚兴时代"出经"的基本情形。

虽三人合作，但不改"执梵本"者"出经"的主体地位，

---

① 佚名：《三法度经序》，僧祐《出三藏记集》，第378页。
② （后秦）姚兴：《释摩诃衍论》，许明编著《中国佛教经论序跋记集》（一），第76页。

四五人合作的也是如此。如道安在谈《阿毗昙八犍度论》的出经时，说罽宾沙门僧伽提婆带着《阿毗昙八犍度论》来到长安，比丘释法和"请令出之"。"请令出之"的对象是来自罽宾国的僧伽提婆，而"佛念传译，慧力、僧茂笔受，和理其指归"。①佛念等四人所做的仍是"执梵本"的外僧的辅助工作。

诚然，从对经文的掌握、梵语的熟练程度等方面看，初期中国僧人很难成为"出经"的主体人或主导者。不过，通晓梵语、堪当此任的本土僧人也是有的。道安在《比丘大戒序》中有载："至岁在鹑火，自襄阳至关石，见外国道人昙摩侍讽《阿毗昙》，于律特善。遂令凉州沙门竺佛念写其梵文，道贤为译，慧常笔受。"②佛念凭听觉就可以记录梵文，足见梵文水平之高；《高僧传》又载："符坚建元中，有僧伽跋澄、昙摩难提等人入长安，赵正请出诸经。当时明德，莫能传译，众咸推念，于是澄执梵文，念译为晋，质断疑义，因字方正。"③这再次证明佛念是当时为数很少的懂梵语的中国人，按说他是可以"执梵本"、担当"出经"的主体的，但在汉魏两晋时代，"执梵本"者几乎都是梵僧或胡僧。在佛学引进初期，还是"外来的和尚好念经"，把"出经"的资格都给了外僧，本土僧人只能作"译者"。这个"译"，原义是"传达"的意

---

① （东晋）道安：《阿毗昙八犍度论》，许明编著《中国佛教经论序跋记集》（一），第26页。
② （东晋）道安：《比丘大戒序》，僧祐《出三藏记集》，第412页。
③ （梁）慧皎：《高僧传》，汤用彤校注本，第40页。

思，就是把外僧对梵（胡）语的解释用汉语传达出来，他们做的是"口译"，所以当时又叫"口传"。这样说来，"口传"者，多少也必须能听懂梵语，才能把"执梵本"的意思大体表述出来；或者与此同时，"执梵本"者也多少得懂一点中文，才能让"译者""口传者"能够大体听懂。两者相互交流、来回切磋、反复"翻转"，才能确定经文的意思，"笔受者"方可记录在案。这种情况下，译者固然很重要，但仍然不是主导、主体的作用。

外僧的这种"出经"者的主体地位，又是"请出""令出"所决定的，这就有了"出经"的请求方或委托人、赞助人。佛教在汉土传播初期，"出经"是那些来汉土传法的极少数外僧的主动行为，动机是为了传教弘法，一般并不受他人请求委托，也未见有人为请求"出经"而专门提供钱财施舍赞助。随着佛教的进一步传播，信仰者增多，对佛经的需求日渐增大，于是有权力或有财力者便主动请求外僧"出经"。"出经"的请求人或赞助人被称为"檀越"（汉译"施主"），由他来"令出""请出"或"劝出"。"檀越"一般是国君、公卿大臣及地方太守之类，如《成实论记》中云："大秦弘始十三年……尚书令姚显请出此论"[1] 云，是"尚书令"们"请令出之"或"请令出焉"。[2] 值得注意的是，发出请求的时候，是说请"出"，而不说"请令译之"或"请令翻之"。因为那

---

[1] 佚名：《成实论记》，僧祐《出三藏记集》，第404页。

[2] （东晋）道安：《僧伽罗刹所集经序》，许明编著《中国佛教经论序跋记集》（一），第28页。

时翻译仅是"出经"的手段和环节，而"笔受"，尤其是整理、定稿的人，又是翻译行为的延伸。

为了确保"出经"的顺利进行，"檀越"就要努力营造一个适合"出经"的场所。南朝刘宋僧人道慈在《中阿含经序》中的一段话，对于"出经"过程有较为详细的记载，也谈到了"出经"场所的建造：

> 会僧伽提和进游京师，应运流化，法施江左。于时晋国大长者尚书令，卫将军东亭侯优婆塞王元琳，常护持正法以为己任，即檀越也。为出经故，造立精舍，延请有道释慧持等义学沙门四十许人，施诸所安，四事无乏。又预请经师僧伽罗叉长供数年，然后乃以晋隆安元年丁酉之岁，十一月十日，于扬州丹阳郡建康县界，在其精舍更出此《中阿含》。请罽宾沙门僧伽罗叉令讲胡本，请僧伽提和转胡为晋，豫州沙门道慈笔受，吴国李宝、唐化共书。①

在这里，所谓"为出经故，建立精舍"，其实就是后人所说的"译场"。但是，需要指出的是，译经史上当时并没有"译场"之名。今人编撰的《佛学大辞典》《佛教大辞典》等专门辞书也未见有收"译场"一词，因为这个词实非古来有之，而是近人所出。最早使用这个词的可能是梁启超，他在

---

① （南朝宋）道慈：《中阿含经序》，僧祐《出三藏记集》，第337—338页。

《翻译文学与佛典》（1920年）中，写有"翻译所据原本及译场组织"一节，其中有云："其始不过一二胡僧随意约一信士私相对译，其后渐为大规模的译场组织。"①使用了"译场"来概括当时各种"出经"场所；汤用彤在《汉魏两晋南北朝佛教史》（1938年）一书中，也使用了"译场"一词，后来学者遂沿用至今。实际上，佛教史文献中关于"出经"的场所，有时笼统地称为"出经精舍"之类，更多的是说出具体所在。如释慧观在《法华宗要序》中记述鸠摩罗什"于长安大寺……出此经"，② 在记述罽宾沙门耶舍"出经"时又云："秦弘始十二年，岁上章掩茂，右将军司隶校尉姚爽于长安中寺，集明德沙门五百人，请罽宾沙门佛陀耶舍出律藏四分四十卷，十四年讫。"③这里也不以"译场"而是以具体的寺院"长安中寺"称之。后秦时代的逍遥园、西名阁、道场寺，北魏洛阳的内殿，梁代建业的华林园、占云馆、寿光殿、宝云殿，北凉的闲豫宫，等等，都是有名的"出经精舍"。在当时的语境下，那不只是"译"的场所，而是"出经"之处，因此并不以"译场"称之。

在"出经精舍"建成后，像鸠摩罗什那样的梵语汉语俱佳的人，在盛大的"出经"现场，基本上是"唱独角戏"，释慧观在《法华宗要序》中记载：

---

① 梁启超：《翻译文学与佛典》，《佛学研究十八篇》，上海：上海古籍出版社2001年，第178—179页。
② （南朝宋）释慧观：《法华宗要序》，僧祐《出三藏记集》，第308页。
③ 佚名：《新集律来汉地四部记录》，僧祐《出三藏记集》，第118页。

秦弘始八年夏，于长安大寺集四方义学沙门二千
余人，更出此经，与众详究。什自手执胡经，口译秦
语，曲从方言，而趣不乖本。①

东晋高僧僧肇（384—414 年）曾记述鸠摩罗什讲经的宏
大场面：

　　于是招天竺法师鸠摩罗什在长安草堂寺。及义学
沙门三千余僧，手执梵文，口翻解释，五十余部。②

　　那次在"出经"现场的竟有三千人之多，而且说鸠摩罗
什"手执梵文，口翻解释"，不是"口译"而是"口翻"，是
他自己先"口翻"，然后的"解释"才相当于"传译"。僧肇
在《注维摩诘经序》中还记载了鸠摩罗什在长安大寺，当着
一千二百人的义学沙门，"手指梵文，口自宣译，道俗虔虔，
一言三复"③ 的情景。这是鸠摩罗什独特的"出经"方式，实
际上是宣讲、演讲式的，在场的一两千甚至三千义学沙门是他
的听众，也是"出经"的见证者。这样的"出经"，不可能用
"译经""翻经"来概括，因为鸠摩罗什几乎无须"译者"，

---

① （南朝宋）释慧观：《法华宗要序》，僧祐《出三藏记集》，第306页。
② （东晋）僧肇：《梵网经序》，许明编著《中国佛教经论序跋记集》（一），
　　第86页。
③ （东晋）僧肇：《注维摩诘经序》，许明编著《中国佛教经论序跋记集》
　　（一），第88页。

他不仅自"翻",而且自"译"了,进而还宣讲了。对于这种复合型的行为,就只能称之为"出经"。

鸠摩罗什的"出经"把"译经"与"讲经"合二为一,实际上更像是一场讲经大会,翻译仅仅是一个环节而已,对于鸠摩罗什来说,"出经"的主要手段是讲经,讲经的目的是弘法布道,而翻译,则是一种手段。假如仅仅是为了翻译佛典,则应找个清净的地方,与助手一同埋头翻译最好。而两三千人在场的宏大场面,在没有音响设备的古代如何有效进行,如今真是难以想象,恐怕免不了乱哄哄,特别是那些喜欢刨根问底的"义学沙门"(学佛的和尚)前来听讲,他们会提问乃至讨论辩论,也不免会有因意外而场面失控的情况。《高僧传》卷八在南朝刘宋高僧释僧印的小传中,记载有一次僧印讲经时,在场的有七百多人,"时仗气之徒,问论中间,或厝以嘲谑,印神采夷然,曾无介意。"①这种情况完全可以想象,对于讲经辩论而言是自然的,但对翻译本身是很不利的,所以到了唐代,玄奘大师就很不喜欢复合型的"出经"方式,他是纯做翻译的,不是当众宣讲,因而也不需要那么大的场地和场面(详后)。

实际上,对于这种"出经"方式,还得从"出经"这个概念来理解。我们反复强调:"出经"不等于"译经"或"翻经",后者只是"出经"的一个重要环节与程序。综合考察两晋南北朝时期的"出经",可以看出"出经"往往需要一个较

① (梁)慧皎:《齐京师中兴寺僧印传》,《高僧传》卷八,第330页。

为正式而又隆重的场合和仪式，因此檀越（赞助人）大多具有皇上、国君等身份，使"出经"属于一种国家行为，更重要的是，一部外来的佛典是否被中国的僧众认可为"经"，必须经过"出经"这样的程序与仪式。众所周知，佛教经典不像其他宗教经典那样单一或者固定，经、律、论三藏，文本复杂多歧，作者众多，来源多有不明。这些文本在中国如何被认可、如何获得更多人关注呢？那就要通过"檀越"赞助并组织安排的场面盛大的"出经"，来表明"经出西域"、其来有自。梵本由活生生的外僧拿在手里，表明经文的来源是可靠的，外僧是作为一位权威的阐释者的身份而出现的。从四面八方前来参与其事的"义学沙门"等学佛者，动辄成百上千人，这些人得以见证"出经"过程，甚至可以通过当场质疑、提问的方式参与"出经"，这就使该经在有正式文本之前就产生了一定的影响。于是，这部来自外国的梵本或"胡本"就成为中国人所认可的"经"。由于"出经"具有这样的功能，因此，在汉魏六朝时代，一个人或几个人关起门来单纯地进行翻译的情况是很少的。所有的经典都不只是单纯的"译经"或"翻经"的产物，而是更广泛意义上的"出经"。

三、从过程与诸环节看"出经"

《四阿含暮抄序》这样记述"出经"的程序："东省先师寺庙于邺寺，令鸠摩罗佛提执梵本，佛念、佛护为译，僧导、昙究、僧叡笔受。"①这里包含了"令出"者檀越、执梵本者、译者、笔受等四者的分工，也是"出经"的四个环节。

后秦僧人、鸠摩罗什的弟子道标详细地讲到了后秦时代的"出经"过程环节，较有代表性：

> 会天竺沙门昙摩掘多、昙摩耶舍等义学来游，秦王既契宿心，相与辩明经理……于是诏令传译。……经师本虽暗诵，诚宜谨备，以秦弘始九年，命书梵文，至十年寻应令出。但以经趣微远，非徒关言所契，苟彼此不相领悟，直委之译人者，恐津梁之要，未尽于善。停至十六年，经师渐闲秦语，令自宣译，皇储亲管理味，言意兼了，复所向尽，然后笔受。即复内呈，上讨其繁重，领其指归，故令文之者修饰，意之者辍润并校，至十七年讫。②

这篇序言的描述，可以表明当时在没有文本的情况下是如何"出经"的。实际上，佛经未必都是文字化、文本性的，印度文化是"语音中心主义"，佛经以口头传播为主要途径，而且印度人认为心中记诵、口头念诵，比书写和念书更有庄严感、仪式感，也更为可靠。但是，中国文化却是"书写中心主义"的，所谓经文一定得有文本，把那些外国僧人心中的、

---

① 佚名：《四阿含暮抄序》，僧祐《出三藏记集》，第 340 页。
② （后秦）道标：《舍利弗阿毗昙论序》，僧祐《出三藏记集》，第 372—373 页。

口头的经文转换为文本，这也是"出经"的题中应有之意。于是正如道标在这段序文所说，秦王姚兴听闻了经论之后，觉得不够，于是"命书梵文"，让外僧把经文写出来，形成一个梵本，第二年又让他们"出经"。但那两位外僧不懂汉语，若是"直委之译人者，恐津梁之要，未尽于善"。这也就表明，若是"执梵本"者完全不懂汉语，而只是依靠"译人"，是不可行的。因为"译人"之"译"原本主要的功能是传达，而不是"翻"（"翻转"），所以那两位"执梵本"者无法满足秦王的要求。这种情况只有等外僧逐渐掌握了汉语之后，才能进行，于是"令自宣译"，让外僧自己翻、自己译，其他人再笔受、理味（理顺文脉语感）。至此，经文的翻译算是结束了。但这还不能算是完满的"出经"，因为最后是否"出经"还需要檀越（施主）来认可。道标这里所说的那本翻译出来的《舍利弗阿毗昙论》，檀越亲王"讨其繁重"，嫌它太啰唆繁复了，于是下令修饰，然后方可"出经"。

无独有偶，在佛经翻译完成后，也有当场对译文进行润色精炼的。北凉沙门道挺在记述《毗婆沙》出经的过程时说：天竺沙门佛陀跋摩来到后凉，请求翻译此经，翻译完成后，"理味沙门智嵩、道朗等三百余人，考文评义，务在本旨，除烦即实，质而不野。"①竟有三百多个"理味沙门"来做这个工作，为的是"理味""除烦"，就是让译文令人看得懂、讲得通。这个环节是在外僧翻译的基础上的经文汉化的改造，其实

---

① （后凉）道挺：《毗婆沙序》，僧祐《出三藏记集》，第384页。

是改写，是在翻译之外的行为，其中含有三百位沙门的创造性的理解与表达。

道标、道挺记述的这种情况，在唐代玄奘之前的出经史上最为常见。所谓"删繁去重"，往往是在"出经"的最后环节进行。印度佛经作为口头文体，自然是重复再三、不厌其烦，但翻译为书面语的汉译佛经若保持原样，读者则难以忍受，必须加以精炼。精炼的环节实际上已经超出了翻译本身，因为它既不是"翻"也不是"译"，而是超越原文的、在翻译之上的加工，更是"出经"的最后一道工序。

之所以需要在"出经"后再加整理精炼，是因为"译者"作为一个传达者，既受制于"执梵本"者，也受制于梵本本身，同时也还受制于自身的语言修养的水平。在佛经翻译的初期，至少是一直到东晋道安的那个时代，梵汉两种语言之间交接未久，来华外僧精通汉语者、汉人精通梵语者都极为罕见。只靠翻译者的翻译，"出经"还常常不能令人满意，所以像道安这样对"出经"十分热心、要求较为严格的人，虽然自己不懂原文，却每每参与"出经"的过程。佚名的《僧迦罗刹集经后记》中记载说：

> 大秦建元二十年十一月三十日，罽宾比丘僧伽跋
> 澄于长安石羊寺口诵此经及《毗婆沙》。佛图罗刹翻
> 译，秦言未精，沙门释道安，朝贤赵文业，研覈理

趣，每存妙尽，遂至流连，至二十一年二月方讫。①

看来，道安等对于"秦言未精"的人"翻译"出来的经文，是做了很多加工的，他与赵文业两个人为此忙活了两三个月。这道工序，显然是在"翻译"之外的。但是却是"出经"的必要环节。所谓"研覈理趣，每存妙尽"，显然是要把翻译中的表述不清的东西表述清楚。在今天的读者看来，东晋道安时代所出经文，甚至比唐代玄奘的更有可读性、更为易懂，原因就是经过了道安、赵文业（赵郎）等在翻译之外的加工乃至再创作。当然，这种加工又不是脱离翻译的、不顾原文的随意改写，最起码道安不是这样做的。上引《僧迦罗刹集经后记》接着又说：

> 且《婆须蜜经》及昙摩难提口诵《增一阿含》并《幻网经》，使佛念为译人。念乃学通内外，才辩多奇。常疑西域言繁质，谓此土好华，每存莹饰，文句灭其繁长。安公、赵郎之所深疾，穷校考定，务存典骨。②

可见，像佛念那样的水平较高、较为可靠的翻译，也随之产生了另外相反的问题——不是拘泥原文致使文句不通顺，而

---

① 佚名：《僧迦罗刹集经后记》，僧祐《出三藏记集》，第 374 页。
② 佚名：《僧迦罗刹集经后记》，僧祐《出三藏记集》，第 374—375 页。

是太看重汉语文辞表达的美感了，使用了华辞美藻，还把梵语的长句子改为短句。对于这种情况，道安也同样地不满意，于是也进行加工校定，目的是"务存典骨"，然后方可"出经"。

更有在"出经"之后时间较久了，但檀越觉得不满意，从而脱离"翻译"的环节而进行修改精炼的。僧叡在《百论序》中记载，鸠摩罗什早年翻译了《百论》，因当年他的汉语还不精，后来的读者总是觉得许多译文有问题，于是后秦安成侯姚嵩召集了一些"义学沙门"，与鸠摩罗什一起，对旧译加以完善，"考订正本，陶炼覆疏，务存论旨。使质而不野，简而必诣，宗致划尔，无间然矣。"①这是等于对已"出"之经，召回重改重出。

"出经"之后的修订整理，有的是在多年之后进行的。相同的译本，不同的译者在不同时间和地点译出，出经史上称为"异本"。支愍度对异本的定义是："同本、人殊、出异。"②僧祐在分析"异本"形成原因时说："异出经者，谓胡本同而汉文异也。梵书复隐，宣译多变，出经之士，才趣各殊。辞有质文，意或详略，故令本一末二，新旧参差。若国言讹转，则音字楚夏；译辞格碍，则事义胡越。岂西传之蹉驳，乃东写之乖谬耳。是以《泥洹》《楞严》重出至七，《般若》之经，别本乃八。傍其众典，往往如兹。"③在这种情况下，为了消除歧

---

① （东晋）僧肇：《百论序》，僧祐《出三藏记集》，第403页。

② （东晋）支愍度：《合维摩诘经序》，僧祐《出三藏记集》卷八，第310页。

③ （梁）僧祐：《新集条解异出经录》，僧祐《出三藏记集》卷二，第65页。

义，就有人将不同的译本进行互校，取长补短，博采众长，合为一本，这就是所谓"合本"，又称"合部"。①这样的合本不少，如流传较广的《合首楞严经》《合维摩诘经序》《合部金光明经》等。这样看来，合本可以说是"出经"的最后一道环节，虽然不是必有的环节。"合本"本身是对译文的整理加工，与"翻译"行为没有实质关系。因此，要研究"出经"史，就必须研究合本，而研究翻译史，则未必需要涉及"合本"。

这样，汉魏两晋南北朝时期的"出经"通常的环节与程序，可以大体概括如下：

檀越→执梵本（胡本）→传译→笔受→整理（理味）→校定→合本

"出经"就是这样一个中外交流、前后相继、多人配合的复杂环节与过程。

四、玄奘"新译"与"出经"方式之终结

梁代慧皎在《高僧传》中，以鸠摩罗什的出现为标志，将佛典翻译分为"古今"二期。说鸠摩罗什"每恨支、竺所

①　参见王向远《中国古代译学五对范畴、四种条式及其系谱构造》（《安徽大学学报》2016 年第 3 期）关于合本的分析。

译，文制古质，未尽善美，乃更临梵本，重为宣译。故致古今二经，言殊义一"。①但这种划分是基于南朝时代的立场。我们今天站在历史的尽头，从"出经"的角度来考察整个佛经翻译史就会发现，唐代玄奘对以往"出经"方式的改造、对翻译方法的革新，与此前以鸠摩罗什为代表的"出经"时代，赫然划出了一道界线，形成了翻译史上的真正的"新译"。②

玄奘的"新译"之不同于此前的"出经"，就在于他大大简化了"出经"的各个环节，把"出经"集中于"翻经"或"译经"，亦即把"翻译"本身置于中心位置。

首先，由于他的"翻经"受到了皇帝代表的朝廷的直接支持，不再需要此前的赞助者"檀越"，该翻译什么，什么时候翻译，都由他自己决定，不必听从施主之命。这样，决定"出经"与否的"檀越"这一环节就自然没有了。

第二，玄奘的"出经"方式就是翻译，是单纯的翻译，"宣译"或"宣讲"不再作为翻译的方式或环节，从而对沿袭了数百年的"出经"方式做了彻底的简化与改革。这样一来，以前大规模的译经道场——即后人所说的"译场"——就不再需要了，而只需要规模较小的"翻经馆"即可。当然，"翻经馆"在玄奘之前的隋代就已经建立，据《续高僧传》第二卷彦琮传记载，隋皇为高僧彦琮在洛阳上林园设立了"翻经

---

① （梁）慧皎：《高僧传》，汤用彤校注，第141—142页。
② 新译：作为一个概念与"旧译"相对而言，常见于中国古代译学文献，其中"旧译"又称为"前译"，"新译"又称"后译"或"新翻"。参见王向远《中国古代译学五对范畴、四种条式及其系谱构造》（《安徽大学学报》2016年第3期）关于"旧译/新译"一节。

馆"，作为专门的"翻经"的场所，在翻经馆设"翻经学士"作为专职人员。这样，翻译与讲经才得以分开。玄奘肯定并且巩固了这种翻经方式。据《大慈恩寺三藏法师传》记载，玄奘在印度游历十七年回国后，向唐太宗提出要找一个清净的山间，翻译从印度带回的六百余部佛经，太宗表示不用去山里，可以在西京的弘福寺中翻译。但是玄奘却说："百姓无知，见玄奘从西方来，妄相观看，遂成阗阓，非直接违触宪纲，亦为妨废法事，望得守门，以防诸过。"①于是太宗理解并答应了他的请求。玄奘不希望在城里人多的地方做翻译，相反，他认为人多了会碍事。而且建议在译场设立守门人，以防闲杂人等进入。看来，他在动手翻译当初，就已经决意与鸠摩罗什时代那种成百上千人参加的聚集讲经方式告别。因为没有那么大的场面，严格地说玄奘的翻译场所也很难称为"译场"。鸠摩罗什时代不称"译场"，玄奘时代也不称"译场"，其实对翻译史研究而言，似乎还是称"翻经馆"较为确切。

第三，是"翻"与"译"合二为一，也就是把以前"出经"环节中的"执梵本"的外僧的"翻"，与帮助传达的本土僧人之"译"，二者融为一身，不再依赖外来僧人，也由此确立了中国本土僧人的佛典翻译的主导地位。玄奘之前的佛家翻译家大都是来华胡僧。这些胡僧有的来自中亚诸国，有的来自印度，多是来华后逐渐习得汉语，很难达到中国学人的水准。

---

① （唐）慧立、彦琮：《大慈恩寺三藏法师传》，高永旺校注，北京：中华书局，2018年，第348页。

即便是鸠摩罗什那样的天才，据说梵语与汉语兼善，但译文出来，还得靠身边的中国僧人（如以上提到的四大弟子），加以文字上的疏通、删改和美化。而玄奘翻译时，身边只有若干助手，包括"证义""证文""度语""笔受""辍文""参译""刊定""润文""梵呗""监护大使"等，这些人加在一起人数仍然不少，工序工种看上去仍然繁多，但他们都是围绕着翻译者的，其工作都是辅助性、服务性的，主要是对玄奘的翻译予以确认、整理、记录。道宣在《大恩寺释玄奘传论》中写道："世有奘公，独高联类，往还震动，备尽观方。百有余国，君臣谒敬，言议接对，不待译人。披析幽旨，华戎胥悦。唐朝后译，不屑古人，执本陈勘，频开前失。"① 以玄奘的能力，既翻且译，在梵汉转换中完全"不待译人"，即便没有人协助，他也完全可以独自完成翻译，协助者只是为了确认经文、提高工作效率。

第四，在玄奘的翻译中，以往"出经"环节中的"笔受"和"理味"的环节也省去了。对此，《续高僧传》有云：

> 自前代以来，所译经教，初从梵语，倒写本文，次乃回之，顺同此俗，然后笔人观理文句，中间增损，多坠全言。今所翻传，都由奘旨，意思独断，出语成章，词人随写，即可披玩。②

---

① （唐）道宣：《大恩寺释玄奘传论》，（清）董浩等编《全唐文》卷九一一，北京：中华书局，1983年，影印版，第9498页。标点符号为引者所加。
② （唐）道宣：《续高僧传》，郭绍林校点，第121页。

这里明确点明了玄奘的"新译"与以往"出经"的区别所在。以前的译经，因为外僧多不能精通汉文，受梵文的句法结构的束缚，译文不合汉语习惯，然后笔录者要将这些"倒写"的句子理顺过来，在这个过程中难免使得语句表意不完整、不周全。而现在，玄奘则一开始就使用"翻""翻传"的方法，一次性地将梵文"翻"为汉语，而且"意思独断"，无待他人质疑修正。辩机在《大唐西域记·记赞》中也写道：

> 至于修《春秋》，笔则笔，削则削，游、夏之徒，孔门文学，尝不能赞一辞焉。法师之译经，亦尤是也。非如童寿（鸠摩罗什之意译——引者注）逍遥之集文，任生、肇、融、叡之笔削。况且园方为圆之世，斫雕从朴之时，其可增损圣旨，绮丽经文者欤？①

这里直接将玄奘的佛经"新译"与"出经"时代的代表人物鸠摩罗什（童寿）的"旧译"做了对照。以前鸠摩罗什任其四大弟子道生、僧肇、道融、僧叡，对其译文随意删改（"笔削"），而玄奘颇不以为然。"若其裁以笔削，调以宫商，实所为安，诚非谠论。"②在他看来，"笔削"的目的，无非是

---

① （唐）玄奘：《大唐西域记·记赞》，《大唐西域记》，董志翘译注，北京：中华书局，2012年，第756页。版本下同。

② （唐）玄奘：《大唐西域记》，董志翘译注，第756页。

为了使其合于汉语的音律，为了追求音声的美感，那是不妥当的。佛典是经文，也是佛的"圣旨"，不能为了追求译文之美而牺牲原文的真实，不可以随意增损。于是他认为当今之世应与魏晋时代的华丽文风不同，应该是"园方为圆之世，斫雕从朴之时"，是去掉雕饰、返璞归真的时代，因而反对以鸠摩罗什为代表的外僧及其助手们随意损益佛经的做法，甚至认为旧译不可再用，须重新翻译。据《续高僧传》卷二七记载："玄奘三藏不许讲旧所译经。"①足见他对以前的旧译是很不满意的，因而意欲开创新的佛经翻译方式、方法与新的译风，与前代的"出经"画出了一道清晰的界线。

既然这样，那么后人对玄奘的翻译，也就没有必要像道安那样，对译本不满意而重加校订，也不存在对不同"异本"加以比照而"合本"了。事实上，玄奘之后没有人对玄奘译本做这种"出经"的后续工作。因此，"出经"时代的后续或后补环节——"校定"与"合本"，自然也就不存在了。

第五，在翻译方法上，玄奘提出了"五不翻"。"五不翻"的主张并不见于玄奘本人的讲述，而是保存在宋代法云《翻译名义集》卷首周敦义所撰写的序文中，云："唐玄奘法师论五种不翻：一、秘密故，如陀罗尼；二、含多义故，如薄伽梵具六义；三、此无故，如阎浮树，中夏实无此木；四、顺古故，如阿耨菩提，非不可翻，而摩腾以来常存梵音；五、生善

---

① （唐）道宣：《续高僧传》卷二十七，第1080页。

故，如般若尊重，智慧轻浅。"① "五不翻"一直传至宋代，可见"五不翻"的主张一直是众所周知的。但其实"五不翻"作为否定语，是针对此前的"五翻"的。所谓"五翻"，南朝永明年间佚名作者在《略成实论》中写道：

> 成实论十六卷，罗什法师于长安出之，昙晷笔受，昙影正写。影欲使文玄，后自转为五翻。余悉依旧本。②

这是史料中很罕见的"五翻"一词的用例。可惜以往研究者在谈论"五不翻"时，似乎无人注意过这个"五翻"的概念。这里没有解释什么是"五翻"，可见"五翻"当时已经是业内不言而喻的翻译方法。不过我们可以从玄奘的"五不翻"倒推南朝时代的"五翻"。"五不翻"是玄奘在翻译方法上对"出经"时代的反拨。针对"五翻"而提出"五不翻"，就是对印度佛典中的一些特殊词语不用解释性翻译（释译）的方法，而是用"译"（迻译，主要是音译）的方法，以保留印度佛典及其词语概念的原貌。从中国佛经翻译史上看，玄奘之前，以鸠摩罗什为代表的译经方法是受特定时代条件规制的，那时佛教传来未久、流布未广，翻译家要考虑的首要因素是中国受众的接受程度，至于对原作的忠实度判断，也往往以

① （宋）周敦义：《〈翻译名义集〉序》，《四部丛刊初编子部·翻译名义集》，第2页。句读标点为引者另加。
② （梁）僧祐：《出三藏记集》，第405页。着重号为引者所加。

受众的接受程度为转移。因而在讲经与翻经的时候他们大量使用"格义"的方法，即用中国儒家道家的固有概念，来格量、比附、翻转佛教的概念。到了玄奘，情况大为不同，他的"新译"，与其说注重译文是否容易理解接受，不如说更注重翻译本身是否忠实，注重如何在翻译中尽可能保持佛典的真实风貌，从"文"与"质"之关系的角度说，就是以"质"为第一，不加文饰，而"文"自在"质"中。对此，辩机在《大唐西域记·记赞》中说：

> 法师妙穷梵学，式赞深经，览文如己，转音犹响。敬顺圣旨，不加文饰。方言不通，梵语无译，务存陶冶，取证典谟，推而考之，恐乖实矣。①

也只有像玄奘这样具有深厚的梵汉双语功底的人，才能做到阅读梵文原文如同读自己的作品，翻译过来的译文才能仍然保持着原文韵律之美，遇上那些没有对应翻译的句子，便经推敲琢磨，使最终的译文保证忠实于原文。《大唐西域记·记赞》对这样的翻译效果的评价，可能不免有一些溢美的成分在，但也是实话。想当初，鸠摩罗什曾对僧叡发过这样的感叹："改梵为秦，失其藻蔚，虽得大意，殊隔文体。有似嚼饭与人，非徒失味，乃令呕秽也。"②对梵汉转译的困难性、局限

---

① （唐）辩机：《大唐西域记·记赞》，《大唐西域记》，董志翘译注，第751页。
② （梁）僧祐：《出三藏记集》，苏晋仁、萧鍊子点校本，第534页。

性、效果的不理想性，做了深刻的自省。鸠摩罗什最大的感慨，是中印两国的文字、文风迥异，要做到真实而又完美的翻译，实在是不可能的。这相比于玄奘充满自信的"新译"，真令人有隔世之叹。至少，这意味着，经历了此前三四百年的翻译实践之后，到了玄奘，中国的翻译已经开始走向成熟，进入了以重视原典为宗旨的翻译时代，而且有办法忠实于原典。从中国的印度学的角度来看，这是从"印度为我所取"，到"我要取一个真实的印度"的转变，这两种态度之间实有根本的区别。玄奘的态度当然是后者，由此开创了一代新的译风。玄奘之后，直至宋代，佛经翻译都沿用了玄奘的做法，那就是要求译场人员都应该通梵语，并以此作为进入译场工作的基本资格。彦琮在翻译者的基本条件"八备"论中，也明确提出"要识梵言"。① 到了北宋时代，也就是在中国翻译的最后的、最为成熟的阶段，由于中国翻译家们都懂梵文，所以以前至关重要的替外来僧人口译的"传语"一职，便不再需要，遂被取消。

可以说，玄奘的"新译"迥异于此前的"出经"。此前的佛典汉语化的历史，不单单是一种翻译行为，也不是"译经"一词所能概括，而是一个具有复杂程序与过程的"出经"的历史，因而我们作为研究者必须从"出经"的角度进行考察与研究；而及至玄奘，佛典翻译才是严格意义上的"翻译"，

---

① （隋）彦琮：《辩正论》，载道宣撰《续高僧传》卷二《隋东都上林园翻经馆沙门释彦琮传》，郭绍林校点本，第56页。

可以从纯粹"翻译史"的角度加以考察研究。从中国的翻译史、中国的印度学及东方学史的角度来看，玄奘的翻译既是个人独立翻译的成功范例，也是中国人进入自主翻译新阶段的标志，甚至也不妨说是中国的印度学"国学化"的一个重要契机。

总之，查考佛教原始文献，特别是记载佛典生成缘起的序、跋、记，就会发现"出经"这个词最常使用，具有很强的概念功能，而且"出经"与"译经""翻经"等佛典翻译史用语久经流变，差异微妙，相互关联，对于中国的东方学史、佛教史、翻译史研究而言是一个需要说清楚的问题。遗憾的是，佛学研究的文献、佛经翻译研究的文章可谓累累充架，但是何谓"出经"、其语义内涵及概念功能如何、"出经"与"译经""翻经"有何关系等问题，未能得到注意，更没有得到说明与研究。本文把"出经"作为一个中国佛典翻译史的重要概念来看待，以此来考察汉魏两晋南北朝时期的汉文佛经的生成，并与隋唐时代的"翻经""译经"，特别是玄奘的"新译"相比较，以期对中国翻译史有新发现和新认识。

对释道安"三不易"的误释及其辨正^①

　　释道安的"五失本、三不易"中的"三不易"
之"不易",一直被训释为"不容易"。而从文字训
诂及道安一以贯之的翻译思想来看,"不易"之
"易"宜作"轻易"解,"不易"宜作"不变"解。
"不易"并非"不容易",而是不变、"不轻易"或
"勿轻易"之谓。"三不易"是为了规避"五失本"
而对译者提出的三条"勿轻易而为",概言之:勿轻
易以古适今、勿轻易以浅代深、勿轻易臆度原典。可
视为翻译的"三戒"。假若将"不易"解释为"不容
易",便会把"三不易"当做三条"不容易"做而又
要努力去做的事,这不仅不符合"五失本"与"三
不易"之间的逻辑关系,而且完全颠倒了道安的原
意。正确训释和理解"三不易",对于中国传统译学

①　本文原载《北京师范大学学报》2017 年第 4 期,原题《"不易"并非"不
　　容易"——对释道安"三不易"的误释及其辨正》。

理论的阐发和当代中国翻译理论及翻译文学的学科建设都具有重要意义。

一、所谓"五失本、三不易"

在中国古代佛教及佛经翻译史上，东晋时代的释道安（312—385年）是一个极其重要的人物。梁代释慧皎《高僧传》说："安穷阅经典，钩深致远。其所著《般若道行》《密迹》《安般》诸经，并寻文比句，为起尽之意，乃析译甄解，凡二十二卷。序致渊富，妙尽深旨，条贯既叙，文理会通，经义克明，自安始也。"[①] 隋代翻译家彦琮说："余观安公法师，独秉神慧，高振天才，领袖先贤，开通后学，修《经录》则法藏逾阐，理众仪则僧宝弥盛，世称'印手菩萨'。"[②] 梁启超《翻译文学与佛典》说"安为中国佛教界第一建设者"。[③] 方广锠《道安评传》说"道安是代表了佛教初传期的终结的划时代人物"。[④]此外，作为一个有开创性的翻译理论家的道安，我们也不应该忽视。道安为汉译诸经写了多篇序言，涉及佛经翻译的理论与实践的各个方面，如《道行经序》《合放光光赞略

---

① （梁）释慧皎：《高僧传》，朱恒夫、王学军、赵益译注，西安：陕西人民出版社，2010年，第241页.
② （隋）彦琮：《辩正论》，道宣撰《续高僧传》卷二，郭绍林点校，北京：中华书局，2014年，第53—57页。
③ 梁启超：《翻译文学与佛典》，《梁启超全集》第七册，北京：北京出版社，1999年，第3799页。
④ 方广锠：《道安评传》，北京：昆仑出版社，2007年，第252页。

解序》《比丘大戒序》《鞞婆沙序》《摩诃钵罗若波罗蜜经抄序》等。其中写于建元十九年（公元383年）的《摩诃钵罗若波罗蜜经抄序》最为重要。在此文中，道安提出了翻译的"五失本、三不易"说：

译胡为秦，有五失本也：一者胡语尽倒，而使从秦，一失本也。二者胡经尚质，秦人好文，传（传，传译——括号内文字为引者注，下同）可（可，适合）众心，非文不合，斯二失本也。三者胡经委悉，至于叹咏，叮咛反覆，或三或四，不嫌其烦。而今裁斥，三失本也。四者胡有义说（义说，用来复述、概括前面经文之短偈），正似乱辞（乱辞，篇末总结全篇要旨的话），寻说向语，文无以异。或千五百，刈而不存，四失本也。五者事已全成，将更傍及，反腾前辞，已乃后说。而悉除此，五失本也。

然般若经（佛教般若类经典）三达（三达又称三明，即对"宿命、天眼、漏尽"三事通达无碍）其心，覆面（覆面指佛陀面相，舌头又宽又长，可以将脸覆盖，"舌出覆面"是"不妄语"之表现）所演，圣必因时，时俗有易，而删雅古以适今时，一不易也。

愚智天隔，圣人巨阶（巨阶，难以企及），乃欲以千岁之上微言，传使合百王之下末俗，二不易也。

阿难出经（指佛陀十大弟子之一阿难陀在佛教

徒第一次结集上诵出经文）去佛未久，尊者大迦叶令五百六通（六通指五百罗汉，因具六大神通古云）迭察迭书。今离千年，而以近意量裁，彼阿罗汉乃兢兢若此，此生死人而平平若此，岂将不知法者勇乎，斯三不易也。

涉兹五失、经三不易，译胡为秦，讵可不慎乎？正当以不闻异言，传令知会通耳，何复嫌大匠之得失乎？是乃未所敢知也。①

这段话非常有名，流传甚广。在翻译史及翻译理论史上，"五失本、三不易"开创了用开列"条例"的方式进行理论性概括与表达的先河，与隋代彦琮的"八备"、唐代玄奘的"五不翻"、北宋赞宁的"六例"，共同构成了四个著名的条式，体现了中国传统译学在表达方式上的一个鲜明特色，并对后来的翻译实践与翻译理论产生了深远的影响。当年道安的弟子僧叡法师在跟随鸠摩罗什译经时，曾夫子自道曰："予既知命，遇此真化，敢竭微诚，属当译任。执笔之际，三惟亡师'五失''三不易'之诲，则忧惧交怀，惕焉若厉，虽复履薄临深，未足喻也。"②梁启超指出："安公论译梵为秦，有'五失本三不易'……后世谈译学者，咸征引焉。要之翻译文学程

① （东晋）道安：《摩诃钵罗若波罗蜜经抄序》，僧祐《出三藏记集》卷八，苏晋仁、萧錬子点校，中华书局，1995年，第290页。此处引用时重新划分段落。
② （东晋）僧叡：《大品经序》，僧祐《出三藏记集》，第292页。

式，成为学界一问题，自安公始也。"①钱锺书在《管锥篇》中认为："释道安《摩诃钵罗若波罗蜜经抄序》，按论'译梵为秦'，有'五失本''三不易'，吾国翻译术开宗明义，首推此篇。"②"五失本、三不易"论之所以广为流传、引用甚多，不仅在于总括列举的条例式的洗练表达，更在于它所提出并论述的问题本身极富理论内涵。

道安首先提出了翻译会导致对原文（原本）的形式与内容的改动和丧失，就是"失本"，③ 具体有五种情形，即"五失本"。一是句法顺序不同，梵汉是正好相反的；二是文与质的喜好不同，佛经尚质，秦人好文；三是繁简的程度不同，佛经较为絮叨啰唆；四是复沓的习惯不同，佛经喜欢前后重复反复；五是文章的洗练度不同，佛经枝蔓过多。（现在看来，后三条实际上说的是一回事，就是删繁就简。）在翻译过程中，将佛经原文中这五种与汉语表达格格不入的情形加以删减或改变，那就是"五失本"。

"五失本"之后就是"三不易"。鉴于关于"三不易"的诠释与理解，事涉复杂，我们有必要先将道安的另外几篇相关序文与此篇联系起来，作为一个言论系统来看，以便见出道安翻译学思想形成的逻辑过程，然后再联系"五失本"，对"三

---

① 梁启超：《翻译文学与佛典》，《梁启超全集》第七册，第 3799 页。
② 钱锺书：《钱锺书集·管锥编》第四册，三联书店，2001 年，第 1982 页。
③ "失本"之外，也有"乖本"一词，如下文引用道安的"一言乖本，有逐无赦"；又如僧叡在《毗摩罗诘经义疏序》一文中有"格义迂而乖本"，该文又用"伤本"一词，如"始悟前译之伤本，谬文之乖趣耳"（见僧祐：《出三藏记集》卷八，第 311 页）。

不易"做出解释。为此，现在我们暂且放下这篇《摩诃钵罗若波罗蜜经抄序》留待后论，先考察一下道安的四篇相关文章。

二、"五失本、三不易"的形成轨迹

第一篇是《合放光光赞略解序》，写于晋泰元元年，即公元 376 年，比《摩诃钵罗若波罗蜜经抄序》写作要早六七年。在《合放光光赞略解序》中，道安写道：

> 《放光》《光赞》同本异译耳。其本俱出于阗国持来，其年相去无几。……《放光》，于阗沙门无罗叉执胡，竺法兰为译，言少事约，删削复重，事事显炳，焕然易观也。而从约必有所遗于天竺词，及腾（腾，誉写），① 每大减焉。
>
> 《光赞》，护公执胡本，聂承远笔受。事不加饰。悉则悉矣，而辞质胜文也。每至事首，辄多不便，诸反复相明，又不显烁也。考其所出，事事周密耳。互相补益，所悟实多。……②

---

① 此句断句及对"腾"字解，参照李维琦：《瑜不掩瑕——〈中国佛籍译论选辑评注〉训诂得失》，《励耘学刊》2009 年第 1 期。
② （东晋）道安：《合放光光赞略解序》，僧祐《出三藏记集》卷七，第265—266 页。引用时个别标点有变动。

在这里，释道安对"同本异译"的两个译本的特点做了介绍和评价。一个是竺法兰翻译的《放光》，是一个节译本；一个是聂承远翻译的《光赞》，是一个全译本。道安认为《放光》言简意赅，表达清晰，容易阅读和理解，但既然是节译本，不免减损原文，而"从约必有所遗于天竺词"；《光赞》则是原本的忠实完整的翻译，但"质胜文"，读者往往难得要领。两个译本各有优劣，合在一起来看，"互相补益，所悟实多"。看来道安对两种译本并没有明显地厚此薄彼。因为他是两相比较，采取了双重的角度和立场，一是从读者接受的角度看，节译本较为适合；一是从尊重原本无所遗漏的角度看，全译本更为可取。

第二篇是与《合放光光赞略解序》写于同一年的《道行经序》。在此文中，道安进一步论述了节译本、全译本的关系及"得本""委本"的问题，他写道：

> 佛泥曰（泥曰，涅槃）后，外国高士抄九十章为《道行品》。桓灵之世，朔佛贲诣京师，译为汉文。因本顺旨，转音如已，敬顺圣言，了不加饰也。然经既抄撮，合成章指，音殊俗异，译人口传，自非三达，胡能一一得本缘故乎？由是《道行》颇有首尾隐者。古贤论之，往往有滞，仕行（译经家朱仕行，亦作"朱士行"）耻此，寻求其本，到于阗乃得。送诣仓垣（仓垣，今河南开封），出为《放光品》。斥重省删，务会（"会"，疑"令"之误）婉

便，若其悉文，将过三倍。善出无生（无生，无生
法忍，观诸法无生无灭而不动心），论空（空论）特
巧（一作"论空持巧"，在"空"论方面很巧妙）。
传译如是，难为继矣。二家所出，足令大智焕而阐
幽。支谶全本，其亦应然。何者？抄经删削，所害必
多，委本从圣，乃佛之至诚也。①

我们首先需要注意的是道安在这里使用的几个重要的词，
从翻译学的角度看，也可以看作是概念。首先是早于《摩诃
钵罗若波罗蜜经抄序》中的"五失本"的"失本"，而提出了
与之相对的"得本"的概念，所谓"胡能一一得本缘故乎"
中的"得本"与后面的"缘故"，是同义词，"缘故"似宜理
解为动宾结构，而不应理解为名词的"缘故"。"缘"者，循
也，顺也，凭也；"故"者，故籍也，故典也，故实也，指的
是佛典之原典。可见，"得本"就是"缘故"，反过来说，"缘
故"必"得本"。其次，提出了"抄撮"与"全本"这对概
念。"抄撮"就是抄译本、节译本，"全本"就是全译本。

道安以《道行品》的翻译为例，论述了抄译本与全本之
间的关系。《道行品》先有"外国高士"所"抄撮"的抄本
（节选本），竺朔佛据此译出；接着朱仕行寻得原本，然后根
据原本翻译了"斥重省删"的节译本，最后是支谶的全本。

---

① （东晋）道安：《道行般若经序》，僧祐《出三藏记集》卷七，第263—
264页。

道安肯定了前两个节译本的特点和价值，认为它们在阐释般若智慧方面都是有益的。但是，从译本形态上看，同样是节译本，竺朔佛和朱仕行的本子是不同的，因为竺朔佛译本所依据的不是原本而是抄本。抄本内容本来就不全（"颇有首尾隐者"），因而在翻译过程中就难以"三达"，不可能保证处处都忠实原文（"得本"），导致读者在阅读理解过程中"往往有滞"。这让像朱仕行那样的"专务经典""誓志捐身"①"深崇正法、博究众音"②的僧人引以为耻，便去寻求原本，并且重新进行节译，即为《放光品》。在道安看来，虽然《放光品》节译本在篇幅上仅仅是原文的三分之一，但因"斥重省删"，对读者而言更为"婉便"，而且在阐述佛教的"无生"（即般若学的"无生法忍"）和"空"论方面，都做得很好、很巧妙，故给予高度评价，认为翻译达到了这样的水平，后人已经很难超越了（"传译如此，难为继矣"）。但是，无论如何，以上两种毕竟都是节译本。所谓"难为继矣"，有"后无来者"的意思，这不仅仅是人们通常理解的赞扬，也包含着"今后这样的节译本很难再有了"的意思，为什么这么样说呢？因为有了全译本。有了全译本，节译本便"难为继"了。全译本一出，节译本的价值就大打折扣了。道安站在佛经翻译史的立场上，指出了节译本产生的原因与必然。当时由于条件所限，对译者及读者的要求一时又不可能太高，因而一定程度

①　参见僧祐：《出三藏记集》卷十三《朱士行传》，第 505 页。
②　（梁）释慧皎：《高僧传》卷四，朱恒夫、王学军、赵益译注，第 197 页。

的删繁就简的节译是应该存在的。而在节译本中，所据文本是否是原作，也影响到了不同节译本的价值。在中国佛经翻译史上，节译本往往是一个过渡时期的产物，后来便会出现全译本。但是，严格地说，由于中外文体的差异，并非所有的译本都必须是严格意义上的"一一得本"的全译本，不能"一一得本"的"失本"也是允许的。这里体现了道安充分尊重历史存在的公正客观的态度，同时他也明确地表达了自己的判断，那就是全译本更好。具体到支谶的翻译，道安认为支谶本来也可以节译的，但他没有节译，"何者？抄经删削，所害必多"，而只有"委本"（全译本、详本）才能做到"从圣"（"委本从圣，乃佛之至诚也。"），这里的"委本"之"委"，有"委随""隶属"之意，就是译者对原文不加删削，忠实于原文。可以说，在"全"的意义上，"全本"就是"委本"。道安认为支谶的全译本更应该做到像朱仕行节译本《放光品》那样"善出无生，论空特巧"，而且更会"足令大智焕而阐幽"，因为支谶的译本毕竟是全本。节译本再怎么好，也有节译本的缺陷，所谓"抄经删削，所害必多"。总之，从"得本/失本"的角度看，道安认为"委本"即全本才是真正的"得本"。

第三篇文章，是早于《摩诃钵罗若波罗蜜经抄序》一年（公元382年）撰写的《比丘大戒序》，道安在此文中谈到了他对全译本由恨到爱的转变过程。他说自己以前从法潜那里得到一部戒律，当时觉得"其言烦直"，于是"意常恨之"，但而今见到了昙摩侍的《阿毗昙》并对照之，觉得内容与从前从法潜那里得到的那一部竟是一模一样的，"乃知淡乎无味，乃真道味也。"尽管如此，但从读者角度考虑，他还是认为：

嫌其丁宁，文多反复，称即命慧常（慧常，隋代僧人，译经家），令斥重去复。常乃避席谓："大不宜尔。戒犹礼也，礼执而不诵，重先制也，慎举止也。戒乃径（径，通'经'）广长舌相（广长舌相，指佛陀又宽又长的舌头与面相，与'覆面'义同）三达心制，八辈圣士珍之宝之，师师相付，一言乖本，有逐无赦。外国持律，其事实尔。此土《尚书》及与《河洛》，其文朴质，无敢措手，明祇（'祇'一作'祗'，表尊敬意）先王之法言而慎神命也。何至佛戒，圣贤所贵，而可改之以从方言乎？恐失四依（四依，听受和修持佛法的四项原则，即依法不依人、依义不依文、依了意经不依不了意经、依智不依识）不严之教也。与其巧便，宁守雅正。译胡为秦，东教之士（东来传教之士）犹或非之，愿不刊削以从饰也。"众咸称善。于是案胡文书，唯有言倒，时从顺耳。……诸出为秦言，便约不烦者，皆蒲萄酒之被水者也。①

至此，在对不同形式的译本进行评价时，道安已经实现了

① （梁）僧祐：《出三藏记集》卷十一，第412—413页。

一个明显的价值转换。如果说几年前他还从读者接受与尊重原文两个角度，对节译本与全译本，或"委本"与"失本"的功能价值做二元的评价，但到了《比丘大戒序》中，他明确地站在了尊重原文的立场，并对以前自己只顾阅读巧便的价值观做了反省。这里所援引的慧常的一段话，可以看作是为道安代言。慧常认为，译者对原本删繁就简是非常不合适的。因为在印度，佛教的传统即戒律是很严格的，随意改动经典，哪怕是一个字，也会被逐出佛门，即所谓"一言乖本，有逐无赦"。慧常还拿中国的典籍做比，说像《尚书》《河洛》那样的书，文字是很质朴，但也绝不能改动，何况是佛戒？怎么能"改之从方言"呢？所以，"与其巧便，宁守雅正"，翻译成汉文时，也应该"不刊削以从饰"。对于慧常的这种观点，"众咸称善"，所以在翻译过程中只把梵汉的语法句序做颠倒而已。道安的结论是，那些在翻译中做了改动的本子，都像葡萄酒兑了水一样，品质味道都不行了。很明显，在道安看来，作为佛教徒首先要尊重佛典，这是虔敬信仰的必然要求；作为翻译家，要忠实传译，这是对经典原典的尊重。而随意删削、随意加以修饰，无异离经叛道。

第四篇文章《鞞婆沙序》，在写作时间上与《摩诃钵罗若波罗蜜经抄序》大约同年，由此更可以看出道安如何一步步形成"五失本、三不易"的思想。《鞞婆沙序》中有这样一段话：

赵郎谓译人曰："《尔雅》有《释古》《释言》

者，明古今不同也。昔来出经者，多嫌胡言方质，而改适今俗，此政所不取也。何者？传胡为秦，以不闲方言，求知辞趣耳，何嫌文质？文质是时，幸勿易之，经之巧质，有自来矣。唯传事不尽，乃译人之咎耳。"终咸称善。斯真实言也。遂案本而传，不令有损言游字，时改倒句，余尽实录也。①

这里所引赵郎（名赵正，曾与道安主持译场）的话，与《比丘大戒序》中所引慧常的话，其基本观点如出一辙，但论据和着眼点有所变化。如果说上一篇的着眼点是"崇经信教"，这一篇的着眼点则是"察外知古"，认为之所以要"传胡为秦"、把外国书译过来，是因为我们不熟悉他们的言语（"以不闲方言"）；翻译过来为的是了解外国的"辞趣"，而无论它是"质"的还是"文"的。正如《尔雅》中的《释古》《释言》部分，为的是"明古今不同"，那么我们的翻译也是为了"明中外之不同"。结论是："文质是时，幸勿易之，经之巧质，有自来矣。""文"与"质"是由时代所决定的，是有其形成的必然原因的，因而翻译者要好好传达出原文本来具有的"文"或"质"，而不应该随意加以变动。如果做不到这一点，那就是"译人之咎"了。鉴于这样的缘由，故而"案本而传，不令有损言游字"。

由以上四篇文章可以看出，从晋泰元元年即公元376年写

---

① （东晋）道安：《鞞婆沙序》，僧祐《出三藏记集》卷十，第382页。

作《合放光光赞略解序》，到公元383年写作《摩诃钵罗若波罗蜜经抄序》，在这七八年的时间里，道安的翻译思想渐次明晰，逐渐形成了"得本""委本"即尊重原本、"案本而传"的翻译主张。而要尊重原本，一是要尊重原本的完整性，不主张删繁就简、斥复去重，因此在节译本与全译本这两种文本形式中，他更推崇全译本；二是要尊重原本的文体与风格，不要以汉文读者所习惯的洗练简洁的文体，去改变原本的叮咛反复的文体，不要以译文的风格去改变原本的风格，不要以今易古，因为翻译是为了知古，不以"文"代"质"，因为"文"与"质"是时代的产物，原文是"质"的则"质"，是"文"的则"文"；三是读者要抱着从译本入手虚心研习原本的态度，译者要以原作为中心，不要一味迎合读者口味追求"巧便"，而去俯就读者，而是要坚守原作，"与其巧便，宁守雅正"，否则，就会造成"失本"。

值得注意的是，在《摩诃钵罗若波罗蜜经抄序》中，道安在讲完了"五失本"之后，接着用了一个转折副词"然"字，一下子转到了"三不易"的论述上。也就是说，因为在"译胡为秦"的时候，常常会出现"五失本"的现象，那么，如何才能避免出现"失本"呢？换言之，避免"五失本"的途径与方法是什么呢？那就是"三不易"。

要正确理解"三不易"的真意，关键是要搞明白"易"字。"易"字除了有"容易"的意思外，还有多种词义，其中也有"轻易"之义。查《集韵》："易，轻也。"①《汉语大字典》"易"字解第 8 条释义："简慢、轻率。"并援引如下语料：《论语·八佾》"礼，与其奢也，宁俭；丧，与其易也，宁戚"；《史记·魏其武安侯列传》"魏其者，沾沾自喜耳，多易"；裴骃集解引张晏曰"多易，多轻易之行也"；清袁枚《随园诗话》卷三"夫用兵，危事也，而赵括易言之，此其所以败也"。②可知"易"有"轻易""轻率"意。仅仅从词义本身来看，"三不易"的所谓"不易"并不是"不容易"之意，而是"不轻易""不要轻易"，或"不轻率""不要轻率"的意思，也就是不要轻易为之。"三不易"就是"三个不可轻易为之"。

要正确理解"三不易"的真意，还要搞明白"不易"二字。"不易"作为一个词，收于《辞源》，共有两条释义：（一），难；（二），不变。③"三不易"之"不易"二字若作为一个独立的双音词来理解的话，就是"不变"，"三不易"就是"三条不变"。

道安提出的"三不易"，在句法结构上有一个特点，都是一个复句，而且是转折句，以转折词"而"或"乃"将句子

---

① 丁度等编：《宋刻集韵》，北京：中华书局，2005 年，影印版，第 133 页。
② 汉语大字典编辑委员会编：《汉语大词典》，成都、武汉：四川辞书出版社、湖北辞书出版社，1993 年，第 628 页。
③ 详见《辞源》（修订本重排版），北京：中华书局，2010 年，第 74 页。另，日语中的"不易"作为汉字词显然是从中国传入的，也是"不变"之意。江户时代的俳人松尾芭蕉曾提出了"千年不易、一时流行"（简称"不易、流行"）的命题，论述俳谐（俳句）的变与不变的关系。可资参考。

分为前后两个分句，前句为"正"句，说的是"不变"或"不能变"的，也是肯定意义上的；后一个分句是"反"句，说的是不能"轻易""轻率"而为的，是否定意义上的。以下具体分析之。

"一不易"——"般若经三达其心，覆面所演，圣必因时，时俗有易，而删雅古以适今时，一不易也。"我们若把"不易"作为"不变"来理解，就是说"般若经三达其心，覆面所演，圣必因时，时俗有易"这事，是不变的、不能改变的；若把"易"做"轻易""轻率"解，就是说"删雅古以适今时"这种事"不可轻易而为"。对于在翻译中为了迎合今天的读者，而将原典的古雅加以改变这一做法，道安在上引文章中已经反复明确排斥过。他借赵正之口说："昔来出经者，多嫌胡言方质，而改适今俗，此政所不取也。何者？传胡为秦，以不闲方言，求知辞趣耳，何嫌文质？文质是时，幸勿易之，经之巧质，有自来矣。"反对翻译中的改雅趋俗。可见，这两个分句一正一反，所表达的意思是完全一致的。

"二不易"——"愚智天隔，圣人巨阶，乃欲以千岁之上微言，传使合百王之下末俗，二不易也。"我们若把"不易"作为"不变"来理解，就是说"愚智天隔，圣人巨阶"这事，是不变的、不能改变的；若把"易"做"轻易""轻率"解，就是说"欲以千岁之上微言，传使合百王之下末俗"这种事"不可轻易而为"。这一主张与"一不易"中的主张有相同之处，但"一不易"主要是指古今时代风格而言的，"二不易"主要从语言风格而言的，就是在翻译的时候不能轻易把千年以前的微言大义，加以稀释而迎合当今"末俗"。这里的"微言""末俗"二词明显地含有一褒一贬的价值判断的意味。作为一个佛教僧人，"俗"尤其是"末俗"是要极力避免的，翻译佛经也是一样。古代佛典语言有神圣神秘性，不能在翻译中使之俗化乃至丢失。这一主张，大概就是后来玄奘的"不翻"论的滥觞；换言之，佛言具有微言大义的神圣神秘性，往往是不可以"翻"出来的，而只能加以"音译"。这个意思，道安在上文中也已经明确表示过："何至佛戒，圣贤所贵，而可改之以从方言乎？恐失四依不严之教也。与其巧便，宁守雅正。"可见，"二不易"这两个分句也是一正一反，所表达的意思是完全一致的。

以上两个"不易"基本涵盖了"五失本"的全部内容。对翻译家而言，这两个"不易"若能做到，就可以避免"失本"的情况。

"三不易"——就是翻译中不能以今人的理解来"量裁"佛典。道安强调：当年阿难陀初次诵出经文的时候，离佛陀涅槃未久，对阿难陀凭记忆诵出的经文，尊者大迦叶让五百罗汉"迭察迭书"，即反复审核方可定稿。我们若把"不易"作为"不变"来理解，就是说这样慎重定稿的佛典是"不变"的，亦即不能改变的；若把"易"做"轻易""轻率"解，就是说"以近意量裁"这种事"不可轻易而为"。所以，在距离千年以后，拿今天的理解去度量佛典，那怎么行呢？！当年阿罗汉们皆对佛经抱着战战兢兢的态度，而我们这些平平凡凡的"生死人"怎么能对佛经不抱敬畏之情呢？难道我们要把对佛典的无知当作一种"勇敢无畏"的行为吗（"岂将不知法者勇乎"）？显然，这样的事情不可轻易为之。这是第三个"不易"。主要强调面对佛典所应有的一种态度，强调不要以今天的想法（"近意"）去妄断、去臆度佛典，不要将无知行为当成一种勇敢行为。可见，"三不易"这两个分句也是一正一反，所表达的意思也是完全一致的。

三、对"五失本、三不易"的误释、误解及其辨正

这样看来，"五失本"与"三不易"就形成了一个密切的逻辑关系。也就是说，鉴于有五种可能会"失本"的情况，就要在三个方面不可改变之、不可轻易为之，亦即"三不易"。

然而，长期以来，各家在训释"三不易"之"不易"的时候，均把"不易"理解为"不容易"，从而在根本上误解了道安的原意。

例如，梁启超在《翻译文学与佛典》中说："三不易者：（一）谓既须求真，又须喻俗。（二）谓佛智悬隔，契合实难。（三）谓去古久远，无从询证。"①接着补充说："以原文繁重不具引，仅撮大意如上。"显然，对照道安的原文，梁启超的这种"仅撮大意"的解释，实际上去道安的原意甚远了，主要是因为他把原文的"不易"解释为"不容易"了。

_____

① 梁启超：《翻译文学与佛典》，《梁启超全集》第七册，第 3799 页。

吕澂《中国佛学源流略讲》在谈到"五失本、三不易"的时候，把"三不易"理解为"三种不易翻译的情况"，他写道：

> 三种不易翻译的情况是：第一，经籍本是佛因时而说的，古今时俗不同，要使古俗符合今时，很不容易；第二，要把圣智所说的微言深意传给凡愚的人理解，时间距离又那么远，这也不容易；第三，当时编经的人都是大智有神通的，现在却要一般人来传译，这更是一件不容易的事。①

这里把"不易"理解为"很不容易"，由于本质上不合道安原意，却又要在译成白话文的时候符合逻辑，故而显得勉为其难。具体而言，关于"一不易"，道安原话是"删雅古以适今俗"，这也正是"五失本"中"三失本"所说的"而今裁斥"，"四失本"中所说的"刈而不存"，"五失本"中所说的"而悉除此"，指的都是为了符合时人口味，而不惜删减、改变原文。这样的"删雅古以适今俗"的做法哪里谈得上是"不容易"呢？实际上，在道安看来，这恰恰是在翻译中经常"容易"发生的失误，也是需要注意避免的。

关于"二不易"，吕澂把道安要表达的"不能把千年前的佛经之微言大义，翻译得合于当代末俗"这层意思，做了相

---

① 吕澂：《中国佛学源流略讲》，北京：中华书局，1979 年，第 61 页。

反的理解，所谓"要把圣智所说的微言深意传给凡愚的人理解，时间距离又那么远，这也不容易"，这就把意思变成了"应该这样做，但实际上'不容易'做到"。

关于"三不易"，道安所要表达的是翻译家作为凡人，要对佛经抱有战战兢兢、临深履薄的虔敬态度，不可轻易"以近意量裁"。但吕澂的解释却把"以近意量裁"这句最关键的话丢掉了。当然，丢掉了并非因为疏忽，而是因为既然认定"不易"就是"不容易"的意思，所以就要在解释上尽可能符合逻辑。实际上，道安所说的"以近意量裁"佛经，对翻译家而言那是常常难以避免的，也是"很容易"发生的，但要切实尊重佛典、吃透原意，则是很"不容易"的。

众所周知，梁启超、吕澂都是现代佛学研究的大家，《翻译文学与佛典》《中国佛学源流略讲》也都是佛学研究及翻译文学研究的名著。正因为是名人名著，所以影响很大。其中对"三不易"的解释，似已被奉为不刊之论，为后来的翻译史和佛教史著作所接纳。例如，方广锠著《道安评传》第四章第三节"翻译理论"中，将"三不易"理解为"第一件不容易的事情""第二件不容易的事情""第三件不容易的事情"。[①]朱志瑜、朱晓农著《中国佛籍译论选辑评注》把"三不易"理解为"第一个大不易处""第二个大不易处""第三个大不易处"，即很不容易的地方。[②]陈福康著《中国译学理论史稿》

---

① 方广锠：《道安评传》，北京：昆仑出版社，2007年，第249页。
② 朱志瑜、朱晓农：《中国佛籍译论选辑评注》，北京：清华大学出版社，2006年，第21页。

将"三不易"理解为"有三件事决定了译事是很不容易的"。①
任继愈主编《中国佛教史》认为:"所谓'三不易',是指在
翻译《般若经》等经典的过程中有三种很不容易的情形。"②马
祖毅著《中国翻译简史》把"三不易"理解为三个"很不容
易";③马祖毅为《中国翻译词典》撰写的"五失本、三不易"
的词条,亦袭此说。④此外,王宏印著《中国传统译论经典诠
释》一书及为《中国译学大辞典》撰写的"'五失本、三不
易'的本体论阐释"词条,虽然没有直接把"三不易"之
"不易"训释为"不容易",而是认为"'三不易'进一步从
译者与作者的关系、读者与作者的关系等翻译活动的主体性差
异的角度论证了翻译的不可能,即从社会学角度论证翻译之不
可能"。⑤"不可能"之解实际上仍是"不容易"解的翻版,
只是由"不容易"上升为"不可能"。这样的"阐释"似乎
阐释过度了,因为道安的"三不易"指的本来就是很"可能"
出现的情况,因为很可能出现,所以需要小心谨慎,不可轻易
而为之。

之所以把"不易"做了以上的错误理解,也许是因为乍

---

① 陈福康:《中国译学理论史稿》,上海:上海外语教育出版社,1992 年,第
19 页。
② 任继愈主编:《中国佛教史》第二卷,北京:中国社会科学出版社,1985
年,第 182 页。
③ 马祖毅:《中国翻译简史(五四以前部分)》,北京:中国翻译出版公司,
1998 年,第 38 页。
④ 林煌天主编:《中国翻译词典》,武汉:湖北教育出版社,1997 年,第 737 页。
⑤ 方梦之主编:《中国译学大辞典》,北京:外语教育与研究出版社,2011
年,第 52 页。

对释道安"三不易"的误释及其辨正   >>>   93

看上去"不易"这个词太"易"懂了。"不易"就是"不容易"。实际上,"不易"可以理解为"不变","易"可以理解为"轻易",恰恰在这里就是不可以理解为"不容易"。否则就会颠倒原意、致使逻辑不通。钱锺书在上引《管锥编》中,曾对"五不翻"做过仔细分析阐释,然而却对"三不易"只字不提。以他一贯的咬文嚼字的细致,这恐怕不是无意疏漏,或许他觉察到了以"不容易"来理解"三不易",是难以说通的,所以干脆按下不表,这是一种审慎的态度。

上述对"三不易"的"不易"做"不容易"解,会造成一系列矛盾和混乱。

首先是扭曲了"五失本"与"三不易"之间的逻辑关系。在道安那里,"五失本、三不易"是不可分割的,作为一组概念、一个命题,是在同一语境下提出来的。现在学者们也都把"五失本、三不易"合为一谈,这是对的。从翻译的实际情况来看,因在翻译过程中常常会出现"失本"的情况,所以道安在"五失本"之后,紧接着就提出了"三不易",主张三种情况"不可轻易"而为。也就是说,"三不易"是为了最大程度地减少"五失本"现象而提出来的。"失本"是翻译中的客观存在,表明翻译作为一种跨语言转换活动,其本身并非完美的、万能的,而是有其局限性的。何况中印文化存在着世俗文化与宗教文化的巨大差别,梵汉语言也分属于拼音文字与方块字的不同语系,所以翻译转换中就会出现不忠实原文的"失本"。正因为"失本"是客观存在的、是迫不得已而出现的,有时候甚至还是必须如此的,所以道安并没有完全否定"失本"。这导致了后人在可否"失本"的问题上存在不同理解。如道安的弟子释僧叡在《大品经序》中，称自己在翻译中时刻牢记亡师的"'五失'及'三不易'之诲";① 而道安的另一个弟子则认为"失本"是可以允许的，"既方俗不同，许其五失胡本"。②但无论如何，如上文所述，联系道安的有关"失本"问题的思考与言论来看，他主张"失本"可以存在，也允许存在，但又不是翻译的理想状态，应该尽量避免。而避免的方式方法，就是坚持"三不易"的原则。

但是，假如把"三不易"之"不易"解释为"不容易"，那么不仅"五失本"与"三不易"之间的关联松散了，甚至两者之间在逻辑上也出现了严重悖谬。道安先说的是五种"失本"的情形，接着说的是三个"不易"，假如把"不易"训释为"不容易"，就等于把"三不易"理解为"不容易"做到的事情。然而这三种"不容易"做到的情形恰恰都在"五失本"中具体做到了。例如"三不易"中"一不易"所说的"删雅古以适今时"，在"五失本"中具体表现为"裁斥"繁复之处，或"刈而不存"，或加以"悉除"。这些作为"失本"的现象在已有的翻译实践中都已经大量存在着了，那么"三不易"中所说的"删雅古以适今时"还有什么"不容易"做到的呢？实际上，道安的"三不易"论，无论是"删雅古以适今时"，还是把佛典的微言大义加以俗化来迎合当代

① （东晋）释僧叡：《大品经序》，许明编著《中国佛教经论序跋记集》第一卷，上海：上海辞书出版社，2002年，第63页。
② 佚名：《僧伽罗刹集经后记》，僧祐《出三藏记集》，第375页。

"末俗",抑或是"以近意量裁"佛典,这些都不是"不容易"做,恰恰相反,都是很容易做出来、一不小心就会出现的情况。正如《续高僧传》的作者、唐代高僧释道宣所说:"译从方言,随俗所传,多陷浮讹,所失多矣。所以道安著论,'五失'易从。"①

而且,把"三不易"的"不易"理解为"不容易",自然而然就会认定:这三件事情是"不容易"的,唯其"不容易",所以要努力去做才行。这样一来,本来是"不能轻易为之"的事情,却变成了正因为不容易就应该克服困难尽力去做的事情,这就完全颠倒了道安的原意。实际上,"三不易"的三条"不易"都是不应该做的,是道安对译者提出的三点警示、三点告诫。"三不易"显然是道安"因本顺旨""案本而传"思想主张的必然归结。这一点,通过上文在第二部分中对道安翻译思想发展演变过程的梳理已经可以看得很清楚了。道安已明确告诫:"抄经删削,所害必多,委本从圣,乃佛之至诚也。"指出如在翻译中"斥重去复",则"大不宜尔"。这样看来,假如道安把"三不易"中的"不易"作为三条"不容易"来说,那就等于说他把此前自己的一贯主张都推翻了。当然这是绝对不可能的。

况且,把"三不易"之"不易"理解为"不容易",也无法承续道安在讲完"五失本""三不易"之后说的那几句总

---

① (唐)道宣:《大唐内典录序》,朱志瑜、朱晓农著《中国佛籍译论选辑评注》,第105页。

结性的话：

涉兹五失，经三不易，译胡为秦，讵可不慎乎？

对于这几句话，特别是头两句话，现有的诸本也有两种不同的句读及理解。如中华书局 1995 出版、苏晋仁与萧鍊子点校的僧祐撰《出三藏记集》所收《摩诃钵罗若波罗蜜经抄序》一文，吕澂《中国佛学源流略讲》第 61—62 页所引，还有许明编著《中国佛教经论序跋记集》第一卷第 43 页所收《摩诃钵罗若波罗蜜经抄序》，句读均为"涉兹五失，经三不易"；而罗新璋编《翻译论集》和朱志瑜、朱晓农著《中国佛籍译论选辑评注》所收《摩诃钵罗若波罗蜜经抄序》也注明录自《出三藏记集》，但均将句读改为"涉兹五失经、三不易"。①

假如句读为"涉兹五失经、三不易"，似有大疑问。关键问题是把"失经"作为一个词来看待了，但是道安在上文中没有使用"失经"一词，用的是"失本"。道安的其它文章中也未见使用"失经"一词，而都是用"五失""五失胡本""五失本"。所谓"失经"，顾名思义就是翻译与"经"乖离不合，"经"当然是指佛家经典，假如"失经"这个词是存在的，那么"失经"的性质要比"失本"严重得多。"失本"只是一个文本问题，涉及的是语言、文体、风格上的问题，

---

① 罗新璋编：《翻译论集》，北京：中华书局，1984 年，第 24 页；朱志瑜、朱晓农著：《中国佛籍译论选辑评注》，第 19 页。

"失本"的翻译虽不理想但也有可取之处。而假如是"失经"，那就等于脱离了经典、背离了经文，不但毫无可取之处，甚至有亵渎经典、离经叛道之嫌了。因此，"失经"似应不成立，把"失经"二字连在一起看成一个词，是很值得商榷的。重要的是，道安所历数的五种"失本"的情形，确属"失本"，而不能算是"失经"。

　　与上述的"失经"的理解不同，在句读为"涉兹五失，经三不易"的语境中，"五失"是"五失本"的简略，后人也用过"五失"这个词。如上文所引释僧叡在《大品经序》中说过"执笔之际，三惟亡师'五失'及'三不易'之诲"云。"涉兹五失"的"涉"字，有"经""经历""度过"之意。《汉语大词典》"涉"字第五条释义是"经历、度过"；① 而"经"字在这里显然应做动词解，是"经过""经由"之意，与"涉"字同为动词，意思几乎相同。"涉兹五失，经三不易"，是较为典型的魏晋文章的对偶对仗句式。这样一来，疑问就消除了，文意就畅达了。我们可以解释为："这里涉及（讲到）了这'五失'，又经（涉及、经由、讲到）'三不易'（的提醒告诫），那么在将胡语（梵语）译为汉语的时候，我们又怎能不小心谨慎呢？"

　　需要注意的是，道安将"五失（本）"与"三不易"并提，是对翻译家的提醒与告诫；假如道安所说的"三不易"指的是三点"不容易"，那么"涉兹五失，经三不易，译胡为

---

① 　汉语大字典编辑委员会编：《汉语大词典》，第681页。

秦，讵可不慎乎"的意思就是："这里涉及（讲到）了'五失'，又有三条不容易做（而应该努力去做）的事，那么在将胡语（梵语）译为汉语的时候，我们又怎能不小心谨慎呢？"这样的意思显然是不合乎逻辑。读者自然就会产生疑问："三条不容易"如何能有"讵可不慎乎"的提醒告诫作用呢？"不容易"不是对翻译家提出的告诫和要求，而只是感叹翻译之难罢了。正如后世严复所说的"译事三难：信、达、雅"一样，原本不是要提翻译标准而是感叹难以做到。然而，"三不易"中的三事项并不像"信达雅"那样有什么"难"，或者有什么"不容易"做到的。"三不易"是对译者提出的要求，既然是要求，就要对译者提出可与不可、宜与不宜，就要指陈翻译中的成败得失。道安在"五失本、三不易"的论述中正是这样做的。所以道安接下来退了一步，缓和了一下口气，说："正当以不闻异言，传令知会通耳，何复嫌大匠之得失乎？是乃未所敢知也。"意思是说本来正是因为读者不懂外语，才通过翻译以便"知会通"的，因而我们要感谢那些翻译家（"大匠"）才是，又怎能议论、指责他们的得失呢？但是他又说：话说回来，即便有人议论指责也未可知（"是乃未所敢知也"）。在这里，道安一方面表明了对译者的尊重与理解，表示不想对译者指手画脚说三道四，因为他自己虽然是佛典翻译的组织与指导者，延请了数位外籍翻译家译出众经百万言，却因不懂原文而不亲自从事翻译。但这不妨碍他提请译者注意：因为有"五失本"，译者不可不慎，所以还要注意"三不易"。以当时道安在佛教界乃至僧俗两界的极大影响与崇高威望，这样的告诫别人可能不敢提或不便提，但道安却是责无旁贷、义无所辞的。并且，道安一生最重视的是为刚刚引进不久的佛教确立规矩规范，中国佛教中许多规矩规范就是由道安确立起来的。为此，他曾殚精竭虑，多方搜集了多种佛教戒律方面的经典，并组织人翻译出来，使出家僧人和教团的行为有了较为严格的戒律可以遵循，他自己则谆谆告诫、率先垂范、以身作则。联系这样的生平背景来看，道安向译者们提出"三不易"，作为三条"勿轻易为之"的原则要求，是道安的使命感使然、身份地位使然，可谓顺理成章。

"五失本、三不易"作为一对概念和一个完整的命题，两者互为依存、相辅相成。如果说"五失本"是翻译的不理想状态，是客观存在、难以避免的，那么"三不易"则是翻译家们所必须避免的，是对翻译家的刚性要求；如果说"五失本"指的是译文中的语言、文体、风格，属于技术层面上的具体问题，那么"三不易"则是译者的文化立场和专业修养问题，是必须做到的原则要求。具体来说，"三不易"中的"一不易"，所谓"圣必因时，时俗有异"，故而不能"删雅古以适今时"，讲的是古今有别的问题，即不能为了今时而歪曲历史面目；"二不易"强调"愚智天隔、圣人叵阶"，讲的是圣愚不可颠倒，因而翻译中不可改变圣典而俯就末俗；"三不易"强调翻译中应该谨慎尊奉佛典而不能"以近意量裁"，讲的是"宗经"的问题。

要之，倘若要对"三不易"做进一步的浓缩提炼，似可概括为：一、勿轻易以古适今；二、勿轻易以浅代深；三、勿轻易臆度经典。所涉及的"区别古今""分别圣愚""尊崇经典"三个问题,是作为译者必须具备的职业操守和准则,可以说是翻译的"三戒"。试想,倘若一个译者做不到"三不易",或为了迎合读者而"删雅古以适今时",或不如实努力呈现原作本有的奥义而是把原作加以俗化,或不对古人或圣人的作品采取敬畏的态度而是"以近意量裁"、以无知当作勇敢无畏,那么这样的译者怎能堪当翻译的责任呢?

我们这样来理解"三不易",才会看到道安的"三不易"作为翻译的"三戒",对于佛经翻译乃至对于一般翻译活动而言,特别是对于翻译行为的规范化、翻译家的资质化专业化而言,具有很强的指导意义,直到今天也仍然没有失去其借鉴的价值。作为一个整体的"五失本、三不易"说,言简意赅,微言大义,具有丰富的思想蕴含,在翻译理论上很有开创性。它涉及了如何处理和评价各种不同文本之间的关系,包括原本与译本之间的关系、节译本与节译本之间的关系、节译本与全译本的关系;涉及了中印两国的语言文学之间的差异,论述了译文的语言风格与原文的语言风格的关系及其处理、译文的文章文体与原文的文章文体之间的关系及其处理;涉及了译者的修养修炼、文化胸怀及翻译态度的问题,认为充分尊重原典、充分尊重原典的历史语境与历史背景、心怀虔敬之情,是翻译家必须注意坚持的基本原则。这一切,都是后世翻译理论研究和探讨的基本问题。道安为这方面的理论话题开了头,奠定了基础。例如,就"三不易"所涉及的译者的修养与姿态而言,晚于道安二百多年,隋代佛经翻译家彦琮在专论翻译问题的论文《辩正论》中，提出了"八备"说，认为一个合格的佛经译者需要具备八项条件。彦琮的"八备"和道安的"三不易"同样属于对译者的要求，但彦琮提出的都是一般的人格品德和学艺修养方面的要求，如诚心爱法、不染讥恶、筌晓三藏、旁涉坟史、器量虚融、淡于名利、要识梵言等，①而道安的"三不易"是专对译者及其翻译活动而言的，显然更有原则性、更有针对性，也具有更大的理论价值。

另一方面，从中外翻译理论史上看，"三不易"说也具有很大的原创性。印度虽为文明古国，但文化中心主义意识极强，各地主要用中世纪各地的方言俗语对梵语文献进行翻译，这种"印度式语内翻译"，"抑制了印度译者的翻译实践自觉地走向翻译思考，这或许才是印度古代长期缺乏翻译理论思考的主要原因"。②阿拉伯帝国对古希腊罗马文献的大规模有组织的"百年翻译运动"兴盛于9世纪中叶，在规模、影响方面堪与中国古代佛经翻译相比，但其兴盛期正值中国古代佛经翻译的末期，要比中国古代翻译的发达及道安时代晚得多。只有古罗马时代拉丁文的翻译及翻译理论比中国古代翻译先行，尽管还较为粗糙，但可以与道安相提并论。古罗马诗人兼翻译家贺拉斯主张翻译活动要以译者和（以）译文读者为中心，反对翻译中的神圣文本的存在，这与道安以尊重原典为中心思想

---

① （隋）彦琮：《辩正论》，道宣撰《续高僧传》卷二，郭绍林校点，北京：中华书局，2014年，第56页。

② 尹锡南等主编：《印度翻译研究论文选译》，成都：巴蜀书社，2013年，第17页。

的"五失本、三不易"论形成了对照。欧洲中世纪杰罗姆等人以拉丁语对《希伯来圣经》的翻译，与中国的佛经翻译及道安的翻译理论也具有一定的可比性。但无论如何，在欧洲古代和中世纪并没有人提出像道安的"五失本、三不易"这样新颖原创的理论命题与深刻的思想见解。直到文艺复兴时期，法国翻译家艾蒂安·多雷（1509—1546）才在西方翻译理论史上首次提出了"翻译的五原则"，①这已经是晚于道安一千两百年了。而且，"翻译的五原则"提出：译者需要了解作者，需要精通原语并不要损害原文的优美，不需要亦步亦趋的忠实翻译，语言上不要太刻板、要用通俗表达，不要拘泥原文语序以免生硬翻译等，这些显然流于肤浅，远不如道安的"五失本、三不易"概念化命题化的程度高、思想见解深刻。

正因为"五失本、三不易"在世界翻译理论史上属于首提首创，作为具有严谨逻辑关系的一对概念和理论命题、作为我国传统翻译学的重要理论遗产，弥足珍贵，所以我们更应该正确理解、有效阐发"五失本、三不易"的理论价值，有必要对长期以来各家对"三不易"的普遍误释加以辨析订正，这对于当代中国翻译理论及翻译文学的学科建设也具有重要意义。

---

① 刘军平：《西方翻译理论史》，武汉：武汉大学出版社，2009年，第94—96页。

二、现代译学争鸣论

一百年来中国的文学翻译十大论争及其特点^①

　　20世纪一百年中国的文学翻译论争可以分为十大主题，总称十大论争，即信达雅之争、直译与意译之争、异化与归化之争、转译与复译之争、"处女""媒婆"与"奶娘"之争、神似化境与等值等效之争、可译与不可译之争、翻译文学国别属性之争、艺术论和科学论之争以及建立"翻译学"的论争。本文通过对上述事项的梳理、总结和评述，简要归结翻译文学论争的基本内容，并从论争的纵向演进、论争方式、论题的"泛文学化"等方面总结十大论争所呈现的基本特点。

---

① 本文原载《苏州科技学院学报》2011年第6期，原题《一百年来我国文学翻译十大论争及其特点》；《复印报刊资料·外国文学研究》2012年第5期转载，是在百花洲文艺出版社2006年出版的《二十世纪中国文学翻译之争》（收入宁夏人民出版社2007年《王向远著作集》第八卷时改题为《中国文学翻译九大论争》）的"绪论"的基础上改写而成，也曾作为《中国文学翻译九大论争》的"前言"。

"文学翻译"的学术论争，是中国学术论争的一个重要组成部分，也是中国翻译论争及翻译理论建设的一个重要方面。整个20世纪中国文学翻译史，不仅译作成果累累，学术争鸣也呈现出钟罄和鸣、百花争艳的局面。文学翻译论争所涉及的问题较为广泛，探讨较为深入，论争的起因和背景有所差异，呈现出较为复杂的样态。通过梳理和整合，我们把有关文学翻译的学术论争分为十个主题，可以总称为"十大论争"。

　　第一大论争，是"信达雅"之争。由近代著名翻译家严复提出，是晚清以来中国翻译学及翻译文学理论中最有影响的理论命题。它既是严复翻译经验的精炼的总结，也相当程度地揭示和概括了翻译活动的本质规律。在一百多年来的中国翻译理论中，没有哪一种学说像"信达雅"一样具有如此深远和广泛的影响力。由于严复的"信达雅"只是有感而发，并未做现代意义上的科学的界定，后来的人们或解释、或阐发、或引申、或赞赏、或质疑、或贬斥，各抒己见，众说纷纭，真正出现了百年争鸣、百家争鸣的局面。其间的争鸣出现过三次高潮：第一次是1920—1930年代，第二次在1950年代，第三次始于1980年代，延续至今。通过论争，"信达雅"的历史渊源、内在含义，以及作为翻译及文学翻译的原则标准是否适用等一系列问题，在论争中也逐渐明晰。更重要的是，"信达雅"在论争中被不断阐发、不断完善，从而焕发出了新的生命力。它作为翻译及文学翻译的原则标准的持续有效性得到了大多数论者的充分肯定。

　　第二大论争，是直译与意译之争。20世纪初直至80年代，我国翻译文学界一直都将直译/意译作为一种翻译方法的概念来使用，并围绕直译/意译进行了长时间持续不断的论辩。归纳起来，大致有三种意见：一、把直译理解为逐字译，并加以提倡；有的提倡直译，并把直译理解为唯一正确的方法，但不把"直译"理解为逐字译，不承认另外还有"意译"的方法；或者把直译与"曲译"对立起来，认为直译就是"正确的翻译"。二、反对逐字直译，主张通顺易懂的意译，或者认为翻译就是"译意"，就是"意译"。三、将直译/意译两者调和折中，不做硬性划分；或反对使用"直译""意译"的提法，而主张用别的更恰当的概念取而代之；或对直译/意译的内涵做进一步科学的清理和界定，主张两者的有机结合与统一。通过论争，大多数意见认为直译/意译作为不同的翻译方法，在翻译中应灵活使用，应在尊重译文的全民语言基本规范的前提下，能直译的便直译，不能直译的便意译。

第三大论争，是"异化"与"归化"之争。翻译中的所谓"异化"和"归化"，是以译者所选择的文化立场为基本点来加以区分的。前者主要以原语文化为归宿，强调译文要"异"于目的语，后者主要以目的语文化为归宿，强调译文要同化于目的语。它们在翻译中的可行性取决于翻译的目的、读者的需要、文化间相互依赖的程度等，具有各自的价值和不可替代性。有人把"归化"理解为"意译"，把"异化"理解为"直译"，这是不全面的。这两对概念有相互重叠的一面，如"归化"和"意译"都要求译文通顺，符合译入语的语法规范，等等。"异化"和"直译"都追求与原作的"等值"，尊重原语的语法规范。但"归化"和"异化"更加强调文化因素，它所涉及的主要是文化立场问题，"直译""意译"则侧重于语言操作问题。在20世纪的中国翻译文学理论建构与学术争鸣中，"归化"和"异化"这一对范畴表明中国文学翻译理论已由翻译方法论而扩展到更高层次的翻译文化论。在"异化""归化"的争论中，更多的理论家强调译文应保持原文的风格，即"洋味"，反对过分"归化"，但更多的翻译家在翻译中仍倾向于译文必须是地道的汉语，具有"归化"倾向的译文占大多数。

第四大论争，是"转译"和"复译"之争。"转译"与"复译"之争是针对文学翻译的不同方式而展开的。由译本所据原本的不同，形成了直接翻译和转译两种不同的翻译方式；由同一原本译出的不同译本，出现的时间有先后之别，形成了"首译"与"复译"两种不同的方式。因已有的译本不能满足读者的期望和需要，"复译"是翻译家常有的选择；因翻译家所掌握的语种等因素的限制，"转译"也常常是译介外国文学的必要途径和方式。所以在中国翻译史上，"复译"和"转译"是相当普遍的翻译方式，其中不乏成功的、受到读者欢迎和肯定的译作，也有不少过多背离原文的转译本和重复平庸，乃至滥竽充数的复译本，对于"复译"和"转译"的是非功过，翻译界有着见智见仁的不同看法，并进行了长期的讨论和争鸣。经过争论，大家认为"转译"是不可避免的，但应尽量直接翻译；"复译"也是必要的，但"复译"不能为"盗译"（抄袭已有译文），"复译"必须在旧译基础上有所超越、有所提高，才有存在价值。

第五大论争，是"处女""媒婆""奶娘"之争。翻译文学的价值、功用问题，文学翻译与文学创作的关系特别是文学翻译对作家创作所起的作用问题，是中国翻译文学的理论探讨的一个重要论题。对翻译文学在政治文化层面上的价值、地位和作用，人们的认识是大体一致的，并无太大争议。只是翻译文学究竟"功用"在何处，不同时代、不同的人的认识还是有差异的，人们对翻译的重要性与必要性的认识，也经历了从现实的、政治的工具论，到文化、文学本体论的发展演化过程。而在文学层面上，特别是在翻译与创作的关系问题上，人们的看法却大相径庭，并产生了激烈的争论。在论争中，有人将创作比作"处女"，将翻译比作"媒婆"，认为文学翻译只起一个"媒婆"的作用，与"创作"这个"处女"相比是次要的；有人则将翻译比作"奶娘"，认为翻译促进了创作，对创作有哺育之功，因而翻译是创作的"奶娘"。形象一点说，这一论争就是"处女""媒婆""奶娘"之争。经过论争，"媒婆"论者修正了自己的看法，"奶娘"论得到了普遍的认同。

第六大论争，是神似、化境与等值、等效之争。"形"与"神"，"神似"与"形似"，原本是中国传统的文论和画论范畴。在20世纪中国翻译文学理论构建中，有些翻译家和理论家借鉴这两个传统概念，来表达翻译文学的艺术追求。后来，钱锺书等又在"神似"的基础上提出了"化境"这一概念，作为翻译文学的一种理想境界和目标。而从外国引进的"等值""等效"理论，与"神似""化境"论一样也属于翻译文学的理想目标。长期以来，翻译界对"形似"与"神似"的关系，"神似"与"化境"的关系，"神似""化境"与"等值""等效"的关系等，都做了有益的论争和辨析。特别是对从外国引进的"等值""等效"理论，推崇者有之，质疑者有之，反对者有之，各种不同看法在1980—1990年代形成了交锋。通过论争，一般认为"神似""化境"论是适合于文学翻译和翻译文学的审美理想论，"等值""等效"论则比较适合于非文学翻译的译文评价。

第七大论争，是"可译"与"不可译"之争。"可译"与"不可译"是翻译理论中的一个古老的悖论，是翻译理论，特别是翻译文学理论中的一个矛盾的、二律背反的命题。可以说，人类以往的翻译活动，都是在"可译"与"不可译"的矛盾统一中，在不断克服"不可译性"、追求"可译性"的努力中向前推进的。所谓"可译"或"不可译"（或称"可译性""不可译性"）是指在翻译——主要是文学翻译特别是诗歌翻译中，对原文加以确切传达的可能性的程度和限度问题，也就是翻译的可行性和局限性的问题。它从根本上触及了人们对翻译及文学翻译的可靠性和可信性、作用和价值的认识与判断。"可译性"与"不可译性"的论争，西方自古罗马时代，我国自魏晋时代就已触及并展开，进入20世纪后，这仍是我国翻译文学论争中持续较久的论题之一，在许多方面触及了翻译及翻译文学的某些根本特征，具有重要的理论价值。通过漫长的论争和探讨，人们意识到"不可译性"是文学翻译，特别是诗歌翻译的基本特性，而这种"不可译性"恰恰又给文学翻译家提供了再创造的契机，文学翻译作为艺术的再创作活动，突出表现为对"不可译"的不断克服，也就是变"不可译"为"可译"。

第八大论争，是"翻译文学"国别归属之争。"翻译文学"是"文学翻译"的结果，也是文学文本的一种类型。在20世纪80—90年代中国翻译文学的学术争鸣和理论构建中，关于翻译文学的归属问题的论争是学界争论的一个焦点，特别引人注目。由于"翻译文学"特有的跨文化性质，人们对什么是"翻译文学"，它的内在属性是什么，"翻译文学"应该如何定性和定位，"翻译文学"是否等于"外国文学"，是否是一个独立的文学形态，中国的翻译文学是否属于中国文学的一个组成部分等等，都有着不同的认识，并展开了热烈的讨论。通过论争，"中国翻译文学属于中国文学的特殊的组成部分"的论断，为翻译界、文学界和理论界的大多数人所赞同，从而一定程度地扭转了长期以来"翻译文学"被忽略、被无视的不正常局面。近年来，对于"翻译文学"的基本理论、对于"翻译文学"史的研究已呈方兴未艾之势，这在很大程度上得益于"翻译文学"归属问题的明朗化。

第九大论争，是"科学"论与"艺术"论之争。对翻译的特殊性的探讨的第一步，是要弄清"文学翻译"的根本的学科属性，即翻译——包括"文学翻译"——是"科学"还是"艺术"。长期以来，人们对"文学翻译"是科学还是艺术这个问题一直存在争论。从语言学角度看问题者，倾向于将翻译视为一种科学活动，从文艺学角度看问题者，则倾向于将翻译视为艺术活动，从而形成了"语言学派"和"文艺学派"两大分野。他们在翻译家的客体性与主体性、翻译活动的主观性和客观性、翻译理论的描述性和规范性等问题上，都表达出了不同的看法。与此同时还出现了将两者调和起来的"艺术与科学统一论"。而在"艺术论派"内部，人们对"文学翻译"的特点和性质的认识也颇有分歧。1980年代以来，围绕许渊冲先生提出的"美化之艺术"论、译文对原文的"优势竞赛"论，翻译界进行了热烈的争论，并一直持续到新世纪。这场争论集中反映了文学翻译中的两种不同的价值取向，涉及译者在翻译中的创造性可以容许到多大程度这一重大问题。

第十大论争，是关于能否建立"翻译学"的论争。20世纪80年代后期以降，我国不少学者在外国学术界的启发下，提出了建立"翻译学"的构想，发表了很多文章，出版了若干专著。虽然有些著作得到了评论者的高度估价，但毋庸讳言，它们大都只是初创和探索的性质。其中一些基本理论问题没有解决，并存在很大分歧。这些分歧都在围绕"翻译学"的学术论争中充分表现了出来。争论的焦点问题是：第一，"翻译学"有没有建立的必要？能否建立起来？一派认为"翻译学"不可能成立，它只是一个"迷梦"、一个"未圆且难圆的梦"；另一派相反，认为建立"翻译学"是必要的、必然的、现实的，并且在我国也已初步形成。第二，怎样建立"翻译学"？这主要涉及在"翻译学"的理论建构中，是建立囊括一切翻译活动的"翻译学"，还是首先建立像"文学翻译

"翻译学"及"翻译文学"的学科建设也在论争中稳步地向前推进。

就论争的方式来看，中国翻译文学中的所谓"论争"，不仅仅是通常意义上的"争论"，大部分情况下是"争"为"论"起，以"论"为本，"论"中有"争"。论争的方式也各有不同，呈现出较为复杂的情况。但粗略划分起来，可以说有两种基本的论争方式。一种是直接论争，论争双方在相对集中的时间内，以特定的人物为对手展开论辩，多是指名道姓。十大论争中，1930年代鲁迅与梁实秋等就"直译""硬译"问题展开的论争，1990年代由劳陇与张经浩两位先生的反对建立"翻译学"而引发的论争、关于中国译论与西方译论的价值判断的论争等等，都属于直接论争。直接论争的烈度较大，双方常常唇枪舌剑，各不相让，有的已上升为比论争更激烈的"论战"。这类论争的特点是短兵相接，各执一端，论题集中，立场鲜明。总体看来是学术的，但有时也免不了时隐时现的宗派主义、党同伐异的倾向，有的因带有个人的情感意气乃至成见偏见，影响了论争的学术性和科学性。譬如，有论者在论争中缺乏与人为善的态度，将学术论争与人际关系、长幼尊卑混为一谈，经不起别人的学术的批评，在反批评中有失学术立场。另一种方式是间接论争。即论争双方的对垒并不明显，论争的时间不太集中，有关的文章主要并不是为论争而写，而是顺便提到，或一带而过，或旁敲侧击。这类间接论争参与的人数较多，且往往历时很长，如"信达雅"之争，"直译""意译"之争，"异化""归化"之争等，几乎都持续了近一百年，其论争本身就构成了中国翻译理论史的一条重要线索和一个重要侧面。在中国翻译文学论争史上，直接论争和间接论争两者互为补充，直接论争往往容易形成焦点和高潮，间接论争却能连绵不绝。

在清理、总结和评述中国翻译及文学翻译论争的过程中，我们还感到，中国"文学翻译"的论争始终是中国翻译论争的焦点和核心，在中国的翻译理论建构中具有主导位置。一方面，中国文学翻译的论争是中国翻译论争的一个有机组成部分，因而谈"文学翻译"的论争，不可能完全局限在"文学翻译"自身的范围内。另一方面，在 20 世纪我国翻译论争乃至译学理论建构中，呈现出较强烈的"泛文学化"的色彩。不论是否直接关涉"文学翻译"问题，论争都具有不同程度的文学性或文学色彩。"文学论"色彩极为浓厚，相形之下"科学论"色彩较弱。许多学术观点和理论主张实际上是从"文学翻译"出发的。参与论争的大部分翻译家是文学翻译家，他们的文学翻译经验对他们的翻译主张、理论立足点都起了决定性的影响。因此可以说，20 世纪中国翻译论争的核心和焦点在"文学翻译"。1990 年代后，虽然也有了强调"科技翻译""学术翻译"研究的呼声，但总体而言，"文学翻译"仍是翻译理论论争的最基本的背景和语境。

"翻译文学"的学术争鸣是 20 世纪中国翻译理论建设的重要形态，论争涉及了"文学翻译"的方方面面，提出了一些发人深思的基本的问题和课题，也集中表现出了学术论争在理论建构中的作用和局限。一方面，论争中提出了一系列基本问题，通过争论，这些问题为更多的人所关注；通过辨析，问题逐渐明朗化，为进一步解决问题提供了基础和条件。另一方面，参与论争的大部分人是有着一定翻译实践经验的翻译家，且多是有感而发的随想式的、"经验谈"的文字，其中的看法虽不乏切肤之痛和真知灼见，但常常是思想的星星之火，而不是理论的火焰燎原。这自然不能责怪翻译家未能将他们的见解理论化。这只能说明，文学翻译论争还不是文学翻译理论的完成形态，但它却是文学翻译理论乃至整个翻译理论和译学建构的珍贵资源。翻译文学理论研究的深化，既要靠翻译家兼理论家的双料人才，更呼唤专门的翻译理论家和专门的翻译理论研究者的出现。而今后专门的理论家要对"文学翻译"做出理论上的全面深入的概括和提升，如果忽视或者不能充分利用20世纪文学翻译论争所留下的这些宝贵材料，是不可想象的。

"信达雅"之争^①

　　由近代著名翻译家严复提出的"信达雅"，是晚清以来中国翻译及翻译文学理论中最有影响的理论命题。它既是严复翻译经验的精炼总结，也相当程度地揭示和概括了翻译活动的本质规律。在一百多年来的中国翻译理论中，没有哪一种学说像"信达雅"一样具有如此深远和广泛的影响力。由于严复的"信达雅"只是有感而发，并未做现代意义上的科学的界定，后来的人们或解释、或阐发、或引申；或赞赏、或质疑、或贬斥，各抒己见，众说纷纭，真正出现了百年争鸣、百家争鸣的局面。其间的争鸣出现过三次高潮：第一次是1920—1930年代，第二次在1950年代，第三次始于1980年代，延续至今。通过论争，"信达雅"的历史渊源、内在含义、作为翻译及翻译文学的原则标准是否适用等一系列问题也逐渐明晰。更重要的是，"信达雅"在论争中被不断阐发、不断完善，从而焕发

---

① 本文原为《中国文学翻译九大论争》（收入《王向远著作集》第八卷，宁夏人民出版社，2007年）第一章。

出了新的生命力。

一、"信达雅" 及其来源的争论

1898 年，严复为自己翻译出版的《天演论》写了一篇千余字的 "译例言"。"译例言" 共有七段文字，其中头三段这样写道：

一、译事三难：信、达、雅。求其信已大难矣！顾信矣不达，虽译犹不译也，则达尚焉。海通以来，象寄之才，随地多有；而任取一书，责其能与于斯二者，则已寡矣！其故在浅尝，一也；偏至，二也；辨之者少，三也。今是书所言，本五十年来西人新得之学，又为作者晚出之书。译文取明深义，故词句之间，时有所傎到附益，不斤斤于字比句次，而意义则不倍本文。题曰 "达旨"，不云 "笔译"，取便发挥，实非正法。什法师有云："学我者病。" 来者方多，幸勿以是书为口实也！

二、西文句中名物字，多随举随释，如中文之旁支，后乃遥接前文，足意成句，故西文句法，少者二三字，多者数十百言。假令仿此为译，则恐必不可通；而删削取径，又恐意义有漏。此在译者将全文神理，融会于心，则下笔抒词，自善互备。至原文词理本深，难于共喻，则当前后引衬，以显其意。凡此经营，皆以为达。为达，即所以为信也。

三、《易》曰："修辞立诚。"子曰："辞达而
已！"又曰："言之无文，行之不远。"三者乃文章正
轨，亦即为译事楷模。故信达而外，求其尔雅。此不
仅期以行远已耳，实则精理微言，用汉以前字法句
法，则为达易；用近世利俗文字，则求达难。往往抑
义就词，毫厘千里，审择于斯二者之间，夫固有所不
得已也，岂钓奇哉！不佞此译，颇贻艰深文陋之讥，
实则刻意求显，不过如是。……

在关于"信达雅"的争论中，"信达雅"说是严复的首创
还是别有来源，这是人们探讨的主要问题之一。

有人认为，严复的"信达雅"与英国翻译理论家泰特勒
（1747—1814 年）的翻译三原则有渊源关系。泰特勒在 18 世
纪末出版的《论翻译的原则》中提出了翻译三原则：一，译
文应完全复写出原作的思想；二，译文的风格与笔调应与原作
具有相同的特性；三，译文应和原作同样流畅自然。显然，这
三个原则与严复的"信达雅"看上去的确很相似。严复曾在
英国留学，这就使人不由地推测他很有可能读过泰特勒的书并
受其影响。最肯定地提出这一看法的是近代翻译家伍光建先
生。据其子伍蠡甫在《伍光建的翻译》一文中说，伍光建认

为"信达雅"说"来自西方，并非严复所创"。① 钱锺书在致罗新璋函中，也提到 1950—1960 年间商务印书馆出版的周越然所编英语读本已早讲严复三字诀本于泰特勒。② 徐守平、徐守勤则认为："严氏所主张的'雅'更是对泰特勒三原则的发展。"③ 王东风在《中国译学研究：世纪末的思考》一文中，对"信达雅"的外来渊源做了更系统的说明，他写道：

　　其实，中国学者提出的自以为有特色的东西不少在西方是早已有之。例如，我们一直认为中国独有的"信达雅"，其实在西方的翻译典籍中是早已有之。早在 1559 年，Lawrence Humphrey 就曾在一部长达600 页的翻译论著 Interpretation 中提及 elegantiae sed fidelis（Steiner，1975：263），即"雅"与"信"。1656 年，Cowley 也提到翻译之难难在"信"（faithful）与"雅"（elegant）（0/c：254），而第一个较全面地探讨 faithfulness（信），perspicuity（达），gracefulness（雅）的则是 Dryden，他在 1680 年的一篇翻译奥维德（Ovid）作品的"译例言"之中就谈及这三个问题（Dryden，1680），他在 1697 年翻译维吉尔（Virgil）作品的"译例言"中再次提到，要用

---

① 伍蠡甫：《伍光建的翻译——〈伍光建翻译遗稿〉前记》，载罗新璋编《翻译论集》，北京：商务印书馆，1979 年，第 461 页。
② 罗新璋：《钱锺书的译艺谈》，原载《中国翻译》1990 年第 6 期。
③ 徐守平、徐守勤：《"雅"义小论》，原载《中国翻译》1994 年第 5 期。

自己的语言去保留原文的"雅"（elegance）
（Steiner，1975：256）。①

但是，严复的"信达雅"和外国人的这些"信达雅"是直接的影响关系呢，还是翻译规律探索中的"英雄所见略同"？以该文作者故意用"信达雅"三个字来译西文的有关字眼来看，似乎是严复的"信达雅"全都来源于外国人的"信达雅"。

对此，有学者持不同意见，如邹振环认为："断言'信达雅'翻译标准完全来自'西方'，这显然是错误的。严复在创造性地提出这一标准时，可能受到泰特勒的启发，但这一标准的根还是扎植在中国传统的翻译理论的土壤中。"②

因为此前就有人对于"信达雅"的中国传统渊源做过探讨。鲁迅曾指出严复的"信达雅"取法于中国古代六朝的佛经翻译。他说："他（严复）的翻译，实在是汉唐译经历史的缩图。中国之译佛经，汉末质直，他没有取法。六朝真是'达'而'雅'了，他的《天演论》的模范就在此。唐则以'信'为主，粗粗一看，简直是不能懂的，这就仿佛他后来的译书。"③钱锺书在《管锥编》中曾引3世纪佛经翻译家支谦

---

① 载张柏然、许钧主编：《面向21世纪的译学研究》，北京：商务印书馆，2002年，第66—67页。

② 邹振环：《中国近代翻译史上的严复与伍光建》，载《1993年严复国际学术研讨会论文集》，福州：海峡文艺出版社，1995年。

③ 鲁迅：《关于翻译的通讯》，1931年。以下关于鲁迅的引文均据人民文学出版社1981年版《鲁迅全集》。

关于翻译的一段话，说明"信达雅"在古代就有人提出过。钱先生写道："支谦《法句经序》：'仆初嫌其为词不雅。维祇难曰：'佛言依其意不用饰，取其法不以严，其传经者，令易晓勿失厥义，是则为善。'座中咸曰'美言不信，信言不美'……'今传梵意，实宜径达。'是以自偈受译人口，因顺本旨，不加文饰。按'严'即'庄严'之'严'，与'饰'变文同义。严复译《天演论》弁例所标'译事三难：信、达、雅'，三字皆以见此。"①据王若昭的研究，早于严复一百多年的满汉文翻译家魏象乾在 1740 年刻行的《繙清说》一书中就提出了翻译的原则，即"了其意、完其词、顺其气、传其神；不增不减、不颠不倒、不恃取意"。②范存忠也指出，早在严复之前，《马氏文通》的作者马建忠在 1894 年写的《拟设翻译书院议》中就提出了关于翻译原则的很好的看法。严复的"所谓'信'，就是马氏所谓'译成之文适如其所译'；所谓'达'，就是马氏所谓'行文可免壅滞艰涩之弊'；所谓'雅'，也就是马氏所谓'雅训'"。③辜正坤则强调严复在其中的贡献，指出："信、达、雅三字或信、达、雅的思想虽可从前贤文字中寻出，将这三字单挑出并以一种轻重主次的序列排比出来从而加以系统论述者，仍以严公最为特出，此为不易之论。"④

---

① 钱锺书：《管锥编》第三册，北京：中华书局，1986 年，第 1101 页。
② 王若昭：《〈繙清说〉简介》，原载《中国翻译》1988 年第 2 期。
③ 范存忠：《漫谈翻译》，载罗新璋编《翻译论集》，第 778—779 页。
④ 辜正坤：《当代翻译学建构理路略论》，原载《中国翻译》2001 年第 1 期。

到了1990年代后期，有人从另外的角度提出了新的看法，认为严复的"信达雅"是他特定时期的翻译方法的总结。如黄忠廉认为，严复对西方思想的译介，不仅在选题上，而且在文本上都是有所选择的。起初，严复就不准备逐字翻译，在严复看来，只有经过取舍，才便于发挥。这就是他所谓的"达旨术"；严复采取的增、减、改、案等译法，实在是因时而作，虽"非正法"，却是特定条件下特定意义上的最有效的方法；"达旨术"是特定历史时期产生的特定翻译理论——"信达雅"——的特定基础，"信达雅"与"达旨术"是统一的，而且严复的译论和他的翻译实践也是相一致的。①

二、有关"信达雅"内涵的诠释及其论争

关于"信达雅"内涵的讨论，大体可以分为两个方面。一是对"信达雅"三字的理解与诠释，二是对"信达雅"三者关系的理解。

关于"信达雅"三字的连带的、总体的含义，译学界有两种不同的理解。第一种，是站在历史的角度，从严复当时的翻译经验的实际出发，寻求"信达雅"的原始含义。如李培恩解释说："夫所谓'信'者，即将原文之意义，以极忠实之译笔表而出之者也；'达'者，文意明畅，无晦涩模棱之弊之

---

① 黄忠廉：《变译理论》，北京：中国对外翻译出版公司，2000年，第64—65页。

谓也；'雅'则须文字雅训，富有美感，不独译原文之意，且兼原文之美，有时其文字之美或且超过原文者也。"①这里所说的"文字雅训"，显然是指严复所说的使用"汉以前字法句法"的古文言文的译文。一般认为，严复当年提出的"雅"，是指桐城派的先秦笔韵。他提倡"雅"，有特殊的历史原因，其目的是把西方的社会科学著作介绍给中国的士大夫阶层，通过他们推行改革。而对传统的士大夫阶层而言，"汉以前字法句法"才算"雅"。所以就有不少人将"雅"解释为"古雅""文雅"，都是试图还原严复的本意。

另一种则是站在现时的角度，试图对"信达雅"做出新的理解与阐发，以使其切合翻译的时代要求。如傅国强在《对"信、达、雅"说的再思考》一文中强调指出："我们今天提'严复的信达雅说'也好，称之为信达雅理论也好，绝不是也不应该是仅仅指严复当初在《天演论·译例言》中提出的'信达雅'三字时所做的有限解释，而应当把严复之前尤其是严复之后翻译界人士对这一思想的阐述、修正和补充意见中那些为翻译实践证明为合理的东西都总结概括进去……所以我们是否可以说：信达雅说是以严复为代表的中国近代和现代翻译界前辈人士对涉及外中互译，特别是西语与汉语互译活动中成功经验的科学总结和理论升华，是中国翻译文化的宝贵

---

① 李培恩：《论翻译》，载中国译协《翻译通讯》编辑部编《翻译研究论文集》上册，北京：外语教学与研究出版社，1984年，第281页。版本下同。

财富，对当代翻译活动仍具有重要指导意义。"① 吴献书说："……现在我们意中的'信达雅'与严氏的'信达雅'已经完全不同了……我们对于这三字的解释是：（1）'信'：对于原文忠实……；（2）'达'：译文明白晓畅……；（3）'雅'：译文文字优雅……。"② 马谷城则说："'信达雅'的要求，大体上也相当于我们的'正确、通顺、易懂'六字标准。"③ 许渊冲说："我认为，重视忠于原文的内容，通顺的译文形式，发扬译文的优势，可以当作文学翻译的标准。如果要古为今用，概括一下，就可以说是'信达雅'。"④ 有的学者还在"信达雅"的基础上，提出了"信达优""信达切""最佳近似度论""辨证统一论""紧身衣论"等等翻译标准。还有的学者认为，经过数代译学家的批判、继承和创新，作为翻译标准研究起点的"信达雅"，现已演化发展为"信达切""信顺""信""出神入化"等四大主要流派。⑤

翻译界对"信达雅"三字各自不同的内涵，也都有不同的理解与阐释。其中，关于"信"字，有学者从严复的表述

① 傅国强：《对"信、达、雅"说的再思考》，《中国科技翻译》1990 年第 4 期。
② 吴献书：《英文汉译的理论与实际》，上海：开明书店，1949 年，第四版，第 5—6 页。
③ 马谷城：《漫谈科技英语翻译——"信达雅"小议》，载《翻译研究论文集》下册，第 345 页。
④ 许渊冲：《翻译的标准》，载《翻译的艺术》，北京：中国对外翻译出版公司，1984 年，第 14 页。
⑤ 刘期家：《论"信达雅"的历史发展轨迹》，原载《四川外语学院学报》2000 年第 2 期。

中看出严复用的是"达旨"法，认为在传达意义方面，严复所说的"达旨"法在"质"上是不违背本文的意义，但在量上包含着"附益"。而这"附益"就是"取便发挥"（至少是"取便发挥"中的一部分），这是造成"实非正法"的原因。如果要用"正法"，就得去掉这"附益"。因此，严复视为"正法"的"信"便是忠实传达"本文的意义"，不能有所"附益"。严复实际上用的不是"信"，也不是"等效"，而是"超效"。①但更多的人对"信"的理解是大体一致的，即指"意义不倍本文"，用现代汉语解释，就是"忠实"的意思。对于"达"字，人们一般认为是指通达、明达，就是把原文的内容（意义、信息、精神、风格等）恰如其分地表现出来，使读者能够充分理解原意。如果把它仅仅理解为"通顺"，则有失偏颇："通顺"的着眼点在遣词用句方面，属文法、修辞的问题。严复的"达"是以意义为本的。总的看，对这个问题的理解争议也不太大。

在"信达雅"三字中，"雅"字所引发的论争最大。论争的焦点首先是如何理解"雅"的内涵。有的学者从语言文学的角度理解"雅"。郭沫若说："所谓'雅'不是高深或讲修饰，而是文学价值或艺术价值比较高……如果是科学著作，条件便不必那么严格。"②沈苏儒则认为："雅"字"是泛指译文

① 彭长江：《功能对等·语义、交际翻译·信达雅——奈达、纽马克、严复译论简评》，原载《外语与翻译》1999 年第 4 期。
② 郭沫若：《关于翻译的标准》，载罗新璋编《翻译论集》，第 500 页。

的文字水平，并非专指译文的文学艺术价值"。①为避免将"雅"字只理解为"文雅""高雅"之类的含义，还有学者从文学风格学的角度，将"雅"理解为一种风格。例如翻译家金隄主张把"雅"理解为"神韵"，即文字上的各种各样的风格。② 也有人认为，翻译时不能一律用"雅"，应该酌情处理，切合原文风格，因此将"雅"字改为"切"字更合适些。③ 至于"雅"的提倡是否必要，一般认为，文学翻译不用说，即使不是文学翻译，能做到"雅"也好。但也有人提出了疑问：如果原文就不"雅"，译文如何做到"雅"？以陈西滢为例，他彻底否定了非文学作品的翻译需要"雅"的标准，而且认为即便是文学作品的翻译，"雅"也是"多余的"，是"译者的大忌"，因为不可能以雅言译粗俗之语。④赵元任也持相似的看法，他说："虽然（'雅'）多数时候是个长处，可是如果原文不雅，译文也应该雅吗？"⑤

　　关于"信达雅"三者之间的关系，有人认为三者不是并列关系，其重要性依次递减。如梁启超说："译事之难久矣。近人严复，标信达雅三义，可谓知言，然兼之实难。语其体

---

① 沈苏儒：《论信达雅——严复翻译理论研究》，北京：商务印书馆，1998年，第50页。
② 金隄：《等效翻译探索》，北京：中国对外翻译出版公司，1998年，第162页。
③ 刘重德：《翻译原则再议》，原载《外国语》1993年第3期。
④ 陈西滢：《论翻译》，载罗新璋编《翻译论集》。
⑤ 赵元任：《论翻译中信、达、雅的信的幅度》，见罗新璋编《翻译论集》，第726页。

要，则唯先信然后求达，先达然后求雅。"①木曾也有同样的看法，他说："信达雅三原则乃是一切翻译工作的标准……鄙意以为译书之事最紧要者是信，是达。信乃是求其确实，达乃是求其通顺，前者是对于原文而言。如果译文诚能信矣、达矣，则雅的成分亦自然含其中。所谓雅乃信达两者之附庸。"②有人进一步认为三者的关键在一个"信"字。如赵元任说："严又陵先生尝论凡从事翻译的必求信、达、雅三者俱备才算尽翻译的能事。不过说起雅的要求来，虽然多数时候是个长处，可是如果原文不雅，译文也应该雅吗？……至于达的要求，多半时候是个长处……可是一个小说家描写各种人物在辞令上的个性的不同，要是一个译者把人人的话都说得一样的流利通畅，那么达是达了，可是对于原意就'失信'了。所以话又说回来，还是得拿'信'作为翻译中的基本条件。"③朱光潜也认为："严又陵以为译事三难：信、达、雅。其实归根到底，'信'字最不容易办到。原文'达'而'雅'，译文不'达'不'雅'，那还是不'信'，如果原文不'达'不'雅'，译文'达'而'雅'，过犹不及，那也还是不'信'……绝对的'信'只是一个理想，事实上很不易做到。但是我们必求尽量符合这个理想，在可能范围之内不应该疏忽苟且。"④唐人说：

---

① 梁启超：《佛典之翻译》，见《梁启超全集》第七卷，北京出版社，1999年，第3839页。
② 木曾：《翻译释义》，见《翻译研究论文集》上册，第369页。
③ 赵元任：《论翻译中信、达、雅的信的幅度》，载罗新璋编《翻译论集》，第726页。
④ 朱光潜：《谈翻译》，见罗新璋编《翻译论集》，第448页。

"我认为翻译应该绝对地忠实（信）……你若是全盘而忠实地'信'了，把原作的思想感情、意思之最微妙的地方，连它的文字的风格、神韵都传达了出来，则不但'顺'没有问题，就是所谓'雅'（如果原作是'雅'的话）也没有问题。'信'、'达'（顺）、'雅'三字实在做到一个'信'就有了。"①沈苏儒认为："'信达雅'是一个相互密切联系相互依存的整体，但三者之中又有相对的主次关系，即：总的说来，'信'是最主要的，但'信'而不达，等于不译。在这种情况下，'达'就成为主要的了（'则达尚焉'）。'雅'是为'达'服务的。"②

也有人指出"信达雅"同样重要，缺一不可，必须兼顾。如周煦良认为：信达雅三者"既不空洞，也不重复，就像多快好省一样，去一不可，添一不可"。③范守义也认为，信达雅三者是相互联系、"缺一不可"的。"翻译标准之中，主要谈一个'信'字，翻译方法之中，主要谈一个'达'字，而翻译与风格中，则主要谈一个'雅'字。"④郭沫若则从翻译文学的角度提出了自己的看法。他认为："……如果是文学作品……三条件不仅缺一不可，而且是在信达之外，愈雅愈好。所谓'雅'不是高深或讲修饰，而是文学价值或艺术价值比

---

① 唐人：《翻译是艺术》，见罗新璋编《翻译论集》，第524页。

② 沈苏儒：《论信达雅——严复翻译理论研究》，北京：商务印书馆，1998年，第48页。

③ 周煦良：《翻译三论》，见罗新璋编《翻译论集》，第974页。

④ 范守义：《评翻译界五十年（1894—1948的争论）》，原载《中国翻译》1986年第1期。

较高……"①

另一方面，也有人认为严复的这三个字是存在内部矛盾的。从纯理论的角度来讲，把信、达、雅并列起来作为翻译标准确实存在逻辑缺陷，似乎可以说：原文不"达"，也可以故意使之"达"；原文不雅，也可以故意使之"雅"。这就和"信"的要求自相矛盾了。五四新文化运动后，"白话文"兴起，取代了文言文的地位，因此很早就有人认为严复的"雅"在现代已不合时宜。瞿秋白就曾一针见血地指出了严复译论的时代局限所造成的"信达雅"说的内在矛盾。他指出："严几道的翻译……是：译须信达雅，文必夏殷周。其实，他用一个'雅'字打消了'信'和'达'……古文的文言怎么能够译得'信'，对于现在的将来的大众读者，怎么能够'达'！"②还有人则从逻辑学的角度指出了其中的矛盾。如黄雨石认为："'译事三难：信达雅'的提法本身便包含着极大的逻辑上的混乱……所谓三难说，不仅'信'和'达'是陪衬，连这个'雅'字也只是个借口。"③常谢枫也指出："从理论上说，'信''达''雅'这三个概念在逻辑上不能并立……'信'表示译文是受原文制约的，而'达''雅'是可以不受原文制约的……从实践上来看，由于缩小了'信'的含义，因而在'信'之外还提什么'达'和'雅'，必然在一定程度上导致

---

① 郭沫若：《关于翻译标准问题》，见罗新璋编《翻译论集》，第500页。
② 瞿秋白：《再论翻译——答鲁迅》，见罗新璋编《翻译论集》，第266页。
③ 黄雨石：《英汉文学翻译探索》，西安：陕西人民出版社，1998年，第55—65页。

译文背离原文的本来面目，造成翻译上的不准确性……文学翻译的质量标准只有一个字——'信'。这个'信'具有丰富的含义，其中也包括'达'和'雅'的意义在内；而'信''达''雅'则是一个提法上混乱、实践上有害的原则，建议翻译界对其展开认真的讨论。"①彭启良说："随着岁月的推移，我愈来愈相信，翻译标准是一元的，不可能是信、达、雅……严复先生一方面把'信、达'割裂开来，孤立地对待，另一方面，把两者简单地并列起来，等量齐观……内容是决定性的、经常是矛盾的主要方面，而形式则处于从属的地位、服从的地位，两者绝不是互不依存、平起平坐的关系……这'雅'字，完全是人为的、多余的，同时也是不科学的、有害的。"②辜正坤也承认这三个字存在内在的逻辑矛盾，但他认为要弥合这种矛盾，必须借助于翻译标准的多元互补论：即信、达、雅这三个标准在不同的时空条件下，在社会背景、读者译者的多层次、多种需求和人类审美趣味的多样性等条件下，也可以相辅相成发挥作用，毋需全然否定。③

三、"信达雅"作为翻译标准的论争与研究

严复的"信达雅"三难说，是他翻译实践的体会与总结，

---

① 常谢枫：《是"信"还是"信达雅"》，见罗新璋编《翻译论集》，第900—905页。
② 彭启良：《翻译与比较》，北京：商务印书馆，1980年，第11页。
③ 辜正坤：《当代翻译学建构理路略论——〈文学翻译学〉序》，原载《中国翻译》2001年第1期。

本来并不是作为翻译标准提出来的。但随着时间的推移，"信达雅"逐渐引起翻译家的共鸣，在不知不觉中被译界遵循为翻译标准，甚至是最高准则。同时，持质疑、反对和修正意见的也一直绵延不绝。可以说，关于"信达雅"能否作为翻译标准的论争，贯穿了整个中国现代翻译史。以下是有代表性的三种观点及其言论。

第一，是赞同"信达雅"并把它看成是翻译标准。赞同者认为，"信达雅"是有关翻译标准的最精当的概括。在中国翻译文学史上，绝大多数文学翻译家都认为"信达雅"是翻译及翻译文学的原则标准。如 1920 年代郁达夫在《语及翻译》一文中说："我国翻译的标准，也就是翻译界的金科玉律，当然是严几道先生提出的'信、达、雅'三个条件……这三个翻译标准，当然在现代也一样可以通用。"① 周作人说："信达雅三者为译书不刊的典则，至今悬之国门无人能损益一字，其权威是已经确定了的。"② 王佐良说："就在《天演论》的卷头凡例里，严复提出了他的'三点论'：'译事三难'……这是一段名文，是近代中国最有名的翻译理论，后来讨论翻译的人很少不引它的。"③ 又说："严复的历史功绩不可没。'信、达、雅'是很好的经验总结，说法精炼之至，所以能持久地吸引人。"④ 李羡林说："……严复提出了信、达、雅三字标准。

---

① 郁达夫：《语及翻译》，载《郁达夫文集》第七卷，广州、香港：花城出版社、三联书店香港分店，1983 年，第 120—121 页。
② 周作人：《谈翻译》，原载《亦报》1950 年 3 月 25 日。
③ 王佐良：《严复的用心》，见《翻译研究论文集》下册，第 482 页。
④ 王佐良：《新时期的翻译观》，原载《中国翻译》1987 年第 5 期。

虽然时间已经过去了将近一百年，但是现在许多讲翻译的文章仍然提到这三个字，而且同意这三个字。我也一样。我认为，这三个字实在是精炼之至，用它来总结中国几千年的翻译经验，也未尝不可。"①陈福康说："'信、达、雅'三字理论的提出，继往开来，言简意赅，意义重大，影响深远……当然，它也一而再、再而三地受到一些人的反对，但始终不倒，仍然屹立着，一直指导着中国的翻译工作者和译学研究者，即使不喜欢这三个字的人，也无法否认这一事实。这是很值得人们深思的。"②赞同者还进一步指出"信达雅"作为翻译标准具有现代意义，至今仍然适用。周煦良说："我同意沈苏儒先生《论'信、达、雅'》的文章（《编译参考》1982年第2期），要谈翻译标准，还是信、达、雅好。我也同意他的结论：'历史已经证明，信、达、雅理论八十年来一直对我国的翻译工作起着指导作用，至今还有它的生命力。许多学者先后提出过各种不同的翻译原则（标准），但看来没有一种能够完全取代它。'"③叶君健甚至认为，"信达雅"可以作为世界翻译的普遍标准，他说："………'信''达''雅'，仍不失为我们从事这种工作的一个较切合实际的标准。实际上，这应该也是世界各国从事翻译工作的人的一个准绳，有普遍意义，可以适用

---

① 季羡林：《〈从斯大林语言学谈到"直译"和"意译"〉后记》，载《当代文学翻译百家谈》，北京：北京大学出版社，1989年，第581页。
② 陈福康：《中国译学理论史稿》（修订本），上海：上海外语教育出版社2000年，第112页。
③ 周煦良：《翻译三论》，见罗新璋编《翻译论集》，第972—974页。

于一切文字的翻译。"①

第二，是反对将"信达雅"作为翻译标准。1920—1930年代，陈西滢、瞿秋白、鲁迅、林语堂等人不满严复的"信达雅"说，提出了自己的看法。其中，陈西滢的看法对"信达雅"的否定最有力度，他认为在"信达雅"三字中，除了"信"，其余都是多余的。他说："'雅'，在非文学作品里根本用不着……许多人承认在翻译非文学作品时，雅字也许是多余，可是他们以为在译文学作品时，雅字即使不是最重要的，至少也是完全不可忽略的条件。我们却觉得在翻译文学书时，雅字或其他相类的字，不但是多余，而且是译者的大忌……要是原书是《金瓶梅》或类似的书，它里面的社会人物是那样的粗俗，而以周秦的文章来描写；它的对话是那样的刻画声影，而以六朝的文字来表达，我们可以料到，译文不但把原文的意义丧失无余，而且结果一定非常的可笑……。'达'字也不是必要的条件，要是'达'字的意义是明白晓畅的话。……许多象征派、表现派的作家，他们的文字绝对不是'明白晓畅'的。要是译者想在'达'字上下功夫，'达'原文的不可达，结果也不至曲译不止也。"②瞿秋白的《再论翻译——答鲁迅》一文则从建设"绝对的正确和绝对的中国白话文"的主张出发，对严复用"雅"的古文来翻译持完全否定的态度，认为"信达雅"的主张已经不合时宜，并认为当时商务印书

① 叶君健：《关于文学作品翻译的一点体会》，见《翻译研究论文集》下册，第551页。
② 陈西滢：《论翻译》，载罗新璋编《翻译论集》，第401—402页。

馆翻印《严译名著》，"简直是拿中国的民众和青年来开玩笑"。

　　1950年代以后，有学者从总结此前半个多世纪的中国翻译史的角度，认为将严复的"信达雅"视为翻译的标准是有害无益的。他们认为并不存在一种绝对的、一成不变的翻译标准。如殷兴指出："严复提出来的'信达雅'，'五四'以来虽曾受到过许多进步翻译家的批判，可是直到现在还在翻译界有相当广泛和深刻的影响，这种情况妨碍着翻译理论的进一步发展，妨碍着翻译水平的继续提高和未来翻译干部的有效培养。……严复的主张是很不完备、很不科学的，充其量也不过要求用漂亮的中文翻译原作的大意而已……严复及其追随者的基本错误……并不在于'翻译的标准分裂成了三个'，而在于他们根本没弄清楚翻译跟写文章的区别。……一成不变的、绝对的、神圣不可侵犯的标准是没有而且也不能有的。翻译准确性的标准是以翻译的目的、原文的性质及译文的读者为转移的。"[①]到1980年代，谭载喜、邱磊等也提出了同样的看法。谭载喜认为："众所周知的'信达雅'，原本不是当作什么翻译原则提出来的……强调的是翻译的难处。把它们当作某个范围内的翻译原则或标准，未尝不可。但不少人却把它们奉为万古不变的真理、包治百病的万灵良药，这就大错而特错了。当然，'信达雅'的提出，的确标志着我国翻译研究史上的一大突破，

---

① 殷兴：《信达雅于翻译准确性的标准》，见罗新璋编《翻译论集》，第605—606页。

具有不可磨灭的历史功绩。但这样一个近百年前提出的、本有特定含义的标准，一直被那么多人奉为神圣法度，这在世界翻译理论史上恐属罕见。也只有在因循守旧、盲从权威的时代和地方，才会出现这种怪事！"①邱磊指出："在我国，对翻译标准的研究，长期以来却一直围绕着严复的'信、达、雅'兜圈子，把这三字奉为包治百病的'万能'标准。客观地说，严复的'信、达、雅'学说，对我国翻译事业的发展曾起过有益的作用，但是作为指导翻译实践的一种科学理论，这三个字确有其不容质疑的缺陷。正因为严复的'信、达、雅'在翻译界长期束缚着人们的思想，翻译标准的研究至今没有实质性的突破。"②香港的周兆祥在他的《翻译的准则与目标》一文中，更旗帜鲜明地反对"信达雅"，他说："时至今日，快将一百年了，我国论翻译方法的文章还开口闭口'信、达、雅'。批评翻译的文章也总是拿'信、达、雅'作准绳。这种现象太可哀可叹了。"他指责"大家一直给严复的'信达雅'牵着鼻子走，围着直译、意译之类的方法技巧兜圈子"；又说："忠信的标准把译者的手足缚得紧紧，要他们做原著的奴隶，用被动的方法毕恭毕敬做原作者的传声筒，诚惶诚恐地试图传达作者的全部信息，跟读者一起膜拜神圣不可侵犯的原文……这是荒谬、不合理、本末倒置的态度。"他质问道："我们真需要这一类口号吗？学翻译的人说翻译的原则是 XYZ

---

① 谭载喜：《必须建立翻译学》，原载《中国翻译》1987 年第 3 期。
② 邱磊：《言语产物功能在翻译标准中的主导作用》，原载《中国翻译》1988 年第 4 期。

有什么好处，即使这是一向为大家所公认的'真理'?"①

　　第三，认为"信达雅"作为翻译标准，可以部分肯定、部分保留。有学者一方面肯定了"信达雅"的可取之处，一方面认为现在仍把它作为翻译的标准是不适当的。如钱育才指出："九十年前提出的'信、达、雅'三字，作为翻译标准一直为人们所引用，所乐道。这三个字生命力如此之强，正足以说明它高度概括了翻译理论中的某些本质。……但是……'信、达、雅'作为翻译标准还有它重要的缺陷……这三个字非但不能概括今天对翻译标准所提出的要求，反而会束缚人们思想的发展，影响理论研究的进展……今天完全不必把对翻译标准的科学研究限制在'信、达、雅'范围内，更不必把它说成是完整的体系。"②金隄也认为："信、达、雅"的理论在一个世纪以来曾做出重要贡献，将来任何新的翻译理论也很难再产生这样的影响，它虽然一统天下九十年，但作为理论的局限性也很明显。我只能说，它是重要的翻译原则，但欠缺科学分析，在新时代很难以它为基础去建立新的理论体系。"③李芒认为"信达雅"中的"达雅"作为文学翻译的标准还是适用的，但不能把它看成是所有翻译的标准。他说："严复的'信、达、雅'，如拿来当作翻译的标准，是值得商榷的……一般地说，翻译的任务就是把一篇文学作品的内容和形式忠实

---

① 　周兆祥：《翻译的准则与目标》，原载《中国翻译》1986 年第 3 期。
② 　钱育才：《翻译的实质和任务——俄汉文学翻译理论探讨》，原载《中国翻译》1986 年第 1、2 期
③ 　金隄：《谈中国的翻译理论建设》，香港《大公报》1988 年 2 月 4 日。

地再现出来。如果以'信'来要求这种再现，那是十分必要的……然而，'达、雅'却是属于文学形式的范畴，必须以原作为依据；而不宜离开原作孤立地把它们当作翻译标准。"①李欧梵从翻译史和文化的功能的角度，有条件地肯定了严复的"信达雅"说。他说："我觉得如果从文化史的立场来讲，翻译应该回归原来的那个英文和拉丁文的意思，即一种过渡的意思，就是从一种文化过渡到另一种文化。这个过渡的过程牵涉到的不只是语言的信、达、雅的问题，而且牵涉到整个的文化的问题。所以，我个人认为，翻译并不一定要'信达雅'，'信达雅'并不能代表翻译的最高标准，它代表的只是一种文学的功能、一种美学的功能，并不能代表一种文化的功能。"②

近年来，也有人对这些争论的合理性本身提出了质疑。如彭长江指出："关于'雅'，推崇与批评严复的双方，虽然观点对立，但有一点是相同的，即都认为严复认为自己的'雅'适用于一切文字的翻译。这种看法就是争论的根源。如果有文字证明他的确认为自己的'信达雅'三字适合于一切翻译，则可以争论下去。如果有文字证明他自己也认为自己的主张只适合于特殊情况，争论下去也就没有必要了。"③鉴于很多人——无论是赞同"信达雅"还是试图修正"信达雅"的人——都有一种共同的倾向，即把翻译的标准定于一尊，追求

① 李芒：《日本古典和歌汉译问题》，见罗新璋编《翻译论集》，第952页。
② 李欧梵：《近代翻译与通俗文学》，原载《中国现代文学研究丛刊》2001年第2期。
③ 彭长江：《功能对等·语义、交际翻译·信达雅——奈达、纽马克、严复译论简评》，原载《外语与翻译》1999年第4期。

唯一的、万能的、可以判断一切译作价值并指导翻译实践的终极标准，有研究者开始认识到，追求唯一的、万能的标准是不现实的，翻译不存在绝对实用的标准，因此提出了"翻译标准多元说"（辜正坤）、"条件论"（杨晓荣）、"模糊翻译"（吴义诚）等。他们认为，在不同的条件下（如不同的翻译目的、对象、语篇类型等），对翻译标准的要求也应有所不同；每一条标准都应有其适用和不适用的情况。既然是这样，"我们应该以一种宽容的态度承认若干个标准的共时性存在，并认识到它们是一个各自具有特定功能而又互相补充的标准系统。"①不管一味地拥护和笼统地反对"信达雅"，都是简单化的、无益的。

综合上述三种不同的意见来看，对"信达雅"持完全肯定意见的占大多数，持完全否定意见的约有四分之一。由此也可见翻译界的主流倾向。

还有学者不只是简单地表示对"信达雅"的赞同或反对，而是下大功夫对"信达雅"进行全面深入研究的，并在此基础上提出自己的观点。在这方面，沈苏儒先生的专著《论"信、达、雅"——严复翻译理论研究》可以说是近年来有关"信达雅"的研究取得的系统的、某种意义上说是总结性的成果。该书共七章，分别是"绪言""严复的'信、达、雅'说""各家对"信达雅"说的评价及各种新说""在我国流传较广的几种外国译学学说" "从翻译的本质看'信、达、

----

① 辜正坤：《翻译标准多元互补论》，原载《中国翻译》1989 年第 1 期。

雅'""从翻译的实践看'信、达、雅'"和"继承和发展'信、达、雅'学说"。作者对严复"信达雅"说的形成、内涵、三者之间的关系，历史上各家对"信达雅"说的不同评价与认识，都做出了客观的、科学的总结和评述。他还将"信达雅"说与外国的翻译理论相互对照阐发，来显示其理论价值。最后，他认为翻译的本质是跨文化交流，在信息交流中最难的是准确的传达，即"信"。因此所谓"等值""等效"的翻译论只能是翻译的一种理想。沈先生还从翻译的实践分析中，总结出了翻译实践过程的三个阶段，即第一阶段的"理解阶段"，第二、第三阶段的"表达阶段"，即"表达的第一层次"与"表达的第二层次"。认为这三个阶段与严复的"信达雅"若合符节，因此可以把"信达雅"看成是翻译的三个阶段的指导原则。沈苏儒是服膺严复的"信达雅"说的。他认为，经过现代的重新阐发，"信达雅"说已经迥异于严复的"三难"说了，今天的"信达雅"说包含了百年来无数学者的阐发理解和贡献，也包括了对它的责难和批评，因而具有普遍的理论指导意义。"当我们说要继承'信达雅'说时，我们所要继承的实际上是从严复以来百年间我国翻译界的全部理论成果。"沈苏儒赋予"信达雅"说以这样的包容性、凝聚性、动态性，实际上也就是赋予了"信达雅"说以新的活力和新的生命。

总之，关于严复的"信达雅"问题的论争，是20世纪一百年间中国翻译学及翻译文学学术争鸣与理论建构中的最引人瞩目的现象，也是20世纪整个中国学术论争中的焦点之一。

不管论者对"信达雅"赞同与否，这些论争、探讨和研究，客观上都使"信达雅"得到了新的理解、新的阐释、新的补充发挥，使"信达雅"说焕发了新的生命力，产生了更大、更深远的影响。这对中国译学的健康发展，是十分必要和有益的。

"直译"与"意译"之争[①]

    20 世纪初直至 20 世纪 80 年代，我国翻译界一直都将"直译""意译"作为一对翻译方法的概念来使用，并围绕"直译"／"意译"进行了长期持续不断的论辩。归纳起来，大致有三种意见。第一，把"直译"理解为"逐字译"并加以提倡，或把"直译"与"曲译"对立起来，把"直译"理解为"正确的翻译"，不承认另外还有"意译"。第二，反对逐字直译，主张通顺易懂的"意译"。第三，将"直译""意译"两者调和折中，不做硬性划分。或反对使用"直译""意译"的提法，而主张用别的更恰当的概念取而代之；或对"直译""意译"的内涵做进一步清理和界定，主张两者的有机结合与统一。

[①] 本文原为《中国文学翻译九大论争》（收入《王向远著作集》第八卷，宁夏人民出版社，2007 年）第二章。

一、对"直译"的两种理解

"直译"和"意译"是中国翻译文学中的两种基本的翻译方法，但却一直有争议。我国早在古代的佛经翻译中，就已经出现了"直译""意译"之争的端倪。译经大师支谦采用"因循本旨，不加文饰"的翻译方法，道安的"案本而传，不令有损言游字"，主张严格的"直译"。而稍后的鸠摩罗什则提倡"依实出华"和"曲从方言"，含有"意译"的意思。梁启超、范文澜等学者认为，中国古代的佛经翻译中已经形成了"直译"和"意译"两派。梁启超在他的《翻译文学与佛典》中敏锐地发现："翻译文体之问题，则'直译''意译'之得失，实为焦点。"认为玄奘所说的"新译"就是主张"多用直译，善参意译"。只不过古代佛经翻译家们没有"直译""意译"这对概念，而借用了"文"和"质"这一古代文论中的常用概念，主要从译文的文风角度看问题。

到了晚清时期，开始有人使用"直译""意译"这两个概念。较早的如翻译家周桂笙，他在《〈译书交通公会试办简章〉序》（1906 年）中，写了这样一段话：

> ……译一书而能兼信达雅三者之长，吾见亦罕。今之所谓译书者，大抵皆率尔操觚，惯事直译而已。其不然者，则剽袭剿窃，敷衍满纸。译自和文者，则惟新名词是尚；译自西文者，则不免诘屈聱牙之病，

而令人难解则一也……①

　　周桂笙这里所说的"直译"并不是后来人所理解的尊重原文的意思，而是一种"率尔操觚"的不够严肃的翻译态度。可见，至少在周桂笙写此文时，"直译"的方法不为人们所熟知，"直译"一词当然也不是褒义词。

　　把"直译"理解为"逐字译"并运用于实践的，是鲁迅先生。

　　众所周知，晚清时代的翻译家们虽未打出"意译"的旗号，但大都不倾向于"直译"，而是选择了他们当时所理解的"译意不译词"的"意译"。以林纾、包天笑、周瘦鹃、梁启超等人为代表的晚清文学翻译惯事删节，对原作的题名、人名乃至情节结构加以中国化的改造，以适合当时人的阅读习惯，笼统地说，就是一种"意译"。严复自称这种"意译"方法为"达旨"，也有人根据日本人的说法，称为"豪杰译"。后来鲁迅、周作人鉴于中国翻译界不尊重原文的翻译盛行，不利于读者正确了解外国文化与文学，遂为"直译"正名，公开标榜"直译"，并在《域外小说集》的翻译实践中率先实施。但周氏兄弟把"直译"看成是逐字逐句的翻译。1918 年 11 月 8 日，周作人在答复张寿朋的《文学改良与孔教》时明确强调："我以为此后译本，……要使中国文中有容得别国文的度量，……又当竭力保存原作的'风气习惯，语言条理'，最好

─────────────

①　周桂笙：《〈译书交通公会试办简章〉序》，《月月小说》第 1 号。

是逐字译，不得已也应逐句译，宁可‘中不像中，西不像西’，不必改头换面。"① 1921 年鲁迅在《译了〈工人绥惠略夫〉之后》中写道："除了几处不得已的地方，几乎是逐字译。" 1925 年在《〈出了象牙之塔〉后记》中，鲁迅又写道："文句仍然是直译，和我历来所取的方法一样，也竭力想保存原书的口吻，大抵连语句的前后次序也不甚颠倒。"

据艾伟在《译学问题商榷》② 一文中提供的材料，1920 年代除鲁迅外，还有一些人对"直译"做出了与逐字逐句翻译相同或相近的理解。如孙贵定认为："直译即是拘泥原文字句之构造，并不计及汉文之通顺或自然与否。"杜佐周说："直译者，依照原文逐字逐句而译之也。"游修吾认为："依次序一句一句一段一段一章一章地翻译，不增减原文的意义者为直译。"吴致觉说："照字面或句法之翻译谓之直译，不照原文之字面或句法而述其大意之翻译谓之意译。"陆志韦认为："逐句翻译，其中主要词端无一遗漏改更者，名为直译。"

另有一种意见也赞成"直译"，但对"直译"内涵的理解与上述不同，将"直译"与"逐字译"做了区分。如刘半农在《关于译诗的一点意见》（1921 年）中，对于"直译"，他说："我们的基本方法，自然是直译。因为是直译，所以我们不但要译出它的意思，还要尽力地把原文中的语言的方式保留着；又因为直译（literal translation）并不就是字译（translitera-

---

① 周作人：《〈古诗今译〉题记》，《新青年》4 卷 2 期，1918 年，第 124 页。
② 艾伟：《译学问题商榷》，原载《中央大学半月刊》第 1 卷第 2 期，1929 年。

tion），所以一方面还要顾着译文中能否文从字顺，能否合于语言的自然。^①"在这里，刘半农区分了"直译"和"字译"的区别，和鲁迅的"直译"即"逐字译"的理解很不相同。按刘半农的意思，"直译"已经剔除了"字译"之短，兼有"意译"之长，自然就成为唯一理想的翻译方法。但这实际上也就使"意译"的存在变得没有"意义"，也等于取消了"直译"与"意译"的对立。1920 年，郑振铎在《我对于编译丛书底几个意见》一文中也说："译书自以能存真为第一要义。然若字字比而译之，于中文为不可解，则亦不好。而过于意译，随意解释原文，则略有误会，大错随之，更为不对。最好一面极力求不失原意，一面要译文流畅。"^②这不但把"直译"与"字字比而译之"的"硬译"做了区别，又将"意译"与"过于意译"的曲译、乱译做了区别，这样一来，"直译""意译"两种方法就统一于"存真"这一"第一要义"中了。

茅盾的观点与刘半农、郑振铎相当接近，他在《"直译"与"死译"》一文中进一步为"直译"正名，阐明了"直译"与"死译"的不同。他写道：

> 近来颇有人诟病"直译"，他们不是说"看不懂"，就是说"看起来很吃力"。我们以为直译的东西看起来较为吃力，或者有之，却决不会看不懂。看

---

① 刘半农：《半农杂文二集》，上海：上海书店出版社，1983 年，第 27 页。

② 郑振铎：《我对于编译丛书底几个意见》，《晨报》1920 年 7 月 6 日和《民国日报·学灯》1920 年 7 月 8 日。

"直译"与"意译"之争 >>> 149

不懂的译文是"死译"的文字，不是直译的。

　　直译的意义若就浅处说，只是"不妄改原文的字句"；就深处说，还求"能保留原文的情调与风格"。……近来颇多死译的东西，读者不察，以为是直译的毛病，未免太冤枉了直译。我相信直译在理论上是根本不错的，唯因译者能力关系，原来要直译，不意竟变作了死译，也是常有的事。①

还有论者在提倡"直译"的同时，将"直译"与"意译"对立起来，并明确反对"意译"。如傅斯年在《译书感言》一文中说：

　　……直译一种方法，是"存真"的必由之径。一字一字的直译，或是做不到的。因为中西语言太隔阂。——一句一句的直译，却是做得到的。因为句的次序，正是思想的次序；人的思想，却不因国别而别。一句以内，最好是一字不漏。因为译者须得对于作者负责任。这样办法，纵然不能十分圆满，还可以少些错误；纵然不能使读者十分喜欢，还可使读者不至十分糊涂。老实说话，直译没有分毫藏掖，意译却容易随便伸缩，把难的地方混过……直译便真，意译便伪；直译便是诚实的人，意译便是虚诈的人。直译

① 茅盾：《"直译"与"死译"》，原载《小说月报》第13卷第8号，1922年。

看来好像很笨的法子，我们不能不承认他有时作藏拙的用，但是确不若意译专作作伪的用。①

在这里，"直译"就是"存真"的翻译，"意译"就是"作伪"的翻译，所以两者不能相容。只能提倡"直译"，而不能提倡"意译"。

二、反对"逐字直译"，主张"意译"

强调尊重读者，反对逐字直译，主张"意译"的一派以梁实秋、赵景深为代表。他们对鲁迅的"硬译"提出了批评，并在 1920 年代后期至 1930 年代初期与鲁迅展开了一场激烈的论战。

1929 年 9 月，梁实秋写了一篇题为《论鲁迅先生的"硬译"》的文章，批评鲁迅的翻译"生硬""别扭""极端难懂""近于死译"。他在文章一开头就引用了鲁迅的敌人陈西滢在《论翻译》中的一段话，写道：

> 西滢先生说："死译的病虽然不亚于曲译，可是流弊比较的少，因为死译最多不过令人看不懂，曲译却愈看得懂愈糟。"这话不错。不过，"令人看不懂"这毛病不算小了。我私人的意思总以为译书第一个条

---

① 傅斯年：《译书感言》，原载《新潮》第 1 卷第 3 号，1919 年。

件就是要令人看得懂，译出来而令人看不懂，那不是白费读者的时力么？曲译诚然要不得，因为对原文不太忠实，把精华译成了糟粕，但是一部书断断不会从头至尾的完全曲译，一页上就是发现几处曲译的地方，究竟还有没有曲译的地方，并且部分的曲译即使是错误，究竟也还给你一个错误，这个错误也许真是害人无穷的，而你读的时候究竟还落个爽快。死译就不同了。死译一定是从头至尾的死译，读了等于不读，枉费时间精力。况且犯曲译的毛病的同时决不犯死译的毛病，而死译者却有时正不妨同时是曲译。所以我认为，曲译固是我们深恶痛绝的，然而死译之风也断不可长。①

接下来梁实秋举出了鲁迅翻译的"令人看不懂"的例子，是刚出版不久的鲁迅译卢那卡尔斯基的《艺术论》和《文艺与批评》中的三段，其中两段是这样的：

问题是关于思想的组织化之际，则直接和观念形态，以及产生观念形态的生活上的事实，或把持着这些观念形态的社会底集团相连系的事，是颇为容易的，和这相反，问题倘触到成着艺术的最为特色的特

---

① 梁实秋：《论鲁迅先生的"硬译"》，原载《新月》第2卷第6、7号合刊，1929年9月10日。

质的那情感化的组织化，那就极其困难了。(《艺术论》页七)

　　内容上虽然不相近，而形式底地完成着的作品，从受动底见地看来，对于劳动者和农民，是只能给予半肉感底性质的漠然的满足的，但在对于艺术底化身的深奥，有着兴味的劳动者和农民，则虽是观念底的，是应该敌视的作品，他们只要解剖底地加以分解，透彻了那构成的本质，便可以成为非常的大的教训。(《文艺与批评》页一九八)

　　面对这样的译文，梁实秋说："有谁能看懂这样稀奇古怪的句法呢？我读这两本书的时候真感觉文字的艰深。读这样的书，就如同看地图一般，要伸着手指来寻找句法的线索位置。"①

　　对此，鲁迅在《"硬译"与"文学的阶级性"》(1930年)一文中给予反驳。他承认自己是"硬译"，至于为什么要硬译，他指出那是为了引进外来句法，他说："日本语和欧美很'不同'，但他们逐渐增添了新语法，比起古文来，更宜于翻译而不失原来的精悍的语气，开初自然是须'寻找句法的线索位置'，很给了一些人不'愉快'的，但经找寻和习惯，现在已经同化，成为己有了……一经习用，便不必伸出手指，

---

① 黎照：《鲁迅梁实秋论战实录》．北京：华龄出版社，1997 年，第 190—193 页。

就懂得了。"① 此外，鲁迅反复强调他为什么要"硬译"："我的回答，是为了我自己，和几个以无产文学批评家自居的人，和一部分不图'爽快'，不怕艰难，多少要明白一些这理论的读者。"鲁迅指出"我的译作，本不在博读者的'爽快'，却往往给以不舒服，甚而至于使人气闷、憎恶、愤恨。读了会'落个爽快'的东西，自有新月社的人们的译著在……"；"只要有若干的读者能够有所得，梁实秋先生'们'的苦乐以及无所得，实在'于我如浮云'。"鲁迅这里之所以没有接受梁实秋的批评，主要是他认为梁实秋写那篇文章的真实目的在于攻击和反对"无产文学"，所以鲁迅这篇文章的中心主题实际上并不是对于"硬译"的驳难，乃是"文学的阶级性"，这反映了鲁迅和新月派在刚刚兴起的"无产文学"问题上的尖锐对立，已经和翻译问题扯远了。实际上，撇开意识形态上的分歧，鲁迅和梁实秋在翻译问题上的分歧并不那么深刻，鲁迅从保存原文的"语气"出发主张"直译"，不把通俗易懂作为主要目的，梁实秋则更多地从读者方面看问题，重视译文的可读性，这只是立足点的不同。更重要的是，梁实秋不赞成曲译，鲁迅也说自己"自信并无故意的曲译"，看来两人都不赞成"曲译"。至于"硬译"，鲁迅实际上并不满意，他在《〈文艺与批评〉译者附记》（1929 年）中说："但因为译者的能力不够，译完一看，晦涩，甚而至于难解之处也真多；倘将仂句拆

---

① 鲁迅：《"硬译"与"文学的阶级性"》，《萌芽月刊》第一卷第三期，
1930 年 3 月。

下来呢，又失去了原文精悍的语气。在我，是除了还是这样的硬译之外，只有'束手'这一条路——就是所谓'没有出路'——了。所余的唯一的希望，只是读者还肯硬着头皮看下去而已。"①可见"硬译"在鲁迅是没有办法的办法，而并非他自己所满意的。就在反驳梁实秋的那篇《"硬译"和"文学的阶级性"》的文章里，鲁迅更明确地说："自然，世间总会有较好的翻译者，能够译成既不曲，也不'硬'或'死'的文章的，那时我的译本当然就被淘汰，我就只要来填这从'无有'到'较好'的空间罢了。"从鲁迅的语气中，可见他并不认为"硬译"是理想的翻译方法，在没有更理想的译法的情况下，"硬译"不过是一种行之有效的权宜之计罢了。那"既不'曲'也不'硬'"的翻译才是鲁迅所满意的好的翻译，甚至有时候，鲁迅也表示赞成"意译"，他在《〈艺术论〉小序》中说："倘有潜心研究者，解散原来的句法，并将术语改浅，意译近于解释，才好。"鲁迅曾为许广平从日文译本转译的《小彼得》做过润色修改，他在该书的《〈小彼得〉译本序》（1929 年）中正确地指出许广平译本的不足：初学翻译的人"每容易拘泥原文，不敢意译，令读者看得费力。这译本原先就很有这弊病，所以当我校改之际，就大加改译了一通，比较地近于流畅了"。实际上这就是在提倡"意译"了。可见，鲁迅与梁实秋在翻译观方面并没有根本的分歧。假如没有

① 鲁迅：《文艺与批评》，水沫书店，1929 年。黎照编：《鲁迅梁实秋论战实录》，北京：华龄出版社，1997 年，第 186 页。

意识形态上的对立，没有宗派团体的情绪和意气，通过纯粹的学术论争，两人在翻译观上是可以达成共识的。

然而，这场论争从一开始就带有党同伐异的色彩，翻译不过是一个触发点罢了。在鲁迅发表《"硬译"和"文学的阶级性"》一文后，梁实秋马上写了一篇《答鲁迅先生》予以回应，接着又写了《所谓文艺政策者》《鲁迅先生与牛》《论翻译的一封信》等文章，继续批评和指责鲁迅的"硬译"，但鲁迅并未正面反击。

大约过了一年后，关于"直译""意译"的论争却又以另外的方式继续进行。1931年，赵景深发表了《论翻译》①一文，其中写道："我认为译书应该为读者打算；换一句话说，首先我们应该注重读者方面。译得错不错是第二个问题，最要紧的是译得顺不顺。倘若译得一点也不错，而文字格里格达，吉里吉八，拖拖拉拉一长串，要折断人家的嗓子，其害处当甚于误译……所以严复的'信''达''雅'三个条件，我认为其次序应该是'达''信''雅'。"并进而提出"与其信而不顺，不如顺而不信"的主张。杨晋豪在《从"翻译论战"说开去》（1931年）一文中，也提出了与赵景深同样的看法，他说："翻译要'信'是不成问题的，而第一要件是要'达'。"显然，赵景深、杨晋豪的看法，和上述梁实秋的看法是别无二致的，他们都强调"达"和"顺"的重要。于是，鲁迅与梁实

---

① 赵景深：《论翻译》，原载《读书月刊》第1卷第6期，1931年3月，第12—18页。

秋的"直译"与"意译"之争，便转为鲁迅和赵景深之间的
"信""顺"之争了。鲁迅在随后发表的《几条"顺"的翻
译》中写道：

> 在这一个多年之中，拼命攻击"硬译"的名人，
> 已经有了三代，首先是祖师梁实秋教授，其次是徒弟
> 赵景深教授，最近就来了徒孙杨晋豪大学生。在这三
> 代之中，却要算赵教授的主张最为明白而且彻底了，
> 那精义是——"与其信而不顺，不如顺而不信"。①

接着，鲁迅举了几个表面上"也好像颇顺，可以懂得的，
仔细一想，却不免不懂起来了"的译例，经过分析鲁迅的结
论是："但即此几个例子，我们已经可以决定，译得'信而不
顺'的至多不过看不懂，想一想也许能懂；译得'顺而不信'
的却令人迷误，怎么想也不会懂，如果好像已经懂得，那么你
正是入了迷途了。"接着，鲁迅又写了《风马牛》一文，指出
了赵景深几条"顺而不信"的误译，其中重要的一条就是将
Milk Way（银河）译为"牛奶路"。鲁迅尖刻地指出，按古希
腊神话，那应该译成"神奶路"，但"翻译大有主张的名人"，
却"遇马发昏，爱牛成性，有些'牛头不对马嘴'"了。除
此之外，鲁迅还在与瞿秋白关于翻译的通信中，对赵景深的翻

---

① 鲁迅（署名长庚）：《几条"顺"的翻译》，《北斗》第1卷第4期，1931
年12月20日。

译论点也进行了挖苦和批评。但因为赵景深此后并无正面回应，这场争论也就以双方各执己见开始，以各执己见告终。

从1930年代一直到现在，关于这场论战的是非评说仍然绵延不绝。例如在1950年代，林以亮对鲁迅的"宁信而不顺"提法提出尖锐批评："这种做法对翻译者而言是省事，对读者则是一种精神上的虐待。等到读者发现某一种表现方式到底'不顺'时，已经忍受了这种莫名其妙的语法不知有多久了。"① 1990年代，黄邦杰质问："硬译才能准确吗?"在他看来，直译就已经让人难以接受了，生硬的"硬译"就等于"嚼饭与人"。②近年来，许多研究者在对鲁迅提倡的"硬译"做了更为客观的分析后认为，"硬译"既有鲁迅本人认识上的局限，也有其特定的时代背景下的合理性和必然性，所以今天我们不必过多地在鲁迅个别过激的字句上纠缠，而是应当充分发掘和认识鲁迅翻译主张在具体历史语境中的意义。如，顾钧认为：鲁迅主张的"硬译"，显然是总结了中国古代翻译史主要是佛经翻译史的经验教训，同时更是根据现实的需要而提出来的，强调的是要准确地引进异质文化，像Prometheus那样从别国窃得火来，以利于中国文化的发展，而"倘有曲译，倒反足以为害"。③的确，"直译"的提倡对于保留异国风味和文

① 林以亮：《翻译的理论与实践》，载《翻译研究论文集（1949—1983）》，北京：外语教学与研究出版社，1984年。
② 黄邦杰：《硬译才能准确吗?》，载《译艺谭》，北京、香港：中国对外翻译出版公司、三联书店香港分店，1995年。
③ 顾钧：《鲁迅主张"硬译"的文化意义》，载北京大学比较文学与比较文化研究所编《多边文化研究》第1卷，北京：新世界出版社，2001年。

体风格特色有重要作用。更多的论者正是在这个层面上，对鲁迅的译论表示赞同，如张学斌说："直译并非是鲁迅先生的随意选择。他作为现代文豪凭自己非凡的才识完全可以把译文作得笔下生辉。他的直译是为了原原本本地反映原文的面貌，从而尝试着直接穿越跨语言文化交际中的差异。……从一定意义上来说，语言反映一个民族的微观思维方式和微观文化特征。直译可以更多地反映这些特征，使读者从隔岸观火转到身临其境（请允许夸张一下），但关键是读者的接受程度如何。"①此外，还有研究者从源语与目的语之间的疏离程度来解释逐字直译的客观性。如王向远在他的《二十世纪中国的日本翻译文学史》中说："在中国现代翻译史上，在理论和实践中提倡直译的，大都是日文翻译家（如梁启超，特别是后来的鲁迅、周作人等）。这主要是因为，字句上的严格的直译恐怕只有在翻译日文的汉文体作品时才可能做得到、做得好。"②

三、强调"直译""意译"的辩证统一

鉴于长期以来"直译""意译"各执一端的情况，造成了概念上的混乱，于是就有了第三种意见——即将"直译""意译"加以调和。1920 年代，余上沅指出："直译者与意译者苟各趋极端，皆滋流弊。如以前者为精神，后者为手段，则文质

---

① 张学斌：《穿越语言文化差异》，原载《中华读书报》1997 年 5 月 14 日。
② 王向远：《二十世纪中国的日本翻译文学史》，北京：北京师范大学出版社，2001 年，第 23—24 页。

庶可茂乎?"郑晓沧说:"……对于意义上,实质上,须直译;对于文字上,形式上,须意译。"朱君毅说:"直译和意译两者均可,但直译不可太呆板,太呆板则汉文不顺;意译不可太空泛,太空泛则意义遗失。鄙意直译与意译,无是非之别,而任何一种有优劣之分。"邹思润说:"鄙意翻译最重要之条件须使阅者看得懂。如直译能使人看得懂,不妨直译,否则宜略参意译。即在一书之中,直译可懂之句即直译,直译不懂之句须略为变通,略加意译。"艾伟在《译学问题商榷》一文中,把这类意见称为"折中派"。

更有甚者,有的论者主张干脆摒弃"直译""意译"这样的提法,以别的更恰当的概念取而代之。如陈西滢在《论翻译》一文中提出:"翻译就是翻译,本来无所谓什么译。"林语堂在1933年发表的《论翻译》一文中认为翻译中除了"直译""意译"之外,还有"死译"和"胡译",所以如果只讲"直译""意译",则出现以下情况:

读者心中必发起一种疑问,就是直译将何以别于死译,及意译何以别于胡译?于是我们不能不对此"意译""直译"两个通用名词生一种根本疑问,就是这两个名词是否适用,表示译者应持的态度是否适当。我觉得这两个名词虽然便用,而实于译文者所持的态度只可说是不中肯的名称,不但不能表示译法的程序,并且容易引起人家的误会。既称为"直译",就难保此主张者不把它当作"依字直译"的解说;

"依字直译"实与"死译"无异。所以读者若问"直译"与"死译"区别何在，不但作者，恐怕就是最高明的直译主义家，亦将无辞以对。事实上的结果，就是使一切死译之徒可以以"直译"之名自居，而终不悟其实为"死译"。换过来说，的确有见过报上大谈特谈翻译的先生，自己做出胡译的妙文来，方且自美其名为"意译"。直译者以为须一味株守，意译者以为不妨自由，而终于译文实际上的程序问题无人问到，这就是用这两名词的流弊。①

林语堂因此反对使用"直译""意译"这两个名词，而改为使用"字译"和"句译"。提倡以句为主体的"句译"，而反对以字为主体的"字译"，以期矫正"直译""意译"概念的"流弊"。

1930 年代后期以降，更多的翻译家和理论家倾向于"直译""意译"的辩证统一，将两者有机结合起来。哲学家艾思奇在《翻译谈》（1937 年）一文中写道："直译和意译，不能把它看作绝对隔绝的两件事……因为'意'的作用不过为了要帮助对原作的了解，帮助原意的正确传达，同时也是帮助直译的成功。"②朱光潜在《谈翻译》（1944 年）一文中更明确地写道："依我看，直译与意译的分别根本不存在。忠实的翻译

---

① 林语堂：《论翻译》，见罗新璋编《翻译论集》，第 420—421 页。
② 艾思奇：《翻译谈》，《语文》第 1 期，1937 年。

必定要能尽量表达原文的意思。思想情感与语言是一致的，相随而变的。一个意思只有一个精确的说法，换一个说法，意味就不完全相同。所以想尽量表达原文的意思，必须尽量保存原文的语句组织。因此，直译不能不是意译，而意译也不能不是直译。不过同时我们也要顾到中西文字的习惯不同，在尽量保存原文的意蕴与风格之中，译文应是读得顺口的中文。以相当的中国语文习惯代替西文语句的习惯，而能尽量表达原文的意蕴，这也无害于'直'。"①

到了 1950 年代以后，在"直译"与"意译"的问题上，翻译（批评）家们的意见比较趋于一致了。茅盾、金人、林汉达、林以亮、水天同、焦菊隐、巴金等人都不主张将二者对立起来，甚至认为"直译""意译"争来争去是没有意义的。如水天同在《培根论说文集》（商务印书馆，1951 年）译例中说："夫'直译''意译'之争盲人摸象之争也。以中西文字相差如斯之巨而必欲完全'直译'，此不待辩而知其不可能者也。"林汉达在《英文翻译——原则·方法·实例》中认为，"翻译只有两种：一种是正确的翻译，一种是错误的翻译"，不必讲什么"直译""意译"。他指出："真正主张直译的人所反对的，其实并不是意译，而是胡译或曲译。同样，真正主张意译的人所反对的也不是直译，而是呆译或死译。我们认为正确的翻译就是直译，也就是意译；而胡译、曲译、呆

---

① 朱光潜：《谈翻译》，《华声》第 4 期，1944 年。

译、死译都是错误的翻译。"①蔡思果也说："好的翻译里有直译，有意译；可直译则直译，可意译则意译。译得不好而用直译或意译来推诿，是没有用的。可以直译而意译，应该意译而直译，都不对。"②

1980 年代以后，关于"直译""意译"的论辩有了新的进展。一方面，翻译家们普遍认为"直译""意译"应该统一起来。如闻家驷在《是直译还是意译》③ 一文中说："我觉得直译只要不是生搬硬套，逐字照译，而意译又不是任意增减，曲解原作，那么，直译和意译两种方法，是完全可以交替使用，互相补充的。在一首诗里，根据两种不同的语言的具体情况，有时可以直译，有时也可以意译；甚至在一行诗里，前半句是意译，而后半句又是直译，这种情况是屡见不鲜的。"张今说："直译和意译是为真实地再现原作艺术意境服务的两种具体翻译方法。两者都不可缺少。哪一种方法最能帮助我们完成任务，就应当采用哪种方法……在任何一篇译品中，总是既有直译的地方，又有意译的地方。再不然就是部分直译，部分意译。不能想象一篇译品完全是采用直译方法，或完全是采用意译方法。"④

与此同时，也有学者从学理的角度对此前的有关论争做了

---

① 林汉达：《英文翻译——原则·方法·实例》，载《翻译研究论文集（1949—1983）》，北京：外语教学与研究出版社，1984 年。
② 蔡思果：《翻译研究》，北京：中国翻译出版公司，2001 年，第 13 页。
③ 闻家驷：《是直译还是意译》，原载王寿兰编《当代文学翻译百家谈》，北京：北京大学出版社，1989 年，第 653 页。
④ 张今：《文学翻译原理》，开封：河南大学出版社，1987 年，第 203 页。

借鉴、总结和反省，意识到此前的争论很大程度上是源于对"直译""意译"的概念含义理解不一，因而有必要对其内涵做出新的阐释和界定。正如刘重德所说，"核心仍是直译和意译的界定问题，它们所允许的范围或自由度问题"；"关于直译和意译海内外许多年争论不休，莫衷一是。作者认为关键在于何为真正的直译与何为意译，概念不清，缺乏合理而可行的界说，因而常作片面主张。"①范存忠、周仪、罗平、高健等人在各自的著作中也有相似的表述。②高健在《我们在翻译上的分歧何在?》③一文中，将自古以来的"直译""意译"之争的迷误概括为十个方面：一、对"直译""意译"的词面意思不明确。二、方法与标准混淆不清。三、将两种方法的极端化及其所造成的错误误作为方法本身。四、对"直译""意译"的作用不明确。五、对这两者的关系不明确。六、对所以要使用这两种方法的原因不明确。七、对两种译法的可能性根据不明确。八、对直译的幅度不明确。九、对表达方式与语言形式的关系不明确。十、对两种译法的一些决定、制约与参照等因素不明确。高健还在有关文章中进一步从理论上阐释了"直

---

① 刘重德：《浑金璞玉集·论直译与意译》，北京：中国对外翻译出版公司，1994年，第164页。
② 参见范存忠的论文《漫谈翻译》，载王寿兰编《当代文学翻译百家谈》，北京：北京大学出版社，1989年；高健：《我们在翻译上的分歧何在?》，《外国语》1994年第5期；周仪、罗平著的《翻译与批评》（武汉：湖北教育出版社，1999年）中"翻译标准之争"一节。
③ 高健：《我们在翻译上的分歧何在?》，原载《外国语》1994年第5期。

译"与"意译"的区别与联系。①他认为，这两种方法的区别体现在两方面：第一，与原文形式的紧贴程度不同。"直译"较贴近些，"意译"则较远离些。第二，"直译"只是一种抽象概念，标志着某一意思所可能使用的基本框架，而"意译"才是具体的句型、词语选择及其搭配等，尽管后者的确立是以前者为依据的，但是这两种情况如果不在认识上分辨清楚，就会在实践上导致一系列的失误，例如错将对原语的语法结构等形式上的模仿视作"直译"，不知道"直译"模仿的只是抽象关系而非具体语言，或在进行"意译"时忽略对原语的总的表达方式的照应，而使原来的风格情调等因素受损。高健更多地注意到了"直译""意译"两者的相通性、融合性与相对性，指出两者在一定意义上是同类的即同为方法，彼此既非对立关系，其间也无绝对界线，即使纯然视作两种不同的方法，由于其间的关系是互通的和密切的，实践中往往也要把它们结合起来使用。此外，同为"直译"或"意译"，也有程度之别："直译"有不同程度的"直译"，"意译"也有不同程度的"意译"，这样，在某些情形下，二者的界线就会比较模糊。程度稍逊的"意译"有时即接近"直译"，反之，"直译"如果程度不足也会与"意译"无太大区别。过头的"直译"可以走向死译、硬译，只能算是低级的翻译，而其上焉者亦即最好的"直译"，却可兼具相当的艺术风格，也是

---

① 参见高健《论翻译中一些因素的相对性》（《外国语》1994年第2期）和《我们在翻译上的分歧何在?》。

"意译"。

从这样的认识出发，学界对"直译""意译"的内涵的重新界定和再阐释作了种种努力。

例如许渊冲在《翻译的艺术》① 中从内容与形式的关系角度来界定"直译""意译"，他认为："既忠实于原文内容，又忠实于原文形式的译文是'直译'，只忠实于原文内容而不忠实于原文形式的译文是'意译'，只忠实于原文形式而不忠实于原文内容的译文却是'硬译'。"换言之，"直译"是把忠实于原文内容放在第一位，把忠实于原文形式放在第二位，把通顺的译文放在第三位的翻译方法；"意译"却是把忠实于原文内容放在第一位，把通顺的译文形式放在第二位，而不拘泥于原文形式的翻译方法。无论"直译""意译"，都把忠实于原文内容放在第一位。如果不忠实于原文的内容，只忠实于原文的形式，那就不是直译，而是"硬译"；"硬译"是翻译中的形式主义，而滥译则是翻译中的自由主义。

张经浩在《译论》② 一书设专章讨论"直译""意译"问题，提出了自己独到的见解。他指出：一般人认为，只要译文保留了原文的表达形式，就算是"直译"；如果改变了原文的表达形式，便算是"意译"。这样理解"直译"与"意译"似乎并不为错，但其实这会把"直译""意译"的是非搅混。在原语与译语有形式上的对应的情况下，根本无

---

① 许渊冲：《翻译的艺术》，北京：中国对外翻译出版公司，1984 年，第5—6页。

② 张经浩：《译论》，长沙：湖南教育出版社，1996 年。

所谓"直译""意译"之分。因为"这种情况下原语形式得以在译文中保留，并非它是原语形式就得给以保留，而是因为它与译语的相同形式包含相同意义。离开意义的相同性就无所谓形式对应，也就无法保留原语形式。……没有意义的相同，形式的相同便失去价值"。所以他认为："直译与意译的研究应排除原语与译语有形式对应的情况。它们的分歧在于原语与译语无形式对应情况下表达形式与思想内容的关系。直译力图保留原语的表达形式，意译大胆改变原语的表达形式，遵从译语的表达习惯。"而"直译要在原语与译语无形式对应的情况下既保留原文的表达形式又如实地传达原文的思想内容，这在理论上是说不通的，在实践上也是行不通的"。他试图用大量的译例说明，"在无原语与译语对应的情况下，直译却极力保留原语的表达方式，这就违反了翻译作为一种双语活动的客观规律，无法收到好效果。可以说，直译是意形俱损。"实际上，张经浩所说的"原语与译语无对应情况下"的"直译"，就是通常所说的"硬译""死译"，也就是在不能"直译"的情况下却硬要、死要"直译"，这自然是不可取的。所以，在这个前提下，他表示赞同美国翻译学家奈达的一句话"翻译就是译意"，并且认为就方法来说，"翻译就是意译"。① 这一主张和翻译家许渊冲先生提出的"译经"很接近。许渊冲说："译可译，非常译；忘其形，得其意。得意，理解之始；忘形，表达之母。故应

---

① 张经浩：《译论》，长沙：湖南教育出版社，1996年，第7页。

得意，以求其同；故可忘形，以存其异。两者同出，异名同谓：得意忘形，求同存异，翻译之门。"①可视之为对"意译"特征的概括。张经浩主张的新颖之处就是"在原语与译语有形式上的对应的情况下"，区分"直译"与"意译"没有意义，而在"原语与译语无形式上的对应的情况下"，翻译的方法只有一种，那便是"意译"。这实际上既是对"直译"与"意译"两者的再定义，也试图在新的定义的基础上消除长期以来两者之间纠缠不清的矛盾。但这里的关键问题是：什么情况才是"原语与译语的形式对应"？语言现象极为复杂，"形式对应"多数情况下不是硬性的，而是软性的、模糊的。

乔曾锐在《译论——翻译经验与翻译艺术的评论和探讨》一书中的看法与张经浩有所不同。他指出"直译"和"意译"是两种不同的翻译方法，不可合为一谈。"直译是通过保留原作形貌来保持原作的内容和风格，意译是在保留原作形貌就要违反译文语言的全民规范的情况下，尽量保持原作的内容和风格，因而要舍弃原作形貌。一个是保持，一个是尽量保持，一个是保留形貌，一个是舍弃形貌。当然舍弃形貌，并非在传译时完全不顾及原作形貌，而是采用或创造与其作用相同和相适应的表达方式。这就是直译和意译两种方法各具的特征和异同之处。两者分别排除逐字死译和任意

---

① 许渊冲：《译家之言》，原载《出版广角》1996 年第 6 期。

翻译（包括缩写和改写）。"① 同时，他也反复强调两者结合的必要性：

> 直译和意译都是必要的，两者互有长短。直译的长处是，力图保留原作的形貌、内容和风格，"案本而传，刻意求真"，短处是，无法完全解决两种语言之间差异的矛盾，容易流于"以诘鞫为病"，不合乎译文语言的全民规范，乃至有乖原作的含义和风格。意译的长处是，译文可以不拘泥于原作的形式，合乎译文语言的全民规范，同时又能比较近似地传译出原作的内容和风格，短处是，容易流于片面求雅，以致失真，最后有可能形不似而神亦不似。②

这种看法反映了近年来翻译理论界的共识，具有一定的总结性质。总起来说就是能"直译"的就"直译"，不能"直译"的地方就"意译"。"直译""意译"两种方法灵活运用，才能在翻译实践中达到左右逢源、得心应手、圆融无碍的境界。非文学作品的翻译，特别是法律、法规文本之类及科技著作，只要文通字顺，应尽可能运用"直译"的方法。而在翻译文学作品的时候，具体字句的翻译不免要"直译"，但这种

---

① 乔曾锐：《译论——翻译经验与翻译艺术的评论和探讨》，北京：中华工商联合出版社，2000年，第272页。
② 乔曾锐：《译论——翻译经验与翻译艺术的评论和探讨》，北京：中华工商联合出版社，2000年，第262页。

"直译"不能只满足于文通字顺，而应该以传达原作的情感色彩和整体的审美风格为宗旨。因此，文学翻译应更多地依赖于"意译"，以"直译"的方法来翻译某些具体的字句，而以"意译"的方法来再现整体的意象、风格或神韵。

"可译"与"不可译"之争^①

　　"可译"与"不可译"被称为翻译理论中的一个"古老的悖论"，是翻译理论特别是翻译文学理论中的一个矛盾的、二律背反的命题。可以说，人类以往的翻译活动，都是在"可译"与"不可译"的矛盾统一中，在不断克服"不可译性"追求"可译性"的努力中向前推进的。所谓"可译性""不可译性"是指在翻译——主要是文学翻译，特别是诗歌翻译——中，对原文加以确切传达的可能性的程度和限度，也就是翻译的可行性和局限性的问题。它从根本上触及了人们对翻译及"文学翻译"的可靠性与可信性、作用与价值的认识与判断。"可译性"与"不可译性"的论争，西方自古罗马时代，我国自魏晋时代就已触及，进入 20 世纪后，它仍是我国文学翻译论争中的重要论题之一。

---

①　本文原为《中国文学翻译九大论争》（收入《王向远著作集》第八卷，宁夏人民出版社，2007 年）第六章。

一、"不可译"与"可译"两端

据说，在西方，许多人坚信文学作品，特别是诗歌是"不可译"的。例如意大利诗人但丁在《飨宴》一书中说："……要让大家懂得，任何富于音乐、和谐感的作品都不可能译成另一种语言而不破坏其全部优美和谐感。正因如此，荷马的史诗遂未译成拉丁语；同样，《圣经·诗篇》的韵文之所以没有优美的音乐和谐感，就是因为这些韵文先从希伯来语译成希腊语，再从希腊语译成拉丁语，而在最初的翻译中其优美感便完全消失了。"法国思想家伏尔泰给翻译下的判断是："翻译，增加一部作品的错误并损害它的光彩。"诗人雪莱在《诗辩》一文中也持此论："诗人的语言牵涉着声音中某种一致与和谐的重现。倘若没有这种一致与和谐的重现，诗也就不成其为诗了。从诗所起的传达作用来说，这种一致与和谐重现之重要，不亚于语词本身……因此，译诗是白费力气。"德国近代语言学家威廉·洪堡特说："翻译好比一场殊死搏斗，最后遭到失败的若不是译者，那就一定是原作者。"意大利美学家克罗齐在其《美学原理》中认为：翻译不可能完美地再现原著的风貌。凡真正的艺术作品都是不能翻译的。鲍斯威尔在《约翰生传》中说："说实话，诗是不能翻译的。因此，是诗人在保留语言，因为如果人们通过翻译能获得所写出的一切东西，那么他们就不肯费力去学习一种语言了。但是，诗的美只能在原作中保留，而不能在任何其他语言中保留。因此，我们就得去学习写诗的那种语言。"更有甚者，西方还有一种说法："误解作者，误告读者，是为译者。"可以视为一种极端的"不可译论"。

我国古代佛经翻译家也对可译性问题提出过自己的看法。例如释道安所说的"五失本"，认为翻译中必然会失掉一些东西。鸠摩罗什所说的"改梵为秦，失其藻蔚，虽得大意，殊隔文体，非徒失味，乃令呕秽也"，明确地提出了翻译中的"失味"，即风格韵味的丧失问题。宋代的赞宁也以比喻来说明翻译中的"不可译"，他说："翻也者，如翻锦绮，背面俱花，但其花有左右不同耳。"这与西班牙作家塞万提斯的观点不约而同，显然都含有"不可译"的意思。

晚清以来，随着"文学翻译"的繁荣，"可译""不可译"的问题，成为翻译界讨论的焦点问题之一。

早在1925年，周作人发表译诗集《陀螺》时说："这些几乎全是诗，但我都译成散文了。去年夏天发表几篇希腊译诗的时候，曾这样说过：'诗是不可译的，只有原本一首是诗，其他的任何译文都是塾师讲《唐诗》的解释罢了。所以我这几首《希腊诗选》的翻译实在只是用散文达旨，但因为原本是诗，有时也就分行写了：分了行末必便是诗，这是我所想第一声明的。'"① 反正不管是分行来译还是译成散文体，只能"达旨"——这是较早的一种"不可译"论。

1932年，林语堂在著名的《论翻译》一文中，从忠实的

---

① 周作人：《〈陀螺〉序》，载罗新璋编《翻译论集》，第398—399页。

角度谈及艺术文的"不可译"问题。他说：

> 论忠实的第三义，就是绝对忠实之不可能；译者所能谋达到之忠实，即比较的忠实之谓，非绝对的忠实之谓。字译之徒，以为若字字译出可达到一百分的忠实。其实，一百分的忠实，只是一种梦想。翻译者能达七八成或八九成之忠实，已为人事上可能之极端。凡文字有声音之美，有意义之美，有传神之美，有文气文体形式之美，译者或顾其义而忘其神，或得其神而忘其体，决不能把文义文神文气文体及声音之美完全同时译出。
>
> ……我们可以承认 Croce 的话："凡真正的艺术作品都是不可能译的。"……譬如诗为文学品类中之最纯粹之艺术，最为文字之精英所寄托的，而诗乃最不可译的东西。无论古今中外，最好的诗（而尤其是抒情诗）都是不可译的。因为其为文字之精英所寄托，因为作者之思想与作者之文字在最好作品中若有完全天然之融合，故一离其固有文字则不啻失其精神躯壳，此一点之文字精英遂岌岌不能自存。凡艺术文大都如此，这就是以上所说忠实之第三义，绝对忠实之不可能，但是于艺术文特觉显明。①

---

① 林语堂：《论翻译》，载罗新璋编《翻译论集》，第426—430页。

与林语堂的观点相类似，朱光潜在 1944 年《华声》第一卷第四期杂志上发表《谈翻译》，也从翻译的忠实性角度切入，认为翻译中声音节奏的损失或消弭，使文学味大减，翻译中的这种损失几乎没办法规避，诗歌翻译更是如此。他说：

> 有文学价值的作品必是完整的有机体，情感思想和语文（言？）风格必融为一体，声音与意义也必欣和无间。所以对原文忠实，不仅是对浮面的字意忠实，对情感、思想、风格、声音节奏等必同时忠实。稍有翻译经验的人都知道这是极难的事。有些文学作品根本不可翻译，尤其是诗（说诗可翻译的人大概不懂得诗）。大部分文学作品虽可翻译，译文也只能得原文的近似……中西文字在声音上悬殊很大，最显著的是中文有，而西文没有四声的分别，中文字尽单音，西文字多复音；中文多谐声字，西文少谐声字。因此，无论是以中文译西文，或是以西文译中文，遇着声音上的微妙处，我们都不免束手无策。原文句子的声音很幽美，译文常不免诘屈聱牙；原文意味深长，译文常不免索然无味。文字传神，大半要靠声音节奏。声音节奏是情感风趣最直接的表现。对于文学作品无论是阅读或是翻译，如果没有抓住它的声音节奏，就不免把它的精华完全失去。但是抓住声音节奏是一件极难的事。

还有一些理论家从翻译文学的整体艺术风格上看到了"不可译性"。早在1959年，周煦良就在《外语教学与研究》第七期发表了《翻译与理解》的文章，强调理解在翻译过程中的重要性，并认为"译司汤达，还他司汤达；译福楼拜，还他福楼拜"之类是欺人之语，风格是不能翻译的。他写道：

> 在通常情况下，它（指风格——引者注）好像只是在无形中使译者受到感染，而且译者也是无形中把这种风格通过他的译文去感染读者的，所以既然是这样的情形，我看，就让风格自己去照顾自己好了，翻译工作者大可不必为它多伤脑筋。①

周煦良的"风格不可译"的看法，曾在当时引起了一定的争论，上海外文学会还召开了由周煦良主持的讨论会。有人认为，风格的可译性就如一个人模仿他人走路，不但可以模仿，而且可以模仿得像。也有人认为，风格的翻译还不是一个简单的模仿走路的问题，翻译的媒介是语言，风格的翻译等于用铅笔或钢笔临摹水墨画，是无法模仿出原作风格的。赞同风格不可译的张中楹举出中外文艺史的例子，认为中国的韩愈和苏东坡的文章，英国的麦考莱和贝德的文章，其风格后人都有不少人赞赏和模仿，但他又说：

---

① 周煦良：《翻译与理解》，原载《外语教学与研究》1959年第7期。

我现在提一个问题：在中国到底有多少人学得像韩愈和苏东坡？在英国到底有多少人学得像麦考莱和贝德？这问题无从回答，因为我们不知道，同时，也没听到过。足见风格不易模仿，因为风格之不同，如人心之各异，而人心之各异，正如人面之各殊。

这样说，在同一语言的领域里，尚且不易模仿一个作者的风格；在翻译方面，把原作译成另一种语言而要保持同一种风格，这是更不易做到的工作。[①]

二十多年后周煦良依然认为："现在二十多年过去了，……我仍旧认为风格是无法翻译的，风格离不开语言，不同的语言无法表达同样的风格。一个好的翻译家总想能使读者从他的译作获得他读原文作品同样的艺术满足。他有些地方成功了，有些地方失败了，有些地方在他当时被认为是成功的，但若干年后又被人否定了。"[②]他认为文学译品的风格是由四个方面决定的：一是原作的风格；二是译者本人的文章风格；三是译者本国语言的特征；四是译者所处的时代。如此多的因素集合在一起，要想完全一致地传达出原语文本的风格实在是欺人之谈。

1981 年，翻译家王以铸在《论诗之不可译》一文中写道："开门见山地说，我认为诗这种东西是不能译的。理由很简

---

① 张中楹：《关于翻译中的风格问题》，原载《学术月刊》1961 年 7 月号。
② 周煦良：《翻译三论》，载罗新璋编《翻译论集》，第 976 页。

单：诗歌的神韵、意境或说得通俗些，它的味道（英语似可译为 flavour），即诗之所以为诗的东西，在很大程度上有机地溶化在诗人写诗时使用的语言之中，这是无法通过另一种语言（或方言）来表达的。"①树才在《译诗必须首先是诗》中也认为，诗歌翻译必须保持原诗的诗味诗意，而诗歌的可译程度有大小难易之别，可完全传达原诗的"三美"几乎是一种理想。他说："诗的难度是不同的。一些诗相对而言容易译，另一些就难，还有一些诗确实不可译。一首诗越完美越难译。比如在译诗中几乎不可能保全原诗的音乐特质，因为完美的音乐特质是内在于一首诗的字、词、句、段乃至整体结构中的，字、词、句这些要素变了，音乐特质便自然丧失。"②

　　哲学家金岳霖把翻译分为"译意"和"译味"两类。他指出"译意也许要艺术，译味则非要艺术不行……译味不只是翻译而已，因为要在味方面求达求信起见，译者也许要重行创作。所谓重行创作是就原来的意味，不拘于原来的形式，而创作出新的表现形式"；译意很困难，"译味"就更困难，因此他认为："文学是很难翻译的。这还是从小说、戏剧、论文方面着想。味是不容易传达的，有时简直就不能传达……诗差不多是不能翻译的。诗之所重，即完全不在味，也一大部分在味。即有时我们注重意，我们也似乎是想因意得味。"③

---

① 王以铸：《论诗之不可译》，原载《编译参考》1981 年第 1 期。
② 树才：《译诗必须首先是诗》，许钧主编《翻译思考录》，武汉：湖北教育出版社，1998 年，第 451 页。
③ 金岳霖：《知识论》，载罗新璋编《翻译论集》，第 463—467 页。

以上诸家的意见多来自诗歌翻译界的行家里手，对翻译特别是文学翻译的个中滋味有深切的体验。他们提出"不可译"的观点，很大程度地揭示了语言传译的某些规律，也强调了文学翻译的根本特征，即严复所说的"译事难"。"不可译"论者深刻体会到翻译之难，也就更深刻地体会到翻译活动的严肃性、翻译家的创造力的重要。然而，"不可译"论，并不等于"不译"论，而是知其不可译而译，所以他们一方面认为诗歌不可译，另一方面又进行了大量的艰辛的诗歌译介工作。王以铸在《论诗之不可译》中，既认为诗之不可译，又从现实的需要出发谈了译诗的必要性，他说："当然，诗的神韵、意境、味道，一句话，诗之所以为诗的东西无法传译，决不等于说今后就不再需要翻译外国诗歌了。文化交流、开拓眼界、参考借鉴等等都要求我们有不断把外国的诗歌介绍过来的必要，我们自己的古今诗歌也要不断介绍到国外去。翻译诗歌固然难以传神，但毕竟可以把外国诗歌的一些新的形式、新的内容和新的表现手法介绍过来，单是这样，它就能起不容忽视的作用。"①

1980 年代后，还有一些翻译研究者从语言学、修辞学的角度论述了翻译中的"不可译性"。如王震民在《诗歌的可译性和译好诗的艺术价值》一文中也说："汉英是两种不同的语言，有不同的语音、语法、结构，在语音学上，汉语称为声调语音，而英语则叫作重音——节拍语音……汉语方块字的句法

---

① 王以铸：《论诗之不可译》，《编译参考》1981 年第 1 期。

结构、诗体格律与英语拼音文字的句法、结构、诗体格律也不相同……求完美无损的移植不易……汉诗中的字数限制、平仄、对偶，无法译。"① 曹聪孙在《关于翻译作品的译名》中指出："最困难的译名是在外国语中有双关意义的词，这是译成本民族语时最无能为力的。因为在两种语言当中，不会恰巧有互相对应的这种双关词。"② 他认为这种修辞手段和独特的表达习惯，往往因为语言的不同而迥然有异，要在翻译时完全移译过来，几乎不可能。戈盾则在《从语言学看不可译性》中认为："在翻译中，不可能准确完整地再现，这是不可译性。"③他还进一步分析了这种语言不可译性的情况，一是译入语言缺乏应有的表达内容，即原文表达的思想对译文来讲是全新的；二是译入语言缺乏对等的表达形式，能够表达意义却难以传达这种意义的形式特征。这些原因是各种语言都可能具有的表达的无能。毕竟语言是一个民族文化的集中体现，具有抹杀不掉的民族文化因子。王秉钦在《文化翻译学》一书中，从语言文化的差异的角度分析了翻译中的"不可译性"。他认为，有些词语具有特有的"文化意味"，其意义是文化中的意义。这种文化意义对本文化群体而言是不言而喻的，然而对不同文化群体的成员来说，则是陌生的。因此把一种文化中的意义传达出来给不同的文化群体是极困难的，有人把它叫作

---

① 王震民：《诗歌的可译性和译好诗的艺术价值》，原载《中国翻译》1987年第 6 期。
② 曹聪孙：《关于翻译作品的译名》，载罗新璋编《翻译论集》，第 994 页。
③ 戈盾：《从语言学看不可译性》，《中国翻译》1984 年第 12 期。

"文化的痛苦"，也就是"不可译"的痛苦。那些有文化意义的词语，包括成语、古语、谚语、格言、惯用语、俗语、俚语、歇后语、俏皮话、方言等，翻译起来都很困难。①

与"不可译"论相对的是"可译"论。更多的翻译家和译学理论家强调文学的"可译"的一面。

南社诗人胡怀琛在 20 世纪初出版的《海天诗话》中，最早提出了文学，特别是诗歌的可译性问题。他写道："或谓文学不可译，此言未必尽然。文学有可译者，有不可译者。能文者善于剪裁锻炼，未必不可译。"他认为，译诗会在翻译中"失其神"，但这恰恰为具有文学翻译才能的人提供了用武之地。

1921 年，郑振铎在《译文学书的三个问题》一文中，阐述的第一个问题就是"文学书能够译么？"他的观点是：

> 我认为，文学书是绝对能够翻译的，不唯其所含有的思想能够完全地由原文移到译文里面，就是原文的艺术的美也可以充分地移植于译文中——固然因翻译者艺术的高下而其程度大有不同，不独理想告诉我们是如此，就是许多翻译家的经验的成绩，也足以表现出这句话是很对的。②

---

① 王秉钦：《文化翻译学》，天津：南开大学出版社，1995 年。
② 郑振铎：《译文学书的三个问题》，原载《小说月报》第 12 卷第 3 号，1921 年。

接着他举出了若干译例来说明文学的可译性，并强调说："文学书——无论是散文还是诗歌——是能够翻译的，能够很精密地翻译的。"

关于诗歌是否具有可译性，诗人成仿吾早在 1923 年就结合自己的翻译实践，认为诗歌是可译的。他说："译诗并不是不可能的事情。即以我的些小的经验而论，最初看了似乎不易翻译的诗，经过几番的推敲，也能完全译出。所以，译诗只看能力与努力如何，能用一国文字作出来的东西，总可以取一种方法译成别一国的文字。译得不好的东西，不是译者的能力缺少，便是他的努力不足。"他认为，如果具备了四个条件，译诗就是可能的："第一条件的'是诗'，要看译者的天分；第二的情绪，要看他的感受力与表现力；第三的内容，要看他的悟性与表现力；第四的诗形，要看他的手腕。"①

从事过中国古典诗歌英译的翻译家吴钧陶也在《编辑谈译诗兼谈杜甫诗英译及其他》一文中，认为诗歌还是可译的。他对持"不可译"的论者这样进行了分析："一、他们对翻译的要求太高，没有看到翻译就是翻译，不能等同于原作。二、他们没有看到翻译向好和更好的方向发展的趋势。他们举出的觉得不能令人满意的翻译，何以见得将来没有人可以逐步做得较为令人满意和更为令人满意呢？"②

对诗歌的可译性问题做出深入探讨的，是黄杲炘的专门著

---

① 成仿吾：《论译诗》，原载《创造周刊》1923 年 9 月。
② 吴钧陶：《编辑谈译诗兼谈杜甫诗英译及其他》，原载《中国翻译》1991年第 2 期。

作《从柔巴依到坎特伯雷》。黄杲炘在该书前言中写道：

> 走在这条路上（译诗之路——引者注），我常听
> 到一些说法，也常有自己的想法，这些想法中比较重
> 要的大多可以归为三个方面：一是对诗不可译论的想
> 法，二是对格律诗应怎么译的看法，三是对译诗批评
> （包括自我批评）的看法。说这些问题重要，是因为
> 我感到，对译诗来说，诗不可译论从根本上否定了译
> 诗的可能性，是给译诗者泼的冷水；而如何译格律诗
> 的问题若不能合理解决，那么这无异是给诗不可译论
> 提供口实……①

这部著作就是围绕着诗歌翻译中的根本问题所做的理论思
考的总结。全书在内容的构架上，主要分为三个部分：第一部
分，诗，未必不可译；第二部分，诗，要看怎么译；第三部
分，诗，"译难，评更难"。实际上，作者沿着一个诗歌能不
能译，该怎么译，效果如何评价衡定这样一个逻辑线索，来全
面思索探究诗歌翻译中的无法回避的一系列重要理论问题。在
第一部分中，针对诗歌"不可译"论的争议，他结合自己的
译诗实践指出：

---

① 黄杲炘：《从柔巴依到坎特伯雷》，武汉：湖北教育出版社，1999 年，第
2 页。

我认为诗不可译论不足为训。即使持这种观点者译遍了天下诗歌，认为都不可译，他也不能说服我，除非他们能证明我作为例子举出的这些译诗中丧失掉了什么，或者指出坏或次，坏在哪里——事实上，即使他们能指出并证明，我还可以再修改，把丧失掉的东西补出来、反映出来，从而仍可证明诗未必是一概不可译的……当然，我并不是说一切诗都是可以翻译的。诗的可译与不可译取决于很多因素，例如一首诗的性质，诗人写作的特点，译者的条件，乃至用什么语言翻译等等……总之我认为，不能根据某些诗中的不可译因素，而全盘否定诗的可译性。事实上，即使是不可译因素，也不是一成不变的，随着文化交流的深入，语言文字的发展和变化，本来不可译的也可能转化为可译。①

方平先生从文学翻译的特性的角度，指出了不可译论在情理上的不通，他说：

文学翻译本来不容易，诗歌翻译所要跨越的困难尤其艰巨，但并不因之无所作为；对文学翻译还有偏见的人，往往利用诗歌翻译的艰巨性作为突破口，提

---

① 黄杲炘：《从柔巴依到坎特伯雷》，武汉：湖北教育出版社，1999 年，第 4—7 页。

出了不可译论。虽然振振有词（对于译者个人的才能而言，一些不可跨越的局部困难的确是存在的），其实有些人的出发点无非是"依样画葫芦"，他们的挑剔、苛求，使人想起威尼斯法庭上的波希霞（莎翁笔下的女主人公）对于夏洛克的判决：你可以割下一磅肉，但是——

> 不准流一滴血：割起来，不准多也不准少，
> 要刚好一磅肉。要是有一点轻，一点重，
> 哪怕相差只区区二十分之一丝——
> 不，就算天平上高低一根汗毛，
> 就叫你死，你的财产，全充公。

这样不近情理的苛求也就是不可译论者手里的天平，他们的根据，用来束缚住文学翻译工作者的手脚。①

许多论者对文学风格的可译性也持肯定的态度。翁显良在《意态由来画不成?》一文中指出："风格可译，指的是原作的意象的隐或显、婉或直、艳丽或质朴、庄重或谐谑都可以译；何止可以译，简直非译不可。"②刘宓庆认为：风格有"风格的

---

① 方平：《不存在理想的范本》，原载《上海文化》1995年第5期。
② 翁显良：《意态由来画不成?》，原载《中国翻译》1981年第2期。

符号体系"，包括"形式标记"和"非形式标志"，而"大多数风格标记是可以转换的，是可译的"。①冯世则在《风格的翻译：必要、困难、可能与必然》一文中分析了风格翻译中一些不可译的因素之后指出："局部毕竟不是全局。即使仅就修辞来说，事实证明，不可译者终归是少数；绝大多数，例如比喻、借代、设问、排比等等的运用，各种语言之间还是共通的，因而也就可译。而就构成风格的其余因素来说，似都不难翻译；夸张一点，也许可说是不译自出。因为思想、主题、题材、情节、结构早由作者安排停当，拆成零件搬到异国，重新安装起来也不至走样。"②郭宏安说："有人认为，原作的风格是不可传达的，译者不必为此多费脑筋，故译文若可以谈风格的话，那只不过是译者个人的风格罢了。此等译论殊不可解……其实，完全的翻译本身就是不可能的，然而人们仍在努力地进行着翻译；不少人都说'诗不可译'，然而仍有大量的诗被译过来译过去；就是认为'风格不可译'的人，其实也在努力地使译文的风格贴近他所译的原作……所谓'风格不可译'和'诗不可译'，都是一种纯理论的命题，不能用来指导实践。而在实践中，倒是应该倒过来说：'风格可译'，'诗可译'，但需多费脑筋。"③

---

① 刘宓庆：《当代翻译理论》，北京：中国对外翻译出版公司，1999 年，第218—237 页。

② 冯世则：《风格的翻译：必要、困难、可能与必然》，原载《中国翻译》1982 年第 5 期。

③ 郭宏安：《我译〈红与黑〉》，载《雪泥鸿爪》，武汉：湖北教育出版社，2002 年，第138—139 页。

高健的《浅谈散文风格的可译性》一文，论证了散文风格的可译性。他指出：一些人认为作品的意思或内容当然是可译的，但风格则不可译，理由是中外语言的性质不同，在构词法、语法结构乃至修辞与文体手段等方面，都存在着较大甚至难以逾越的差异，因而译文一般只能满足于达其意而未必能够充分地传其词，也就是说，不能很好地体现原作的语言风格和文学风格，而同时他也说：

> 另外一些人的看法则恰好相反，他们认为风格还是可以翻译的，尽管这事并不容易。理由则是：首先，语言的内容（意义）与语言的风格乃是相互一致的，因而当一段具体言语被人们从一种语言翻译成另外一种语言时，只要这段言语的内容获得了正确无误的传达，那么与上述内容相一致的风格也就随之被翻译过去。这正如萧伯纳所说的，"意之所到，风格随之"。语言内容的可译性一般便决定着语言风格的可译性。既然一定的思想内容可以在不同的语言中获得无误的表达——可以通过就形式来讲截然不同的词句、句法以及修辞手段来进行成功的转译，那么为什么作为内容的某种表现的风格便不能同样借助于不同的语言方式与手段被模拟出来？当然，在承认风格的可译性的前提下，丝毫也不排斥译得不够理想的情况时风格可能受到某种程度的影响；另外，风格的可译程度在某个具体的场合，在某段具体的言语中或在某

种较特殊的文体（例如在某些短小的抒情诗）里面也是不尽相同的。但是我们决不应把个别现象与一般情况等同起来……其次，事实上风格已经被人译出。不少翻译工作者在这方面曾经进行了广泛的探索取得了可喜的成绩。面对这种情况，我们又怎么好说风格是不可译的呢？①

他还以自己的英美散文的翻译经验，具体论证了风格的可译性。

郑海凌在《文学翻译学》一书中认为："文学作品的风格是可译的，但这种可译性有一个幅度。百分之百地再现原作的风格是不可实现的理想。"他提出了风格可译性的几点根据并以具体的译例说明：一、风格作为优秀作家的独特的表达体系，它所表达的主要内容，例如人物形象、故事情节和环境，是可以翻译的；二、作家独特的表现手法是可以翻译的；三、文学作品的语言具有可译性。但同时他也指出，在可译的同时，风格在翻译中也会有所"流失"。②

二、"可译"与"不可译"之间

可译论和不可译论的着眼点和侧重点有所不同，故虽然针

---

① 高健：《浅谈散文风格的可译性》，原载《中国翻译》1985年第1期。
② 郑海凌：《文学翻译学》，郑州：文心出版社，2000年，第289—298页。

锋相对，各执一端，但都从不同的角度道出了翻译家本人文学翻译中的某些感受，也在"片面"中含有某些真理，揭示了文学翻译的某些特点和规律。此外，还有一些学者和翻译家在可译性和不可译性之间探讨文学翻译的特殊性和规律性，试图做出更加全面和辩证的回答。

首先，有论者从语言学的角度分析了"可译"与"不可译"的辩证关系。

包振南认为一种语言在译成另一种语言时存在可译性的限度，"其原因是多方面的，但主要在于文化传统和语言结构等方面存在差异。应该说，在各种语言之间，共性是广泛存在的。语言之间的共性构成了可译性的基础。但与此同时，各种语言之间的差异是存在的，而语言之间的差异就决定了可译性的限度……承认两种语言互译中存在可译性的限度问题，并不等于否认区别译文优劣的翻译标准。语言是可译的，因为语言都是表达思想的有效工具；但又由于文化传统、社会条件、语言结构、思维方式的不同，有时又是不完全可译的，甚至是不可译的。"①

张泽乾在《翻译经纬》一书中从语义信息的静态分析的角度，指出了"可译"与"不可译"的具体情况。他认为，可译性是翻译的基础，可译性与语义信息结构有关。语义信息结构包括中心信息、附加信息和结构信息。"三者之间，中心

---

① 包振南：《试论可译性的限度》，张柏然、许钧主编《译学论集》，南京：译林出版社，1997年，第125—133页。

信息带有逻辑和理性色彩，是对现实的反映，客观性强，翻译中传递这类信息最为容易。因此，它也是语言可译性得以成立的主要依据和重要保证。附加信息带有文体、修辞色彩，是在反映客观意义的同时所注入的主观意义。在这里积淀着民族的心理、文化的历史，翻译传输这类信息难度较大。可译性具有相对性、局限性，其原因主要在这里。至于结构信息通常只带有单纯的语法意义，但它们同时也包含一定的剩余信息……这类信息在翻译中属于不必译的范畴。"①

张成柱在《不可译性的存在与转化》一文中认为："语言文字本身的规律与特征所构成的不可译性是不多的，或者说是比较容易克服的，而真正的不可译性大都隐藏在语言形式的内涵之中。"而"涉及社会、思想和意识方面的不可译性较难处理，少数的情况的确构成了死点，即绝对的不可译性，其余的大都属于相对的不可译性"。他还进一步提出了将不可译加以转化、"变不可译为可译"的四种方法，即，一、解释法，即解释性的翻译；二、硬译法，这是一种迫不得已的办法，古代佛经翻译中就用了不少这样的方法，但许多硬译却被作为外来词语而逐渐被接受了，如"武装到牙齿""胡萝卜加大棒""替罪的羔羊"之类；三、改写法，有时将原文词语对应地翻译过来，对不符合译文的语言习惯，就需要运用改写法；四、创造法，即创造一个新词来翻译原文。②

---

① 张泽乾：《翻译经纬》，武汉：武汉大学出版社，1994年，第264—265页。
② 张成柱：《不可译性的存在与转化》，原载《中国翻译》1988年第3期。

有论者从文学翻译，特别是诗歌翻译的特殊性的角度，论述"可译"与"不可译"的关系。张今指出："从战略上说，我们坚持可译论，但是，从战术上说，我们不但承认具体的文学作品有不同程度的可译性（translability），而且承认，文学作品的可译性，整个来说，也有一定的限度。不同程度的可译性是由于三个原因造成的：（一）两种文化之间的差异性；（二）两种语言之间的差异性；（三）某些作家的晦涩风格。有些文学作品是根本不可译的，如中国的回文诗，璇玑图和神智体诗。也有些文学作品的某些部分是不可译的。就是一般文学作品的可译性也有一定限度。"①

树才在《译诗：不可能的可能——关于诗歌翻译的几点思考》中提出了"译诗是不可能的可能"这样一个论断。他认为：

> 确实，诗的可译性和不可译性并存，体现在诗的不同的层次和不同的侧面，贯穿着诗歌翻译活动的每一个阶段，每一个环节。
>
> 译诗是"不可能的可能"，只有在长期不懈的翻译实践中才有可能实现。那些悟到诗的'不可译性'的译者，有可能把诗译得更好一点。
>
> 我还相信，好的译诗是不断锤炼出来的。译诗要不怕改。什么时候发现不妥或不正确之处，什么时候

---

① 张今：《文学翻译原理》，开封：河南大学出版社，1987年，第199页。

就要在译诗中改过来。诗尚有待修改，何况译诗。①

诗人绿原在《一个读者对译诗的几点浅见》一文中，从诗歌的不同类型，分析了"可译""不可译"的程度，他说：

> ……有些外国诗可译，有些外国诗实在不可译。这要看原作作为诗的效果究竟是从哪里产生的。有的诗作偏重于格律和音韵，有的偏重于意境和情调，有的偏重于联想和意象——当然有的是三者并而有之。第一类译起来，要达到形式的自然，一般是把握不大的。试看我国李清照的叠韵名句"寻寻觅觅冷冷清清凄凄惨惨戚戚"，哪一种外国语能够将它译过去，而又保持我们中国人读它时所能感到的那种韵味呢？第二类未尝不可译，但要看译者的功力，看他能不能把它从原文所所感到的意境，用另一种语言传达给这种语言的读者。这类诗往往字句平淡，意在言外，往往要求胜任的译者重新创造它；如果译者体会不出这种言外之意，或者体会到而功力不足，仅照字面译出来，那就很难叫异国读者领略其原味的。至于第三类，联想和意象更多一些，格律和音韵更少些，因此译起来也似乎更容易一些——说也奇怪，不论在西方

---

① 树才：《译诗：不可能的可能——关于诗歌翻译的几点思考》，载许钧主编《翻译思考录》，武汉：湖北教育出版社，1998年，第395页。

哪个国家，诗风似乎越来越自由化，第三类诗越来越普遍。这些现代诗据说不好懂，但那是它本身的含义不好懂，而不是它不好译。相反，这类诗如果译成外国语，经过实践证明，往往会比前两类更接近原作……这类诗的特点在于语义，在于语感，这方面的问题对于译者，似乎比格律和音韵更容易解决一些。①

辜正坤对"可译""不可译"的问题做了深入具体的分析，他不主张笼统地说诗歌是"可译"还是"不可译"，而是要具体分清哪些"可译"，哪些"不可译"。他写道：

> 我们不应简单地作出诗歌可译或不可译这种非此即彼的合乎排中律的逻辑判断。我们应该作出的往往倒是不合逻辑（不合排中律的），既是此也是彼的或似是而非的逻辑判断，因为事实上就是如此：诗歌既是可译的，不可译的，又是半可译的，关键看我们依什么标准去衡量。如果把能否传达诗的意美作为诗是否可译的标准，那么大部分诗都是可译的；如果把能否传达诗的形美作为标准，则一部分诗（或诗的一部分形式）是可译的，一部分诗是半可译的；如果

---

① 绿原：《一个读者对译诗的几点浅见》，原载《外国文学研究》1984 年第 3 期。

把能否传达诗的音美作为标准，则所有的诗都是不可译的（当然，我们也许可以使汉语译诗具有音美，但那是汉诗的音美，却不是原诗的音美，二者不可混为一谈）。问题在于，音美是诗歌的最明显的标志，诗歌诗歌，诗都是可歌的，歌者必须发声，可见音美于诗确乎极为重要。说诗歌不可译者，往往正是抓住这点要害，据以全盘否认诗歌的可译性。我们是翻译标准多元论者，我们同时准备承认诗的可译性、半可译性和不可译性，这并不是什么调和或诡辩，而刚好是坚持了实事求是这个基本原则，对各种标准采取了一种宽容的态度，客观地承认其存在的理由和价值，而不是武断地非要用一种标准去压倒其他所有的标准。在诗歌翻译理论上，我们的任务只在于愈益精确地描述、确定诗歌的可译、不可译、半可译诸因素，以便指导译者的翻译实践，提高读者对译诗的欣赏水平。①

乔曾锐在《译论》一书中，综合各家学说，较为全面地论述了可译性的根据和可译性的限度。关于可译性的根据，他指出：一、从语言的产生和发展来考察，由于语言产生于大体相同的物质条件，而且都随着物质生活的提高和各民族之间的

---

① 辜正坤：《中西诗鉴赏与翻译》，长沙：湖南人民出版社，1998年，第244—245页。

思想沟通而发展，所以不同的语言对同一事物的表达，往往有惊人的相似之处。这种相似性和共同性就是翻译的可能性的基础。二、从人类的生理机能和感情生活来考察，人类的生理机能的相同，感情生活的大体一致，是绝大多数带有感情色彩的文章和作品"可译"的根据。三、从思维产生和发展的规律来考察，人类思维内涵的共性产生可译性。四、从翻译实践来看，绝大多数原作，包括文学作品是"可译"的，而且总的来说是可能做到忠实确切的。另一方面，可译性也有限制，有些东西难以传译。这表现在：一、原文语言所具有的特点和地方色彩难以传译；二、原文语言中含有独特感染力的词语是难以传译的；三、通过原文语音和原文形式表达出来的思想感情，是不能或难以传译的；四、原作的独特风格是难以传译的，有时甚至是不可能传译的；五、译者个人的因素，包括其独特的写作风格等也会成为可译性的一种限制。①

　　总之，"可译"与"不可译"问题是文学翻译中的基本矛盾之一，可译性与不可译性的论争在中国翻译文学论争中的意义重大。通过长期的探讨和论争，人们逐渐认识到，文学作品的可译性与不可译性都不是绝对的，而应是矛盾的统一。但"可译"与"不可译"论者各执一端，虽然都难免片面，却从不同的角度指出了文学翻译的某些基本特征，因而都有理论上的价值。"不可译"论者，并不是否认文学翻译的可能性，而

---

① 乔曾锐：《译论——翻译经验与翻译艺术的评论和探讨》，北京：中华工商联合出版社，2000年，第181—198页。

是强调文学翻译的困难性、复杂性、特殊性和局限性。这有助于人们深刻认识文学翻译的特征和规律，以严肃的、负责任的态度从事文学翻译，千方百计提高翻译水平；"可译"论者着意强调文学翻译应变"不可译"为"可译"，就是要发挥译者的能动性与再创造性，相信翻译家通过自己的创造性劳动可以探索出"可译"的途径与方法。事实上，尽管不可译性将永远存在，但随着翻译事业的进一步发展、翻译水平的进一步提高，翻译家们会不断克服"不可译性"，在这种克服中，"可译性"的成分将会不断增加，翻译文学在传达信息和沟通人类的思想情感方面的可能性及其作用也将越来越大，而这也正依赖于翻译家持续不断的努力。

"科学"论与"艺术"论之争^①

对翻译的特殊性的探讨的第一步，是弄清翻译——特别是文学翻译——的根本的学科属性，即翻译是"科学"还是"艺术"。长期以来，人们对这个问题一直存在争论。从语言角度看问题者，倾向于将翻译视为一种科学活动，从文艺角度看问题者，则倾向于将翻译视为艺术活动，从而形成了翻译的"语言学派"和"文艺学派"两大分野。他们在翻译家的客体性与主体性、翻译活动的主观性和客观性、翻译理论的描述性和规范性等问题上，都表达出了不同的看法。与此同时还出现了试图将两者调和起来的"艺术与科学统一论"。

在"艺术论派"内部，人们对文学翻译的特点和性质的认识也颇有分歧。1980年代以来，围绕许渊冲提出的"美化之艺术"论、"优势竞赛论"，翻译界进行了热烈的争论，并一直持续到新世纪。这场争论集中反映了文学翻译中的两种不

---

① 本文原为《中国文学翻译九大论争》（收入《王向远著作集》第八卷，宁夏人民出版社，2007年）第七章。

同的价值取向，涉及译者在翻译中的创造性可以容许到多大程度这一重大问题。

一、翻译：艺术？科学？科学+艺术？

翻译是科学还是艺术？这个问题在国外早就引发了争论。从古罗马时代，西方翻译史上就形成了语言学派和文艺学派两大流派。其中，把翻译视为一种艺术行为，在西方具有更悠久的历史传统和更深远的影响。到了20世纪中期翻译研究开始形成一个学科的时候，两派的分歧变得越来越明显。"科学派"主张运用语言学的理论和方法来研究翻译，认为翻译研究是语言学研究的一个分支，强调语言成分的分析，力求客观、精确。其代表人物是苏联的费道罗夫和英国的卡特福德，还有美国的奈达。1950年代后，费道罗夫和奈达等人的理论影响到我国，随之在我国也出现了"科学"与"艺术"两派的争论。

在我国，从翻译史上看，古代的佛经翻译家们实际上已经触及了翻译是科学还是艺术这一问题。如"案本而传"说，强调的是翻译中的忠实性；"依实出华"说、"藻蔚"说，强调的是翻译中的艺术性。佛经翻译中的"质直"与"雅"的两种倾向，用今天的话来说，也就是"科学"派的倾向和"艺术"派的倾向。进入20世纪后，由于文学翻译成为翻译事业中的主流，因而翻译是一门艺术的论断得到了较为广泛的认同。

在中国现代翻译理论史上，最早明确提出"翻译是一种艺术"的，是林语堂先生。他在《论翻译》一文中，开门见山的第一个标题就是"论译学无成规"，他写道：

> 谈翻译的人首先要觉悟的事情，就是翻译是一种艺术。凡艺术的成功，必赖于个人相当之艺才，及其对于该艺术相当之训练。此外别无成功捷径可言。因为艺术素来是没有成功捷径的。翻译的艺术所依赖的：第一是译者对于原文文字上及内容上的了解；第二是译者有相当的国文程度，能写清顺畅达的中文；第三是译事上的训练，译者对于翻译的标准及手术的问题有正当的见解。在此三者之外，绝对没有什么纪律可为译者的规范，像英文文法之于英文作文。所以本篇的目的，并不是要替"译学"画出一些规矩准绳来，或是要做些削足适履，强人以同的功夫。所谓"规矩准绳"，实则是老学究对于真正艺术自隐其愚的手段……①

他认为："译学无一定之成规，且译书无所谓绝对最好之译句；同一句原文，可有各种译法，尽视译者国文之程度而差……这就是翻译中个人自由之地，而个人所应该极力奋勉之处。翻译所以可称为艺术，就是这个意义。"到了20世纪，特

---

① 林语堂：《论翻译》，载罗新璋编《翻译论集》，第417页。

别是 1950 年代后，随着外国现代语言学理论的传入，翻译界在翻译实践中开始探求规律性、精确性，在翻译研究中强调科学原则，试图将语言学理论和模式应用于翻译活动，并努力寻找两种语言转换的规律。这种"语言学情结"是翻译的"科学论"的基础，成为许多人的追求，而翻译中的"科学派"或"语言学派"也就自然形成。与此同时，也促成了与之相对的"艺术派"的形成，论争由此拉开了序幕。

1950 年，唐人先生在《翻译是艺术》一文中，旗帜鲜明地提出了"翻译是艺术"这一命题，他反对"翻译是技术"的说法，指出："若把翻译认作是单纯的技术，就是把翻译比作是照相，是机械地把原来的人物反映出来。然而事实上绝不是这样。一个翻译者在翻译上的用心与用手，同一个绘画者是一样的。若绘画是艺术，翻译也应该是艺术。"①

接着，董秋斯先生在《论翻译理论的建设》一文中，提出了相反的看法，他反对"神而明之、存乎其人""不受任何理论约束"的"艺术"论，而主张"翻译是一种科学"。他写道：

> 早就有人说过，翻译是一种科学。这是什么意思呢？这是说，从这一种文字译成另一种文字，在工作过程中，有一定的客观规律可以遵循，并不完全靠天

---

① 唐人：《翻译是艺术》，原载《翻译通报》1950 年第 1 卷第 4 期，又载《翻译研究论文集（1949—1983）》，北京：外语教学与研究出版社，1984 年，第 30—31 页。

才或者灵感，如某些人所说的。这规律是客观存在的，不是某些人凭空想出来的。要发现它和通晓它，就得向与此有关的客观事物作一番调查研究工作。那就是说，我们首先得考察各种语文的构造、特点和发展规则，各学科的内容和表现方式，各时代和各国家的翻译经验。然后把这三样东西的调查研究所得结合起来，构成一个完整的理论体系。翻译界有了这样一种东西，就等于有了一套度量衡，初学的人不再浪费许多的精力去摸索门径，也不至不自觉蹈了前人的覆辙。从事翻译批评的人也有了一个可靠的标准。[1]

20世纪50年代的艺术和科学之争只是开了一个头，总的看是艺术论派占绝对优势。在此前后，以朱生豪、傅雷两大家为代表的几乎全部文学翻译家，在翻译主张和翻译理论中都具有鲜明的艺术论倾向，力主翻译是科学的，只有董秋斯一人。即使是董秋斯，他反对的"艺术论"，也是"神而明之""不受任何理论约束"的神秘的天才观或灵感论，而且他并不全然反对天才或灵感的因素和作用。

20世纪80年代后，关于翻译是"科学"还是"艺术"的分歧和论争再起，而且争论更为热烈。主要原因大概有两条：第一，改革开放后，哲学、社会科学、人文科学著作的翻译出现了前所未有的高潮，这些著作的翻译出版，对于新时期的思

---

[1] 董秋斯：《论翻译理论的建设》，原载《翻译通报》1951年第2卷第4期。

想解放运动，起到了不可估量的重要影响。而此时期的文学翻译虽然也相当繁荣，但总体来看，不如前者影响大。在我国，迄今都没有把哲学和人文社会科学翻译作为翻译研究的相对独立的领域，但哲学和人文社会科学的翻译的大量出现，势必会影响人们对翻译性质的认识；与此同时，科技翻译也获得了空前繁荣，研究科技翻译的文章越来越多，上海还创办了《科技翻译研究》的专门杂志。科技翻译及科技翻译研究的繁荣，对"艺术论"又是一个冲击，一定程度地打破了五四以来文学翻译在翻译中占较大优势的格局。非文学翻译与文学翻译比翼齐飞，使得较多的人从非文学的、非艺术的角度思考翻译的本质问题。第二，长期以来，从事翻译工作和从事翻译研究的人，大多是大学外语系的教师和从事外国文学研究的科研部门的研究人员。大学外语系的有关研究人员，大都希望突破语言教学的局限，在翻译研究、译学译论研究上寻求突破，出现了以研究翻译理论为主的专业的译学理论学者，对翻译中的规定性、规律性因素的强调是他们的研究得以成立的基础。这些学者的理论与原有的文艺派的主张发生交锋，是很自然的。他们中不少人认为翻译是科学，一定程度上是为翻译研究的学科建设做理论准备。

有较为明显的"科学论"倾向的译论家，首推刘宓庆和杨自俭。刘宓庆在《当代翻译理论》的"前言"中认为，传统译论存在着缺陷：

首先，古典和近代译论家通常囿于传统文艺评论特别是传统文艺美学的方法论影响，注重宏观描述，强调主体的迁移性"了悟"或"悟性"过程；而在微观剖析上对客体（译作及翻译过程）缺乏科学的、系统的形式论证方法。传统翻译理论在微观分析中缺乏系统科学的严密性，对许多价值概念都未确立系统科学的、始终一贯的范畴界说和符合现代逻辑学的界定分析，模糊性、印象性太强，内涵流变，难免见智见仁，而且往往流于空泛。由于缺乏科学形式论证，因此，译论界常常陷于诠释性争论（interpretative disagreement）中，由于概念流变莫衷一是，论者、译者皆无所适从，致使译论缺乏对策性即理论应有的实践意义。①

刘宓庆从"现代科学"的角度指出了传统译论的局限性。他的《现代翻译理论》《当代翻译理论》等著作，就是试图用现代科学的方法来研究翻译，强调要"重论证，摆脱唯心主义的影响"，而大量采用语言学、信息科学、美学等领域的研究方法，建立"翻译理论基本模式"。他在《翻译美学导论》中，指出翻译的科学性主要表现在：一、要重视原作，不能主观臆造；二、科学地理解和把握原文的语音、语义、语法和逻辑配例；三、反对不顾意义制约的形式主义机械论，也反对不顾形式制约的主观主义随机论；四、概念、推论要明晰严谨，

---

① 刘宓庆：《前言》，《当代翻译理论》，北京：中国对外翻译出版公司，1999 年。

译文的意义、形式与功能的处理要科学。①可见，他的"科学论"倾向是十分明显的。杨自俭先生认为不仅一般的翻译有科学性，文学翻译也有科学性。主要表现在：一、科学地理解原文作者；二、科学地了解原文读者（主要是文学批评家与文学史家）对原作的评价；三、科学地把握原作；四、科学地（同时也要艺术地）运用译文语言写出译作。②

另外，翻译界还出现了大量对翻译现象进行科学分析的论文，如研究机器翻译及电脑翻译问题、探讨模糊数学与译文评价的关系、探讨文学翻译过程与所谓"格式塔意象模式"、系统科学与翻译研究等，甚至在文学翻译领域提出"文学翻译克隆论""文学翻译超导论"，都带有强烈的"科学"色彩。这表明20世纪80年代以后用科学的立场和方法研究翻译，成为我国翻译研究界的一个潮流。但是，这些研究者却很少像国外研究者那样标榜自己属于"科学派"。以刘宓庆为例，他虽在主导思想上倾向"科学"论，但并没有明确提出"翻译是科学"的论断。他对翻译性质的看法是："翻译是一门综合性、跨学科性很强的科学和艺术……我们首先要面对一个观念更新的问题：必须将翻译学视为一门开放性、综合性、跨学科性很强的科学和艺术。"一句话，他认为翻译是科学又是艺术。这实际上是一种调和的看法。杨自俭一方面强调文学翻译的科学性，一方面也指出："文学翻译的科学性与艺术性是相

---

① 刘宓庆：《翻译美学导论》，台北：书林出版有限公司，1995年。
② 杨自俭：《关于译学研究的一点想法》，载许钧编《面向21世纪的译学研究》，北京：商务印书馆，2002年，第14页。

互依存、相互补充的对立统一的关系。"①刘宓庆和杨自俭先生对翻译性质的界定在倾向"科学派"的学者中很有代表性。这种看法的出现，在一定程度上遏制了"科学"和"艺术"的各执一端。同时，"科学与艺术"的调和论、统一论，一时占了上风。

张今在《文学翻译原理》一书中认为："翻译是一种技能的运用，一种实践过程及其结果，本身并不是科学。研究实践过程及其结果的性质和规律性的学问，即翻译理论，才是科学。我们可以称之为翻译科学。"又说："一切翻译，包括文学翻译和非文学翻译，都是艺术。我们可以称之为翻译艺术。"②在这里，张今先生把"翻译"（含文学翻译）与"翻译理论"（翻译学）两者做了区分。明确了前者属于艺术的范畴，后者属于科学的范畴。并对翻译艺术与翻译科学之间的关系做了阐述。与张今看法相似的还有谭载喜。他对"翻译"和"翻译学"这两个不同的概念做了辨析，进一步推动了"科学派"和"艺术派"两种观点的调和。他在《翻译学》一书及此前发表的有关论文中认为，以前人们之所以对翻译是科学还是艺术的问题争论不休，是因为以下原因：

> 许多人把"翻译"和"翻译学"混淆了。我们
> 认为，"翻译"是把一种语言文字的意义用另一种语

---

① 杨自俭：《关于译学研究的一点想法》，载张柏然、许钧编《面向21世纪的译学研究》，第15页。
② 张今：《文学翻译原理》，开封：河南大学出版社，1987年，第11页。

言文字表达出来的过程，它主要是一门技术，同时也具有许多艺术的特征，如它的创造性特征，但决不是科学……然而，把翻译当作研究对象的那门学问则应视为科学，因为它是由各种理论构成的"知识体系"，其任务是"揭示"翻译过程的"客观规律"，"探求"关于翻译问题的"客观真理"，给实际翻译工作提供行动"指南"。这就是翻译学。①

这种通过区分"翻译"与"翻译学"两种不同的概念来调和翻译属性论争的做法，又引发了不同的看法。因为本来人们争论的是"翻译"是"科学"还是"艺术"，而不是"翻译研究"或"翻译学"是科学还是艺术。对此，郭建中指出：认为翻译不是科学，翻译学才是科学，"这就改变了辩论的命题。辩论的命题是'翻译是科学还是艺术'，即'Is translation (or translating) a science or an art?'也就是说，翻译这一行为是否有规律可寻？因为更换了辩论的命题，就更难为对方所接受。"②黄振定也指出：谭载喜"以此解决'科学'与'艺术'之争是错误的：作为解释客观规律的'知识体系'的'科学'，与作为实践的技术性艺术活动的彼此不同，绝不是历来的'科学'论与'艺术'论的区分"。③

---

① 谭载喜：《翻译学》，武汉：湖北教育出版社，2005年，第7页。
② 郭建中：《回顾与展望：中国翻译界十年大辩论》，载张柏然、许钧主编《面向21世纪的译学研究》，北京：商务印书馆，2002年，第136页。
③ 黄振定：《翻译是一门人文科学》，原载《外语与外语教学》1999年第2期。

金隄认为，谭载喜对"翻译"和"翻译学"的概念的区分，有利于澄清概念，"但是，同样显而易见的是，问题的关键并不在这里。它（指'艺术与科学之争'——引者注）的焦点是一个实质性的问题。翻译这一活动究竟是否受客观规律的支配？如果受客观规律的支配，那么即使我们现在还没有完全认识这些规律，我们也必须用科学的方法去加以研究。而如果这一活动主要靠独创，谈不上什么规律，我们只能把它当作一门艺术"。金隄提出应在"科学"派和"艺术"派两派之外，建立"第三个学派"。他指出：

> 我认为可以考虑建立第三个学派，采取兼容并包的方针，把文艺观点和科学观点结合在一起研究翻译理论。从中国翻译界的情况看，一是中国有举世无双的文学传统，因而许多从事翻译实践和理论研究的人拥有相当高的文学鉴赏力，这是外国的一般语言科学工作者所不及的。二是中国翻译理论方兴未艾，两派分头的趋势虽已出现，尚未形成对垒，许多人乐于接受不同的观点。这两方面的结合，形成了非常有利于建立一个兼容并包的新体系的主观条件。[①]

虽然不同意谭载喜"更换命题"，但重新回到"翻译到底

---

① 金隄：《等效翻译探索》，北京：中国对外翻译出版公司，1998 年，第 5 页。

是科学还是艺术"这一论题上来的时候，金隄还是倾向于超越"科学"与"艺术"论，认为文学翻译的原则是"信息原则"和"美学原则"并重，因此，文学翻译是艺术与科学的有机统一的行为。持这种看法的代表人物还有郭建中、范守义、杨自俭、黄振定等。

郭建中指出，翻译的语言学派和文艺学派从不同角度揭示了翻译的本质和规律，说翻译是科学而不是艺术，或说翻译是艺术而不是科学，这都不是科学的态度，两派应兼容共存。① 范守义通过考察"技艺""艺术"和"科学"这三个词的词源及语义流变，指出，它们在意义上是相通的，三者是同一事物的不同方面。因此翻译是一门综合学问。他认为：

> 翻译作为技艺、艺术和科学不应看成是相互排斥的矛盾体，而应看作是三位一体的结构，是技能意识、审美意识和真值意识的和谐的统一。因此翻译是一门综合性学问。技艺存在于翻译过程之中，是翻译的"技术"部分，其表现是语言符号的"机械"的转换，因此是技能活动。艺术亦存在于翻译过程之中，是翻译的"生命"部分，其表现是风格标记的"创造性的转换"，因此是审美活动。科学亦存在于翻译过程之中，是翻译的"理性"部分，其表现是

---

① 郭建中：《回顾与展望：中国翻译界 10 年大辩论（1987—1997）》，载张柏然、许钧主编《面向 21 世纪的译学研究》，北京：商务印书馆，2002 年。

在翻译的各层次上寻求真值的理智活动。仅凭技能意
识只能产生一般的、形似的译作；而凭借审美意识可
以产生富有艺术魅力的、神似的译作；但是凭借真值
意识同技能意识、审美意识的结合，我们则可以得到
经得住推敲的全方位对等的译作。因此上乘的译作应
该是技艺、艺术与科学的产品。①

黄振定在他的论文《简论现代西方译论的艺术观与科学
观》②、《翻译学是一门人文科学》③《"艺术"和"科学"的
辨义与辩证》④及其专著《翻译学——艺术论与科学论的统
一》⑤中，强调翻译是科学与艺术的对立统一。他通过对中外
翻译家及翻译理论家有关论述的分析，得出结论认为："中外
译论家对于'艺术'和'科学'的概念的使用，表明前者涵
盖的是语言和翻译的主观艺术创造、其活动与结果及条件和规
律，后者涵盖的是语言和翻译的客观科学规律、其表现特征及
强制性和灵活性，而且两方面都既涉及翻译活动的'艺术性'

① 范守义：《走向科学：回顾与展望——中国的翻译研究（1950—1992）》，
  原载《外语研究》1992 年第 2 期。
② 黄振定：《简论现代西方译论的艺术观与科学观》，原载《外国语》（上海
  外国语大学学报）1998 年第 5 期。
③ 黄振定：《翻译学是一门人文科学》，原载《外语与外语教学》1999 年第
  2 期。
④ 黄振定：《"艺术"和"科学"的辨义与辩证》，原载《中国翻译》1999
  年第 4 期。
⑤ 黄振定：《翻译学——艺术论与科学论的统一》，长沙：湖南教育出版社，
  1998 年。

和'科学性'，又涉及翻译理论的'艺术论'或'艺术观'和'科学论'或'科学观'。因此，双方的对立统一是不言而喻的。在明确这样的认识的基础上，应该不难开展和深化我们对于翻译实践和理论的一系列问题的辩证探讨。"①

另有一些论者则反对科学与艺术二元统一论，而坚持艺术的一元论。如劳陇（许景渊）就反对黄振定提出的"翻译是艺术与科学的统一"② 论，他认为，根据辩证法的原理，矛盾的双方既有统一性又有斗争性，矛盾的主要方面决定事物的性质。因此，在现阶段，翻译实践是艺术，不是科学，也不是艺术与科学的统一；翻译学是艺术论，不是科学论，也不是艺术论与科学论的统一。他指出："在现阶段的翻译实践中，显然，主观创造性（艺术性）是矛盾的主要方面，起决定性的作用。因为实践证明，任何翻译活动都必须经过（1）理解和（2）表达的程序。在这个程序中，主观创造性思维起决定的作用，而不受客观规律的约束。因为主观创造性（艺术性）是矛盾的主要方面，起决定性的作用，所以它决定翻译的性质是艺术，而不是科学。"③

---

① 黄振定：《"艺术"和"科学"的辨义与辩证》，原载《中国翻译》1999年第4期。
② 见黄振定的论文《简论现代西方译论的艺术观与科学观》（载《外国语》1998年第5期）、《"艺术"和"科学"的辨义与辩证》（载《中国翻译》1999年第4期）及其专著《翻译学——艺术论与科学论的统一》（长沙：湖南教育出版社，1998年）。
③ 劳陇：《"翻译活动是艺术还是科学？"——对〈翻译学：艺术论与科学论的统一〉的一点意见》，原载《中国翻译》2000年第4期。

张经浩在他的《翻译不是科学》① 一文和《译论》一书中，旗帜鲜明地否定翻译是科学，坚持认为翻译是技艺或艺术，对"二元统一论"提出了异议。他在《译论》一书中指出："翻译是不能包括翻译学的，正如语言不能包括语言学，物理现象不能包括物理学，化学现象不能包括化学一样。这一来，不但翻译是科学的说法不能成立，而且翻译既是一门技术或艺术又是一门科学的说法也不能成立。其实，世界上根本就不存在既是技术或艺术又是科学的混合体。"对于有人提出的"翻译有一定的规律可循，所以翻译是科学"的说法，张经浩指出："这种理由同样是缺乏说服力的。对客观规律的尊重与遵循完全有别于翻译客观规律的知识体系。前者是科学性，后者是科学。人们的活动要讲究科学性，连吃饭都有讲究科学性，但吃饭绝不是科学。译者在翻译时自觉或不自觉地接受某种理论的指导，遵循一定的规律，并非人类活动要讲究科学性的例外的情况，不能视为科学。"他力倡"翻译不可能是科学，而只可能是技术或艺术。又由于翻译与翻译学是两回事，前者不能包括后者，翻译既是技术或艺术又是科学的观点也就完全不足取了。"②

否定"科学与艺术"的统一论，目的是为了阐发"翻译是艺术"的一元论。方克平在《论翻译中的矛盾：忠实、科学与艺术》一文中，指出了翻译活动中"艺术"对"科学"

---

① 张经浩：《翻译不是科学》，原载《中国翻译》1993 年第 3 期。
② 张经浩：《译论》，长沙：湖南教育出版社，1996 年，第 9—11 页。

的牵制作用，分析了"科学论"主张的内在矛盾。他指出，科学化是翻译为了实现其忠实于原文的目标而提出的必然要求，然而语言的本质却使得科学无法将整个翻译过程纳入它的系统范围内。而艺术似乎能够帮助科学完成它的任务，"艺术"的手段是引进差异、叛逆，而这恰恰是科学精神所不能容忍的。他形象地写道：

> 科学志在高远。可是由于语言的阻抗它无法使翻译高飞；艺术这对飞翔的翅膀又被科学限制了振动范围，翻译便显得像是在这两难处境中讨生活。科学当然希望通过不断的自我完善有朝一日能够独立完成它的使命，可是它注定永远摆脱不了艺术这个不总是受欢迎的朋友。艺术的天性是振翅高飞，可是这里它却不得不时时忍受限制的痛苦，翻译的特殊的痛苦。①

鉴于翻译中科学与艺术之间的矛盾，方克平不同意"科学与艺术统一论"，他指出："这种做法（指二元统一论——引者）貌似深刻，却很容易流于浅薄皮相……把翻译中科学与艺术的矛盾本质掩盖起来。"他提出的解决方案是："不妨这样说，翻译中存在着两种科学，翻译的科学和一种类似于创作中的科学。前者可以包容后者，但却不像后者服务于艺术从

---

① 方克平：《论翻译中的矛盾：忠实、科学与艺术》，原载《中国翻译》1999年第6期。

而与之处于一种'辩证统一关系'之中。它以忠实为其最高目标并因此更多地外在于艺术。正因为如此，翻译理论'割裂性'地沿着语言学派和文艺学派不同方向发展才能取得目前已有的成就。"①

综上所述，关于"翻译是科学还是艺术"这一问题的争论，在我国有三派、三种不同的回答。一种倾向是"科学论"派，持这一主张的人不多，有些论者虽有明显的科学论倾向，但在理论主张上并非像艺术论派那样斩钉截铁。杨自俭说"现在看来，科学派（或称语言学派）至今尚未形成，至少是没公开打出旗帜"，是符合实际情况的。我国不存在国外那样的纯粹的"科学"论派。第二是"艺术论"派，这在我国势力最大。"艺术论"派大张旗鼓地宣扬自己的主张，并有着相当的影响。金隄先生认为，罗新璋在 1984 年的《我国自成体系的翻译理论》一文中所提出的以"案本——求信——神似——化境"四个概念为骨干来建立我国翻译理论体系的主张，"可以看作是文艺学派的一个宣言"。②在我国现代翻译文学史上，翻译主张和译论具有鲜明"艺术"倾向的占多数，其中有傅雷、朱生豪、郭沫若、王以铸、方平、许渊冲、谢天振、张经浩等，大部分是文学翻译家及翻译文学研究者。第三，是"科学与艺术统一论"派，按说这是调和的主张，甚

① 方克平：《论翻译中的矛盾：忠实、科学与艺术》，原载《中国翻译》1999 年第 6 期。

② 金隄：《等效翻译探索》，北京：中国对外翻译出版公司，1998 年，第 5 页。

至符合"辩证统一"的哲学原则，应该获得前两派的支持，但也受到了艺术论派的有力批评和否定。虽然三派的论争迄今为止实际上没有达成一致的迹象，但可以看出，大家普遍承认的是，"艺术"属性是翻译的最基本的属性，"科学"属性也或多或少地存在于各种不同的翻译活动中。而单就"文学翻译"而言，完全可以说"文学翻译"是一种"艺术"活动。在这一点上基本不存在争议。争议的问题是翻译（包括一切的翻译活动）是"科学"还是"艺术"。看来，争论时就把争论的对象范围界定得十分笼统——涉及所有的翻译，而给出的答案又十分具体：不是"艺术"，就是"科学"。而实际上，回答这个问题，显然不能采用非此即彼的、二者必居其一的答案。所以，从这个角度看，还是有论者对"统一论"抱有一定的信心。如方梦之认为翻译中的科学与艺术之争没有意义，他说："21 世纪必将是自然科学和人文学科进一步融合的世纪。由此看来，翻译学科中的科学与艺术之争将会越来越失去现实意义和时代意义。"①方梦之看到了不同文体间高度融合的特点和趋势，从修辞和语用的角度，论述了科技术语运用在文学作品中的不凡效果；同时也看到了，明喻、暗喻、拟人、排比、押韵、借代、反复、对照、省略等文学上的手法在科技文章中的使用，增强了文章的感染力。这样，文学翻译和自然科学翻译所使用的手法应该相辅相成，互有联系。杨自俭认为，

---

① 方梦之：《科技翻译：科学与艺术同存》，原载《上海科技翻译》1999 年第 4 期。

在论争中，金隄所称的第三个学派还是占大多数，对此他的看法是："这也是译学发展的一个重要标志，学科的性质逐步有了统一的认识。从目前的研究来看，科学与艺术……似乎不应费时争高低了。"①

二、"美化之艺术"论、"优势竞赛"论及其引发的论争

在"艺术论"派内部，人们对文学翻译的艺术特征的认识和阐述，也存在相当的分歧，就某些问题还进行了相当热烈的论争。其中，围绕许渊冲先生提出的"美化之艺术"论和"优势竞赛"论，争论最为热烈。

在当代资深翻译家中，许渊冲是一个坚定的艺术派。他反对用科学派、语言学派的翻译理论，认为"语言学派的译论是为评论家用的，文艺学派的译论是为文学翻译家用的"；他说："朱光潜先生说过：'从心所欲，不逾矩'是一切艺术的成熟境界，我认为，这也是文学翻译的成熟境界。'不逾矩'就是严复的'信'，就是'不倍本文'。而语言学派译论只谈'不逾矩'，却不谈'从心所欲'，这就抹杀了文学翻译的创造性。"基于这样的认识，许渊冲早在 1980 年代初就响亮地提出"文学翻译等于创作"，认为文学翻译家努力的目标，就是

---

① 杨自俭：《论我国近期的翻译理论研究》，载杨自俭等编《翻译新论》，武汉：湖北教育出版社，1994 年，第 7—8 页。

"再创作"出"胜过原作的译文",翻译家在翻译时要在重视原文的基础上,"从心所欲,不逾矩"。[①]他在《译文能否胜过原文》《译学要敢为天下先》等文章中,试图以大量的译例证明译文可以胜过原文,并提出了"翻译是两种语言、两种文化的竞赛"的论断,强调中国文学翻译家要"充分发挥汉语的优势",提倡"扬长避短,发挥译文的优势",以译本与原作进行"竞赛",以自己的译本与其他的译本进行竞赛,并且要"在竞赛中,要争取'青出于蓝而胜于蓝'"。他进一步把自己的翻译主张总结为"美化之艺术":

> 总而言之,我认为文学翻译是艺术,是两种语言文化之间的竞争,这是我对文学翻译的认识论。在竞争中要发挥优势,改变劣势,争取均势;发挥优势可以用"深化法",改变劣势可以用"浅化法",争取均势可以用"等化法"。这"三化"是我再创作的"方法论"。"浅化"的目的是使人"知之","等化"的目的是使人"好之","深化"的目的是使人"乐之",这"三之"是我翻译哲学中的"目的论"。一言以蔽之,我提出的翻译哲学就是"化之艺术"四个字。如果译诗,还要加上意美、音美、形美中的"美"字,所以我的翻译哲学是"美化之艺术"。[②]

---

① 许渊冲:《翻译的艺术》,北京:中国对外翻译出版公司,1984年,第223页。

② 许渊冲:《译者前言》,《红与黑》,长沙:湖南文艺出版社,1993年。

后来，许渊冲又在一系列文章中，一再强调并补充发挥他的观点。在《美化之艺术》一文中，又对他的上述主张做了进一步解释。他说：

> 总而言之，我提出的"三美论"（意美、形美、音美）是诗词翻译的本体论。而文学翻译的本体论，则是把原语的美转化为译语的美，换句话说，文学翻译就是再创造美，这是我的"三美补论"，也可以说是新本体论。"三似新论"（形似、意似、神似）是我对于文学翻译的认识论；"直译、意译新论"则是我的"三似补论"，也可以说是"新认识论"；"文化优势竞赛论"或"文化竞赛论"是我的"三势补论"。"三化论"（等化、浅化、深化）是文学翻译的方法论。发挥优势，以创补失则是我的方法补论。"三之论"（知之、好之、乐之）是我的文学翻译的目的论；总的说来，文学翻译应该提高到和文学创作同等的地位，以便建立新世纪的世界文学，这是目的新论。以上是我的文学翻译十论。①

许渊冲的"美化之艺术"及"文学翻译十论"，以简练和

---

① 许渊冲：《美化之艺术》，载《翻译思考录》，武汉：湖北教育出版社，1998 年，第 409—410 页。

对称的语言，总结了自己的翻译经验与体会，点出了文学翻译的某些规律的东西，十分富有理论个性。平心而论，"优势论""竞赛论"在表述上有一些偏颇之处，这是由于这些主张基本止于经验层面，在理论上缺乏严密的逻辑论证，在学理上有懈可击之处较多。有批评者认为，假如翻译"锦上添花"，比原作还好，那就说明译文是欠忠实的，因而不能算是好的翻译；也有人认为，各国语言都在称职地为操这种语言的人群服务，何来优劣？如何竞赛？加上在有些场合许渊冲声称他翻译的《红与黑》不是一般的翻译，而是要"通过翻译创造 21 世纪的文学"，说自己的翻译主张是"新世纪的新译论"，说自己打算翻译的《约翰·克里斯朵夫》能够超过傅雷的译本，等等，这引起了历来习惯做谦虚状的翻译界同行的不满，使得他的理论没有被更多的人所认同。但许渊冲的本意，是强调中国翻译家必须凸现、放大"创作家"的身份，强化翻译家的主体意识，突显译作的独立的艺术品格和独立价值，并非主张翻译家可以随便对原作加以修饰、美化，而是强调译本不能是原作的简单的替代品，而应是与原作并驾齐驱，甚至超过原作的艺术品，强调译文必须是美文。这对于引起人们重视翻译文学的独立的艺术品质，提高翻译家的地位，是有益无害的。在文学翻译中，只要把握好一个"度"，在理论上是可贵的，在实践上也是可以尝试的。

反对者之一的罗国林在 1996 年的一篇文章中指出，目前译界存在着一股"美文风"与许渊冲的主张有关系。"有不少译者，不问原著风格如何，一味地追求译文的华丽典雅，以为文字越华美典雅，译文就越上乘"；"这种美文风自有种种的理论根据，其一就是'优势论'，就是'发挥汉语的优势'……其二是'竞赛论'，就是主张译文语言与原文语言竞赛。原文语言不漂亮，译文语言一定要漂亮；原文语言漂亮，译文语言一定要更漂亮"。①他对这种情况表示忧虑。

方平说："以我为主，让原文跟我走，发挥汉语优势，似乎名正言顺。但前贤曾留下这样一段告诫：'虽得大意，殊隔文体，有似嚼饭哺人，非徒失味……'（鸠摩罗什）。这'失味'一语很值得玩味，似乎和现代人所说的'失真'有一脉相承之处呢。至于我，谈到翻译艺术，经典文学想得多些，跟着原文走想得多些，追求'原汁原味'的'真'的痴心重了些，不敢那么乐观地轻言'发挥汉语优势'，更不敢立下青出于蓝，译文胜于原文的雄心壮志；面对原著，想到的往往是投入一场胜败未卜的激烈的语言的搏斗，因此我宁可这样提出：原著的艺术性越高，越要尽可能地尊重它的艺术形式，越是要努力提高自己的语言修养，使汉语在自己的笔下呈现更灵活的适应性，更生动、更丰富的表现力。"②

郭宏安认为，译者面对原作，有三种不同的心态，即高于原作的心态、与原作平等的心态、低于原作的心态。他认为，"美化之艺术"的主张源于"高于原作"的心态。他说："'美化之艺术'往往片面地理解文学语言的美，以为其美尽

---

① 罗国林：《风格与译风》，原载《中国翻译》1996 年第 2 期。
② 方平：《水无定性，随物赋形——谈翻译家的语言观》，原载《中国比较文学》1996 年第 6 期。

在词汇和语句，所以堆砌辞藻成为追求美、追求精彩的主要手段。文章于是变得词语华美典雅，音调和畅悦耳、充满四六句的骈俪之文，若是原文的风格是古直、瘦硬或是通俗的呢，那就对不起了，因为译文原本是要美化的呀。所以，在这种心态的指导下，所提供的译文是一种所谓归化的译文，我不取这种姿态。"①

另一方面，对许渊冲的文学翻译的理论与实践，赞成者也有不少。如胡德清认为许译《毛泽东诗词》发挥英语译语的优势与原作竞赛，造句工整，选词精当，达到了"三美"的效果。②中山大学编写的《实用翻译教程》一书认为："严复以来，如果说傅雷的'重神似不重形似'是我国翻译理论研究的第一次飞跃的话，许渊冲的扬长避短，发挥译文语言优势的理论便是第二次飞跃。"郑海凌在《文学翻译学》一书中，对"优势竞赛论"推崇备至，并做了进一步的阐释和发挥，他写道：

> "优势竞赛论"的贡献在于它突破了翻译'以信为本'的传统观念，标举译者的创新意识，这是我国翻译理论的一大飞跃。同时，"优势竞赛论"也揭示了文学翻译的客观规律。一方面，译者在翻译过程

---

① 郭宏安：《略说译者的心态》，载《雪泥鸿爪》，武汉：湖北教育出版社，2002 年，第 156 页。
② 胡德清：《细刻精雕，丝缕并现——评许渊冲教授新译〈毛泽东诗词选〉的修辞美》，原载《中国翻译》1999 年第 6 期。

中"美化"原文是不可避免的，即使不承认"优势竞赛论"的译者，在翻译中也会不自觉地发挥汉语的优势；另一方面，与西方语言相比，汉语文学语言的确有优势，它可以美化和弥补原作的不足。有的外国文学作品语言并不精彩，但译成汉语却很感人，这显然是汉语弥补了它的不足。相反，中国文学作品译成西文往往苍白无力，所以需要翻译者发挥创造力，妙笔生花。从发展的眼光来看，未来的文学翻译应该富有更多的创造性和艺术性，而创造性和艺术性是以"美化"为标志的。所以，"求真""求信"是有局限性的，"神似""化境"的局限也正在于此。因而我们可以说，"优势竞赛论"是二十世纪中国翻译理论研究的重大突破，对文学翻译的发展有导向意义。①

周仪、罗平在《翻译与批评》一书中，还替许渊冲的主张做了有力的逻辑论证，他们认为：一部作品译为另一种语言，必然存在下列三种情况：劣于原著，等值翻译，优于原著。绝对的等值翻译是很少的。剩下的可能性是：要么劣于原著，要么优于原著，二者必居其一。那么，是"劣于原著"好呢还是"优于原著"好？我们想，没有一个人会回答"劣于原著好"，多数译者脑子里的答案是：如果等值翻译争取不

---

① 郑海凌：《文学翻译学》，郑州：文心出版社，2000年，第112页。

到，那么就"优于原著"吧！这样，"译文可以胜过原文"的论点就成立了。①

　　围绕"美化论"及"优势论""竞赛论"的争论尚未停息，2000年，许渊冲又在《中国翻译》杂志上发表了题为《新世纪的新译论》②的文章。这篇文章没有提出新的观点，只是对原有观点的进一步强调，但却引发了又一轮新的论争。宋学智在《忠实是译者的天职——兼评"新世纪的新译论"》③一文中，系统地批驳了许渊冲的观点。关于"竞赛论"，宋学智指出，把两种规律不同的语言放在一起搞竞赛，缺乏科学性和合理性。只有落后的文化，没有落后的语言，这是语言学家的共识。不同的语言各有其特色，而特色只能比较，不能竞赛。即便两种语言之间竞赛可行，用一种语言的长处来证明它比另一种语言文字能"更好地表达原作的内容"，从而在竞赛中取胜，这种做法只是孤立地抽出两种语言各自的某个局部结构来搞竞赛，因而结论自然失之片面。从翻译的实践看，对于同一原作，十个译者就会有十种不同的译文，这种现象本身对"竞赛论"就是一个否定。他认为，"竞赛论""优势论"变"译意"为"创译"，变"桥梁"为"跳板"，与翻译活动的本质不相符，与文化交流的宗旨相抵触。"如果我们人人都以'竞赛论'为原则来指导翻译实践，势必造成

---

①　周仪、罗平：《翻译与批评》，武汉：湖北教育出版社，1999年，第77页。
②　许渊冲：《新世纪的新译论》，原载《中国翻译》2000年第3期。
③　宋学智：《忠实是译者的天职——兼评"新世纪的新译论"》，原载《中国翻译》2000年第6期。

重译或复译的作品之间从内容到形式相去甚远，千差万别，最终弄得读者也无法辨清究竟谁是作者的代言人。鉴于此，每一位译者都应以'信'为本，以'不悖原文'为原则，力求以原作为中心，因为原作只有一种表达方式。"他的结论是："忠实是译者的天职"。

该文发表后，许渊冲又发表《再谈"竞赛论"和"优势论"》，① 对宋学智的文章做了反批评，强调"'新译论'和'忠实'并不矛盾，因为'新译论'明白无误地提出要'使读者知之'，而能使读者知之的译文应该是忠实的。'竞赛论'明白无误地提出要'表达原作的内容'，表达原作的内容怎么会是不忠实的呢？"他强调："忠实并不等于保留原语表现形式。文学翻译更要保存原作艺术魅力。译者要尽可能利用最好的译语表达方式，以便更好地传达原作内容。这就是我的竞赛论和优势论。"

丁棣也在《译者的天职仅仅是忠实？——再论"发挥译语优势"》②中对宋学智的文章提出反驳。认为宋的《忠实是译者的天职》一文"对'忠实'的认识是片面的，对'发挥译语的优势'的理解是歪曲的，其中某些观点是牵强附会的，而实践证明'发挥译语优势'是行之有效的"。他认为，忠实是翻译的标准之一，但不能从翻译标准的整体中剥离出来，并

---

① 许渊冲：《再谈"竞赛论"和"优势论"》，原载《中国翻译》2001年第1期。
② 丁棣：《译者的天职仅仅是忠实？——再论"发挥译语优势"》，原载《中国翻译》2001年第3期。

凌驾其上，进而排斥"发挥译语优势"。所谓忠实，首先是对原文信息的忠实，形式是其次的，为保存信息内容，形式必须改变。而且译者对作者的忠实与对读者的忠实应该是一致的。语言晦涩、佶屈聱牙的译文无忠实可言。可读性是检验翻译质量和翻译价值的首要原则，发挥译语优势正是使译文具备可读性的必要手段。

诗歌翻译家江枫在《"新世纪的新译论"点评》①一文中认为，许渊冲的"新世纪的新译论"认为文学翻译是"两种语言，甚至是两种文化之间的竞赛"，主张文学翻译"但求意（神）似，不求形似""为了求美，不妨失真"，既与一般翻译工作的本质属性不符，更和文学作为语言艺术的规律性特点相抵触，因而在理论上难以自圆其说，在实践上导致有害的结果。认为许渊冲全部主张的核心是"但求神似，不求形似"，而反对"译诗，必须力求形神皆似"。江枫自己则坚持译诗"形似而后神似"。

上述围绕许渊冲的"美化论""优势论""竞赛论"所进行的学术争鸣，不是"科学派"和"艺术派"的分歧，而是"艺术派"内部，在文学翻译应该是一种什么样的艺术这一问题上所产生的截然不同的认识，集中地反映了两种不同的文学翻译理念之间的交锋，也反映了文学翻译作为一种艺术活动所具有的内在矛盾性。许渊冲的理论强调的是译者作为创造者的主观能动性，强调的是译文本身作为艺术作品的相对独立性，

---

① 江枫：《"新世纪的新译论"点评》，原载《中国翻译》2001年第3期。

强调的是译文读者的阅读美感的重要性；而反对者则强调，文学翻译作为一种不同于一般创作的特殊艺术活动的本质特征，是其忠于原作的从属性，是"形"与"神"的统一性和不可分割性。早在1930—1950年代，文学翻译界就已经提出了这些问题，并有过讨论。直到1980年代后，许渊冲从自己的诗歌翻译经验出发，以较为激进的语言表达方式，鲜明地提出了"美化之艺术论""优势竞赛论"，才将文学翻译实践中潜在的一种倾向，以理论主张的方式呈现出来，并引起了争论和争鸣。争论双方最终没有妥协。这表明，文学翻译在理论和实践中有两种不同的倾向并存是现实的，也是正常的和合理的。可以想象，今后两派会继续在理论争鸣中互相借鉴吸收，在翻译实践上互相展开"竞赛"，各自发挥自己的"优势"，奉献出不同面貌的译品，满足不同读者的需要。这必将有利于我国文学翻译事业的进一步繁荣和发展。

翻译文学的国别归属之争①

　　在 20 世纪 80—90 年代中国翻译文学的学术争鸣和理论构建中，关于翻译文学的国别归属问题的论争是学界争论的一个焦点，特别引人注目。由于"翻译文学"特有的跨文化性质，人们对什么是"翻译文学"，它的内在属性是什么，翻译文学应该如何定性和定位，翻译文学是否等于"外国文学"，是否是一个独立的文学形态，中国的翻译文学是否属于中国文学的一个组成部分，等等，都有着不同的认识，并展开了热烈的讨论。通过论争，"中国翻译文学属于中国文学的特殊的组成部分"的论断，为翻译界、文学界和理论界的大多数人所赞同，从而一定程度地扭转了长期以来翻译文学被忽略的、被无视的不正常局面。近年来，对于翻译文学的基本理论、对于翻译文学史的研究已呈方兴未艾之势，这在很大程度上得益于翻译文学归属问题的明朗化。

---

① 本文原为《中国文学翻译九大论争》（收入《王向远著作集》第八卷，宁夏人民出版社，2007 年）第八章。

一、"翻译文学是中国文学的一个组成部分"的提出

"翻译文学"与"文学翻译"是两个不同的概念。"文学翻译"是一种行为过程,"翻译文学"是"文学翻译"的结果或最终形态。从跨文化的角度,可以把一个国家和民族的文学划分为"本土文学""翻译文学""外国文学"三种类型。"翻译文学"既不是本土文学,也不是外国文学。但长期以来,人们不把"翻译文学"看成是独立的文学类型,而习惯于把它等同于外国文学。这种观念,到了 1990 年代受到了质疑。学界围绕着翻译文学的国别属性问题展开了论争。

论争的一方认为"翻译文学"是中国文学的重要组成部分。这派以贾植芳、谢天振等为代表,他们认为"翻译文学"是中国文学的一个重要组成部分,应该把翻译文学纳入中国文学研究的整体格局中来。

"翻译文学"与"本土文学"是什么关系?或者就中国翻译文学而言,它属于中国文学吗?这个问题在 1990 年代以前没有人提出过,也没有人追问过。这大概是因为那时人们普遍认为这本来就不成为一个问题——"翻译文学"当然不是中国文学。但是,1920—1930 年代在胡适的《白话文学史》(1928 年)、陈子展的《中国近代文学之变迁》(1929 年)、王哲甫的《中国新文学运动史》(1933 年)等几种有关中国文学史的著作中,都设有佛经翻译文学或近代翻译文学的专章,这表明,那时胡适、陈子展、王哲甫等虽然并没有提出翻译文

学属于中国文学这样的论断，但至少他们承认中国文学史上的
"翻译活动"是中国文学史内容之一。可是到了1940年代以
后，由于种种原因，中国文学史著作中就不再有翻译文学内容
了，而且讲到作家兼翻译家时，也只讲他们的创作而不讲他们
的翻译。到了1990年代，有学者意识到了这种状况的不合理，
上海书店出版社1990年出版的《中国近代文学大系》中有施
蛰存主编的三卷《翻译文学集》。在《〈翻译文学集〉导言》
的"附记"中，施蛰存写道：

> 　　《中国近代文学大系》收入《翻译文学集》三
> 卷。这一设计，为以前所出《新文学大系》二编所
> 未有。最初有人怀疑：翻译作品也是中国近代文学
> 吗？当然不是。但我们考虑的是：外国文学的输入与
> 我国近代文学的发展有密切的关系。保存一点外国文
> 学如何输入的记录，也许更容易透视近代文学发展的
> 轨迹。这是《中国近代文学大系》独有的需要。①

　　看来，当时就有人对"翻译文学"的归属问题持有异议。
施蛰存先生不认为"翻译文学"就等于中国近代文学，但他
同时也强调，"翻译文学"与中国近代文学的发展进程密切关
联。反过来似乎可以说，在施蛰存看来，将"翻译文学"排

---

① 施蛰存：《〈中国近代文学大系·翻译文学集〉导言》，施蛰存主编《翻译
文学集》，上海：上海书店出版社，1991年。

除在中国近代文学之外，则不能显示中国近代文学的全面完整的发展轨迹。当有人问及："翻译文学也是中国近代文学吗？"施蛰存的回答是"当然不是"。因为"翻译文学"确实不等于中国作家创作的中国文学。但《中国近代文学大系》将"翻译文学"列入其中，这其中自然就蕴含了这样一种学术理念：虽然"翻译文学"不等于中国文学，但"翻译文学"却是中国近代文学的一个组成部分。由于《中国近代文学大系》将"翻译文学"列入其中，借着这套大系在1980年代末和1990年代初的广泛影响，"翻译文学"这一概念在1930年代基本"消失"后，再次进入文学读者和文学史研究者的视野，其意义是十分重要的。

此后不久，贾植芳在指导编纂《中国现代文学总书目》（福建教育出版社，1993年）时，也把"翻译文学"正式作为中国现代文学整体的一个有机的组成部分进行编目。在"翻译文学"的国别属性问题上，贾植芳明确阐述了自己的观点——"翻译文学是中国现代文学的不可或缺的重要组成部分"。他在《中国现代文学总书目》的序言中写道：

> 我们认为中国现代文学的历史，除理论批评外，就作家作品而言，应由诗歌、散文、小说、戏剧和翻译文学五个单元组成。对于创作，我们采用现代文学通用的"四分法"分类著录，以求纲目清晰，网罗一切，便于读者查阅和探寻各门类作品的来龙去脉。我们还把翻译文学视为中国现代文学不可或缺的重要

部分。在这里，我想着重强调一下翻译文学书目整理的意义。曾有人把中国现代文学的创作和翻译文学比喻为车之两轮，鸟之双翼。外国文学作品是由中国翻译家用汉语译出，以汉文形式存在的，确与创作具有同等重要的意义和价值。在中国现代文学史上，创作与翻译并列并重。这只要翻开当时的文学期刊和报纸副刊，都可以看到这个历史景象。①

在谈到新中国成立后编撰的中国现代文学史为什么会忽略"翻译文学"这一问题时，贾植芳认为，主要是由于"在封闭性的政治环境里，大约是由小农经济所形成的一种偏狭、保守、自私、排外的心理积淀，加上儒家的'非我族类，其心必异'的传统意识的影响，翻译文学也被贬低为次等文学，只作为可有可无的东西，聊备一格。外国文学翻译家在文学出版界只好敬陪末座。这种偏狭的观念，也在中国现代文学史的编写和研究工作中反映了出来。这就好比鸟被折断了一翼，车缺了一个轮子，使中国现代文学的历史形象变得残缺不全"。基于这样的认识，贾植芳在指导编撰《中国现代文学总书目》的时候，决定"把翻译文学正式作为中国现代文学整体的一个有机组成部分进行编目"。②此举和施蛰存主编《中国近代文

① 贾植芳：《〈中国现代文学总书目〉序》，《中国现代文学总书目》，福州：福建教育出版社，1993 年。
② 贾植芳：《〈中国现代文学总书目〉序》，《中国现代文学总书目》，福州：福建教育出版社，1993 年。

学大系·翻译文学集》一样，对现代文学和翻译文学研究界是具有重要启发意义的。

视"翻译文学"为中国文学的一个重要的组成部分，并极力鼓与呼，倾心用力最大的应该说是谢天振。自1990年代以来，他在《中国比较文学》《上海文化》等学术期刊上陆续发表了《翻译文学——争取承认的文学》《为"弃儿"寻找归宿——论翻译在中国现代文学史上的地位》《翻译文学史：挑战与前景》《翻译文学当然是中国文学的组成部分》等系列论文，这些论文略加调整后都收入他的专著《译介学》一书中。谢天振先生以鲜明的观点和精到的分析，论证了翻译文学是中国文学的一个组成部分的核心观点。在《翻译文学——争取承认的文学》一文中，他指出了中华人民共和国成立后翻译文学受到严重忽视，各种现代文学史的著作均没有翻译文学的位置，"究竟有没有一个相对独立的翻译文学的存在？也许，今天是到了对这一问题从学术上做出回答的时候了"。为此，他提出了"文学翻译是文学创作的一种形式""译作是文学作品的一种存在形式""翻译文学不是外国文学""翻译文学是中国文学的一个组成部分"等一系列重要论断。

他认为：翻译文学的存在形式——译作或译本，是文学作品的一种独特存在形式，独立于原作；译作较之于原作，也是一种文学创作的形式，它有着独特的价值。译作的首要价值在于对原作的传播和介绍，而当今在世界范围内更多的文学经典的产生靠的就是译本在不同的语言文化环境中的传播。即使再伟大的巨著，没有译本的存在是很难想象它的影响的。在古今中外的文学史、翻译史上，已经有无数的事例证明了这一点。托马斯·莫尔的《乌托邦》原本是用拉丁文写就，但拉丁语作为一种早已死掉了的语言很难广泛传播，作为一本世界名著，它的影响的扩大靠的就是英语译本。即使在一国之内译本作用也很是突出，诸如日本《源氏物语》在今天广为传播与它的现代日语译本密不可分。谢天振还指出：翻译文学还能够帮助读者认知原作的价值，甚至把语源国的原作的艺术价值放大突出。钱锺书的《围城》早在1940年代已经出版，但在国内并没有引起多大的关注。而1970年代的西方和苏联竟相译介，转而引起了国内学者对这一部作品的重新认识和评价。美国作家福克纳也是因为法译本的巨大成功才引起人们重视的。这样的例子，实在是不胜枚举，都体现出了译本的创造性及独特价值。而且，翻译文学甚至可以改造提升原作的艺术水准和价值。如法国人对波德莱尔翻译的爱伦·坡的作品的评价："坡这个名字下有两位作家，一位是美国人，是相当平庸的作家；一位是天才的法国人，埃德加·坡（即爱伦·坡）因波德莱尔和马拉美的翻译而获得新生。"①可见法国人认识到了翻译家的再创造的不可取代的价值，认为译作优于原作，充分肯定了译本的独立存在价值。

对于翻译文学到底是属于本国文学还是外国文学，谢天振的观点是：翻译文学不等同于外国文学。他还进一步深入地讨

---

① 〔法〕布吕奈尔等：《什么是比较文学》，北京：北京大学出版社，1988年，第58页。

论了判断文学作品国别归属的标准问题，指出："其实，判断翻译文学的国别归属，即判断翻译文学究竟是属于本国文学还是外国文学，其关键在于：首先，要明确翻译文学的性质，而为了要明确翻译文学的性质，还要明确文学翻译的性质；其次，要找出判别文学作品国别的依据；最后，要分析翻译文学与外国文学究竟是不是一回事，或者说，翻译文学是不是等同于外国文学。"①他认为，其中的关键是判断文学作品的创作者或再创造者（译者）的国别归属问题，这是判断翻译文学是否属于国别文学的核心依据所在。在 20 世纪中国现代文学发展中，外国文学译本是以汉语形式存在的，翻译家是中国人，翻译文学作品归为中国文学的一个组成部分也就成立了。谢天振进一步指出："既然翻译文学是文学作品的一种独立存在形式，既然它不是外国文学，那么它就应该是民族文学或国别文学的一部分，对我们来说，翻译文学就是中国文学的一个组成部分，这完全是顺理成章的事。"②同时，他也看到了翻译文学与民族文学或国别文学的差异：其一，在反映的思想、观点方面，民族文学或国别文学作品表达的是民族文学或国别文学作家本人的思想和观点。其二，在作品的内容方面，民族文学或国别文学的作品反映的是本族或本国人民的生活，而翻译文学反映的是异族或异国人民的生活。其三，民族文学或国别文学是作家以生活为基础直接进行创作的，翻译文学是译者以外国

---

① 谢天振：《译介学》，上海：上海外语教育出版社，1999 年，第 224 页。
② 谢天振：《为"弃儿"寻找归宿——论翻译在中国现代文学史上的地位》，原载《上海文论》1989 年第 6 期。

文学的原作为基础进行创作的。

此外，刘献彪也持有相类似的观点。他认为："对中国文学界而言，如果研究中国翻译文学，那很清楚它是中国文学的一个组成部分。但是，在实践上，中国文学研究者一直没有重视翻译文学研究，以现代文学为例，这方面就很薄弱。……中国翻译文学属于中国文学，外国翻译文学则属于外国文学。翻译外国文学作品不等于是外国文学，这是三种不同的概念。"①

二、围绕翻译文学国别属性问题的争论

贾植芳、谢天振先生等人的这些观点和论断在翻译界、比较文学界都引起了较大的反响。有人表示赞同，也有人表示反对，遂引起了翻译文学国别属性问题的争论。论争中反方不同意将翻译文学视为中国文学的组成部分。1995 年，王树荣在《书城》上发表的《汉译外国作品是"中国文学"吗?》② 一文中，反对把翻译文学看作中国文学的一个组成部分，认为外国文学作品即使被翻译成了汉语也依然是"外国文学"，而不可能因此就摇身一变成了中国文学。王树荣质问道："翻译文学怎么也是中国文学的'作家作品'呢? 难道英国的戏剧、法国的小说、希腊的拟曲、日本的俳句，一经中国人（或外

---

① 刘献彪：《对翻译文学和翻译文学史的几点看法》，原载《中国比较文学》1998 年第 4 期。

② 王树荣：《汉译外国作品是"中国文学"吗?》，原载《书城》1995 年第 2 期。

国人）之手译成汉文，就加入了中国籍，成了'中国文学'？"又说："的确，外国文学对中国现代文学有过很大的影响。但影响不论怎样大，外国文学还是外国文学，怎么可能就成了'中国文学'的组成部分？"他还对贾植芳在《中国现代文学总书目》的序言中所提出的看法进行了一一反驳。同时，针对施蛰存为《中国近代文学大系》主编的三卷本《翻译文学集》，王树荣认为，"施先生硬是把三大册'翻译文学集'编进《中国近代文学大系》，将一百余位外国作家列入了'中国籍'……我们不赞成把汉译外国作品书目编入《中国现代文学总书目》，不赞成把汉译外国作品编入《中国近代文学大系》，是不是就'不重视翻译文学'或'不重视保存研究资料'呢？不是。"着眼于翻译文学对新文学的重要催生作用和研究资料的保存，他建议编写一套规模较大的《中国翻译文学大系》，分为近代卷、现代卷、当代卷，从而为开展翻译史的研究提供资料，对现代文学研究也有参考价值。总起来说，王树荣认为贾植芳、施蛰存两位先生的编排思路导致了学科界限的混乱，翻译文学的内容加在中国文学里显得稀奇唐突而不科学。

对工树荣的观点，施蛰存在《我来"商榷"》①一文中作了辩驳。他说："汉译外国文学作品不是'中国文学'，不错，我也知道。但是，外国文学的汉译本，应当列入中国的文学书目。1920 年代，商务印书馆的《书目》中，'文学奖'就列

---

① 施蛰存：《我来"商榷"》，原载《书城》1995 年第 4 期。

入了林译小说书目。1930年代，生活书店印行的《全国新书目》中，也列入了外国文学译本书目。再从历史上看，从《隋书·经籍志》开始，历代正史中的《经籍志》或《艺文志》中都收了佛经的译本，它们当然已成为中国的文学或哲学书了。"而且，对于把翻译文学作品编入《中国近代文学大系》，施蛰存解释了他的初衷："我为《中国近代文学大系》编了三卷《翻译文学集》，是用以展示这些译文对近代文学的影响。我没有说这些译文是中国近代文学作品……再说，这一部分《翻译文学集》编排在全书最后，仅仅在《史料·索引集》之前，这就表示这三卷的内容，在全书中，仅仅是'附录'的地位，它们不是中国文学作品。"

几乎同时，施志元也在《书城》上发表了《汉译外国作品与中国文学——不敢苟同谢天振先生高见》①的文章，对谢天振文章中所涉及的问题从十个方面分别予以驳难。他认为，文学作品的"翻译"虽有创作的一面，但毕竟不能等同于"创作"；"谢先生把创作说成翻译，又把翻译说成创作……为什么要把创作说成翻译、翻译说成创作呢？历史上乃至当今，确有人重创作、轻翻译的。但这没有必要因此而把翻译和创作说得一样啊！鲁迅当年是反对轻视翻译的，他主张：'翻译和创作，应该一同提倡，决不可压抑了一面。'他还认为：'注意翻译，以作借镜，其实也就是催进和鼓励着创作。'可见，

---

① 施志元：《汉译外国作品与中国文学——不敢苟同谢天振先生高见》，原载《书城》1995年第4期。

创作是创作翻译是翻译，各有自己的位置，都很重要。"同时，施志元也不同意把翻译文学作品看作是中国文学，他说："谢先生举出了不少文学史都有翻译文学的章节。我认为国别文学史中应该有翻译文学的章节，用来说明外国文学对本国文学的影响。但没有一部文学史会把翻译的外国文学作品说成是本国文学作品。"针对谢天振所举的例子——"英国翻译家菲茨杰拉德翻译的波斯诗人的诗集《鲁拜集》也被视作英国文学史上的杰作"，施志元认为："菲茨杰拉德的英译《鲁拜集》实际上是根据波斯原诗诗意的重新创作，这就和一般的翻译大为不同。否则，英国每年都有大量外国文学作品的译本，何以单单把菲氏的《鲁拜集》视为'英国文学'呢？以《鲁拜集》为例，恐怕难以证明英译《红楼梦》是英国文学作品、日译《三国演义》就是日本文学作品吧？"施志元还说："谢先生引施蛰存先生为知己，说施先生'能比其他人更深刻地体会到文学翻译与文学创作的相通之处'。这'相通之处'不知是指什么？如果是指谢先生前面所说的创作仿佛翻译、翻译又是创作，施先生好像未曾说过这样的话。他倒是斩钉截铁地说：'翻译作品也是中国近代文学吗？当然不是。'他之所以把当年的汉译外国作品编入《中国近代文学大系》，'考虑的是：外国文学的输入与我国近代文学的发展有密切的关系。保存一点外国文学如何输入的记录，也许更容易透视近代文学发展的轨迹。'施先生的观点和谢先生的说法，至少到今天为止，是有明显的差别的吧。"

谢天振在《翻译文学当然是中国文学的组成部分——与

王树荣先生商榷》一文中，主要强调了他以前的相关论文的主张，他认为王树荣之所以对翻译文学与中国文学的关系搞不清楚，首先是对"翻译文学"的概念没有弄清。翻译文学与外国文学不同，"看不到翻译文学与外国文学的差别，把翻译文学简单地混同于外国文学，其根本原因就是因为没有看到翻译文学的相对独立的价值，更没有看到文学翻译家的创造性劳动的价值"。① 在《译介学》第五章第二节中，谢天振又针对王树荣、施志元的文章的观点做了进一步反驳。他指出："值得注意的是，这两位作者在提到翻译文学时，还有意不用'翻译文学'这个词，而用了一个含义暧昧的词组'汉译外国作品'，反映了在他们眼中，翻译文学就是外国文学。或者更确切地说，在他们眼中，根本就不存在关于'翻译文学'的概念。然而，'汉译外国作品'与'翻译文学'却是两个范畴大小相差甚远的不同的概念。'翻译文学'指的是属于艺术范畴的'汉译外国文学作品'，而'汉译外国作品'则不仅包括上述这些文学作品，还包括文学的理论批评著作，同时还包括哲学、经济学、社会学、人类学等所有的社会科学、人文科学，甚至（在某种意义上）还可以包括自然科学文献的汉译作品。虽仅两字之差，却不知把'翻译文学'的范围扩大了多少倍。"他指出，王树荣等人的文章不加区别地将"汉译外国作品"——不管是非文学作品还是文学作品——相提并论，

---

① 谢天振：《翻译文学当然是中国文学的组成部分——与王树荣先生商榷》，原载《书城》1995 年第 4 期。

是因为"他们对什么是文学翻译，什么是非文学翻译辨别不清"；"正因为这个原因，所以他们才会荒唐地援引不属艺术范畴的马克思主义的哲学著作的汉译去对属于艺术范畴的'翻译文学'的观点提出责问：'难道（译成汉语后的）《哲学的贫困》就因此成了中国现代哲学史的著作？（译成汉语后的）《资本论》就成了中国现代经济史的组成单元？'"谢天振强调指出，文学翻译与非文学翻译，其性质大相径庭。非文学翻译是对原作中的信息（理论观点、学说、思想等）的传递，译作把这些信息正确、忠实地传达出来就达到了它的目的。当译作把这些信息传达出来后，这些信息的归属并没有发生改变。例如《资本论》所阐发的理论仍属于马克思，译成中文后的佛教典籍中的思想仍属于印度思想。因此不存在《哲学的贫困》译成中文后"就成了中国现代哲学史中的'组成单元'"之类的问题。但属于艺术范畴的文学翻译则不然。因为它"不仅要传达原作中的基本信息，而且还要传达原作中的审美信息"，而审美信息"却是一个相对无限的、有时甚至是难以捉摸的'变量'。而且，越是优秀的作品，它的审美信息越是丰富，译者对它的理解和传达也就越难以穷尽"。这就特别需要翻译家的再创造。"如果说艺术创作是作家诗人对生活现实的'艺术加工'的话，那么文学翻译就是对外国文学原作的'艺术加工'。"他说：

> 文学翻译不是电话机，可以把发话人的声音直接
> 传递到受话人的耳中，也不是邮递员，可以把发话人

的信件完整地送到收信人的手中。它传递的是一个特殊的对象——文学作品，是一部在异族环境中、在完全不同的文化背景中形成的文学作品，这使得文学翻译这一跨越民族、跨越语言的传递变得相当复杂，正如目前已有越来越多的人所认识到的那样，这不是普通的传递，而是一种相当艰难的艺术再创造。①

总之，谢天振的意思是，之所以把翻译文学作为中国文学的一个组成部分，就是因为"文学翻译"不同于"非文学翻译"，"翻译文学"不是原作信息的单纯的传达，而是渗透和包含着中国翻译家的艺术上的再创造。

1997 年，刘耘华先生在《文化视域中的翻译文学研究》一文中，先是部分肯定了谢天振对"翻译文学"定性定位的意义和价值，接着对谢天振的关于"翻译文学是中国文学的一个组成部分"的观点进一步提出质疑。他写道："谢天振教授正是从《高老头》的中文译本并非巴尔扎克所著的启悟里入手，打破'语言学派'独霸天下的旧局面，另觅'文艺学派'新路向，同时也把给翻译文学重新定位的大问题摆在了学界面前。'文艺学派'视翻译文学为有别于外国文学的相对独立的实体，赋予译者以创造性品格（'创造性叛逆'），主张对译作进行美学研究，在译界别开生面，的确很有启发意义。但若更进一层，认为翻译文学是民族文学的组成部分，实

---

① 谢天振：《译介学》，上海：上海外语教育出版社，1999 年，第 232 页。

质上便已动摇了整个译论大厦的基础。所以，就'文艺学派'的翻译文学归属作一辨析已成为一个重要的理论问题。"他进一步指出：

　　我不赞成将翻译文学定位在民族文学之中，理由有下述四个方面：第一，译本本身所表现的思想内容、美学品格、价值取向、情感依归等等均未被全然民族化……外国文学究竟能否成为民族文学的组成部分，最终决定于它在多大程度上被民族文学所吸收。（主要是通过翻译文学这一中介来完成的）……第二，这种观点无法妥善安顿原作者的位置……假如有人问：既然我们可以共同使用精神产品，那么，它的创造者是不是也能够被中国化呢？我的回答是否定的。理由很简单：以《哈姆雷特》为例，我们可以有无数个中国的哈姆雷特，也可以有无数个《哈姆雷特》中译本，但莎士比亚和英文《哈姆雷特》却是唯一的，他和它永远属于英国，而不可以安置在中国文学史上。第三，同理，这种观点也不能妥善安顿翻译家的位置。翻译家的定位首先是由翻译的性质决定的，他之所以不能称为创作家，因为他必须遵循等值趋向原则。忠实于原作仍然是翻译活动赖以进行的首要前提，这是不言自明的。其次，所谓翻译家的"创造性叛逆"并非全然决定于翻译家本身，更大程度上，这种叛逆是由译语读者及其阐释语境共同造就的。第四，从理论上说，这种观点是对翻译文学的民族性特征的片面放大。倘若把翻译文学视为民族文学这一命题成立，则民族性特征便理应成为翻译文学的本位要素和基本架构，相应地，异域性特征理应变为片段、零散性的因素，由此推衍，就只能得出这样的结论：翻译文学主要不是一种"语文转换工作"，从根本上说，乃是一种创造，否则，其民族性品格便无从产生并占据支配地位。这个结论无疑对翻译的基本原则"等值说"及其必然要求的"忠实"论构成了否定，若这一原则是多余的，则等于说"语言学派"的理论基地已宣告塌陷。这就是我们用以否定这种观点动摇了整个译论大厦基础的逻辑依据。①

　　谢天振对上述观点做了反驳。他说："这几条理由实际上是不经一驳的。"关于刘耘华讲的第一条理由，谢天振指出："决定翻译文学归属的核心问题不在于译作本身所表现的思想内容等方面，译作的思想内容是否民族化，与译作的归属并无直接关系。一部作品，即使它的思想内容全然是外国的，它仍然可以属于中国文学范畴的。反之，一个外国作家也完全可以描写中国的事情。"

　　关于刘耘华提出的第二、三条理由，谢天振说这"显得有些奇怪"。"因为明确翻译文学的归属并不会影响原作者的

---

　　① 刘耘华：《文化视域中的翻译文学研究》，原载《外国语》1997年第2期。

位置……法国的巴尔扎克仍然是法国的巴尔扎克，包括他用法文创作的《高老头》也仍然是法国文学的一分子。因此，无论是莎士比亚，还是他的《哈姆雷特》，他（它）的位置是很清楚的，根本不存在'无法妥善安置'的问题。至于翻译家的位置，这恰恰是我们讨论翻译文学的归属问题时所要解决的。由于我们明确了翻译文学的归属，因此翻译家的位置也就水到渠成地得到了解决——他们的位置理所当然地在国别（民族）文学的框架内。举例说，傅雷的位置只能在中国文学史上，而不能到法国文学史上去占一席之地。否则，翻译家只能又一次地沦为'弃儿'。"

关于刘耘华提出的最后一个理由，即"对翻译文学民族性特征的片面放大"，谢天振认为也是站不住脚的。"因为，我们讨论翻译文学的归属也并不是依据译作的民族性特征才做出的结论，我们依据的是翻译文学的特性，依据的是翻译家的再创造性质，依据的是译作的作者——翻译家的国籍。至于一部译作的民族性特征如何——或是非常民族化，或是非常'洋气'，与它的归属并没有关系。"①

总的看，谢天振的反驳是有力的，在驳论中澄清了翻译文学归属问题上的一些似是而非的看法，使中国翻译文学的归属问题在理论上更为明确了。稍显不严密的是，对刘耘华提出的"认为翻译文学是民族文学的组成部分，实质上已动摇了整个

---

① 谢天振：《译介学》，上海：上海外语教育出版社，1999年，第239—240页。

译论大厦的基础"的结论，谢天振没有正面回应。也许，谢天振先生认为这个说法也是"不经一驳"的，但这却是刘耘华的最终结论，不能置之不理。平心而论，翻译文学无法真正做到"等值"或"等值趋向"，绝对的"忠实"也做不到——这才是翻译文学理论（"译论"之重要组成部分）"大厦的基础"。认为翻译文学是中国文学的一个组成部分，不是对"忠实"论和"等值"论的"否定"，而是从文学翻译的角度对"忠实"论和"等值"论的科学的"界定"。当然这也就谈不上是对"整个译论大厦基础"的动摇。

关于翻译文学的归属地位问题，除了以上两种针锋相对的观点外，还有论者试图从认同"翻译文学是中国文学的组成部分"的观点的基础上，对这个命题作更严密的表述。如王向远进一步提出了翻译文学是中国文学的"一个特殊的重要组成部分"的论断。他认为，"特殊"这一限定词十分必要。所谓"特殊"，就是承认翻译文学毕竟不同于本土作家的创作，但同时它又是中国文学的组成部分。如果笼统地讲"翻译文学是中国文学的组成部分"，有碍立论的严密性和科学性。"特殊的组成部分"这一提法，实际上就是既承认翻译文学的跨文化的、媒介的属性，同时也承认翻译义学完全可以被民族本土文学所吸收，成为本土文学的另一种样式。根据这一看法，王向远既把"翻译文学"与外国文学做了明确区分，也没有简单地将"翻译文学"与本土文学完全等同，而是认为外国文学、翻译文学、本土（中国）文学三者既是相互联系的，有时也是相对独立的。"翻译文学是文学研究的一个独立部门，翻译文学史应该是与外国文学史、中国文学史相并列的文学史研究的三大领域之一；外国文学史、中国文学史、翻译文学史，这三者构成了完整的文学史的知识体系。"① 葛中俊在《翻译文学：目的语文学的次范畴》② 一文中也认为，"翻译文学尽管与翻译的关系极为密切，然而它属于文学范畴，与外国文学、国别文学并行"，翻译文学理应在目的语文学的疆界内寻找归宿。

总之，翻译文学的国别归属问题，归根到底是给翻译文学定性定位的问题，因而具有重要的理论价值。搞清这个问题，对于翻译文学学科的相对独立、对于翻译文学学科的构建，都有十分重要的意义。中外翻译史上历来存在"语言学派"和"文艺学派"两大分野，而"翻译文学属于中国文学的组成部分"的论断，在中国翻译学的"文艺学派"的理论主张中最为引人注目，也为翻译界、文学界和理论界的大多数人所赞同。虽然这个问题的讨论只有十几年时间，加入争论的人数也不多，但这场讨论却廓清了一些基本问题，一定程度地扭转了长期以来翻译文学被忽略的、被无视的不正常局面。近年来，对于翻译文学的基本理论、对于翻译文学史的研究已呈方兴未艾之势，这在很大程度上得益于翻译文学归属问题的明朗化。

---

① 王向远：《前言》，《二十世纪中国的日本翻译文学史》，北京：北京师范大学出版社，2001 年。
② 葛中俊：《翻译文学：目的语文学的次范畴》，原载《中国比较文学》1997 年第 3 期。

"翻译学"能否成立之争^①

从 1980 年代末开始，不少学者在外国学术的启发下，提出了建立"翻译学"的构想，发表了很多文章，出版了若干专著。虽然有些著作得到了评论者的高度估价，但毋庸讳言，它们大都只是初创和探索的性质。一些基本理论问题没有解决，并存在很大分歧。这些分歧都在围绕"翻译学"的学术论争中充分表现了出来。争论的焦点问题是：第一，"翻译学"有没有建立的必要？能否建立起来？一派认为"翻译学"不可能成立，它只是一个"迷梦"、一个"未圆且难圆的梦"。另一派相反，认为建立"翻译学"是必要的、必然的、现实的，并且在我国也已初步形成。第二，怎样建立"翻译学"？这涉及的问题有：在翻译学的理论建构中，西方译论和中国传统译论应发挥何种作用？如何看待中国传统译论的民族特色？如何看待并借鉴西方译论？一派认为我国已经形成了自成系统

---

① 本文原为《中国文学翻译九大论争》（收入《王向远著作集》第八卷，宁夏人民出版社，2007 年）第九章，原题《关于"翻译学"的论争》。

的翻译理论，应该建立有中国特色的翻译理论体系，另一派认为中国翻译理论是不成熟的和落后的，"翻译学"的建立应走国际化的道路。

一、"翻译学"可否建立？

将"翻译学"作为一门学问或学科建立起来，这早就有人做过尝试。以"翻译学"为名称的著作，最早出现在 1927 年，是蒋翼振编写的《翻译学通论》，由编者自费出版，上海义利印刷公司印刷。该书是一部翻译课程的教材，只有导言和第十二章为编者所执笔，其余是编来的近代名家的论翻译问题的文章。1951 年，董秋斯在《论翻译理论的建设》一文中，认为"翻译是一种科学"，应建立关于翻译的"一个完整的理论体系"，认为"翻译界有了这样一种理论体系，就等于有了一套度量衡，初学的人不需要再浪费很多时力去摸索门径，也不至不自觉地蹈了前人的覆辙。从事翻译批评的人也有了一个可靠的标准"。为此，他提出："经过一定时期的努力，随着全国翻译计划的完成，我们要完成两件具体的工作，写成这样两部大书：一、中国翻译史；二，中国翻译学。"[①]现在看来，这是一个有远见的，而且是具有一定可行性的设想。可惜当时由于时代、政治等种种原因，应者寥寥，实施更难。1971 年，张振玉的《译学概论》在台湾出版，但在大陆地区几乎没有

---

① 董秋斯：《论翻译理论的建设》，原载《翻译通报》1951 年第 2 卷第 4 期。

什么影响。

1984 年，罗新璋编选从古代到现代的中国翻译理论文集《翻译论集》，由商务印书馆出版。编者在名为《我国自成体系的翻译理论》的"代前言"中写道："我国的译论，原作为古典文论是传统美学的一股支流，慢慢由合而分，逐渐游离独立，正在形成一门新兴学科——翻译学。"这是改革开放后最早宣称建立"翻译学"的文字。到了 1988 年 3 月，大陆学者黄龙教授撰写的英文版《翻译学》由江苏教育出版社出版，这是大陆翻译界第一部有关翻译学原理性质的著作。同年 3 月，黄龙又出版了中文版的《翻译艺术教程》一书，内容与《翻译学》基本相同。黄龙的著作涉及了翻译的定义、属性、职能、准则、可译性、等值、神韵、文体及翻译的各类技法、翻译教学问题等，初步尝试建成了翻译学的基本理论框架。

1987 年，在青岛召开的全国第一次翻译理论研讨会上，与会者讨论了"翻译学"的研究和学科建设问题。由此揭开了有关翻译学论争的序幕。争论的焦点首先是：要不要建立"翻译学"。同年，谭载喜发表了《必须建立翻译学》①的文章，呼吁建立翻译学。他指出，翻译研究虽不能被一般的语言研究所代替，但两者之间是有密切关系的，语言科学越发达，就越能促进翻译科学的发展。而中国现代语言学的建立也只有六七十年的历史，因此很难指望翻译学产生于更早的时候。他接着指出，在我国翻译史上，翻译学、翻译理论不健全还有另外一

---

① 谭载喜：《必须建立翻译学》，原载《中国翻译》1987 年第 3 期。

些原因，那就是：（1）经验主义，即认为翻译工作靠的是实践经验，靠的是译者的天分，而不是理论；（2）教条主义，即把严复的"信达雅"，"奉为万古不变的真理、包治百病的万应灵药"；(3) 片面性，即"对翻译问题缺乏系统的、宏观的认识，大都凭个人的兴趣，津津乐道于翻译的个别方面，如翻译标准、方法和技巧问题，把树木当森林，而不能运用科学的方法，把分散的树木连成片，提出全面而系统的理论"。谭载喜还对"翻译学"的性质和建立"翻译学"的意义做了阐述，提出要对"翻译"和"翻译学"两个概念加以区分，认为"翻译"不是科学，而"翻译学"则是科学；"翻译学"是一门介于语言学、文艺学、社会学、心理学、信息论、计算机科学等学科之间的综合性、交叉性学科，在内容上可分为普通翻译学、特殊翻译学、应用翻译学三部分。他还对建立翻译学的一些具体步骤提出了看法。后来，谭载喜把自己这些关于翻译学的思考，集中写进了题为《翻译学》[①]的书中。

在翻译学的学科理论建构中着手较早、成果最多的是刘宓庆。他在《论中国翻译理论的基本模式》和《再论中国翻译理论的基本模式》[②]中，提出中国翻译理论应该以汉语作为基本的"经验材料"，中国的翻译理论研究应重"描写"、重对策研究、重对比研究、重传统研究等。他在《现代翻译理论》（江西教育出版社，1996年）和《当代翻译理论》（中国对外

---

① 谭载喜：《翻译学》，武汉：湖北教育出版社，2000年。
② 刘宓庆：《论中国翻译理论的基本模式》，原载《中国翻译》1989年第1期；《再论中国翻译理论的基本模式》，原载《中国翻译》1993年第2期。

翻译出版公司，1999 年）等书中，对自己的翻译理论主张进行了系统详细的阐述。

1995 年，刘重德发表《关于建立翻译学的一些看法》[①] 一文，认为"'翻译'可以发展成为科学"，他写道："翻译这门科学对象的特殊矛盾是什么呢？显而易见，是双语转换。它不仅涉及两种语言文字本身语音、语法、修辞、惯用法、体裁、风格各个层次的异同问题，而且还涉及作者和译者的思维方式、风俗习惯以及所处社会环境和自然环境的异同问题。而上述问题，都是翻译学这门独立的科学需要进行全面而系统研究的对象。据此，似可为翻译学下这么一个简明又高度概括的界说，那就是：翻译学是全面而系统地研究翻译中的双语转换规律的科学，是研究翻译思维规律和方法的一门基础科学。"他还提出了建立"翻译学"的指导思想、途径和基本理论原则。

同年，张南峰在《走出死胡同，建立翻译学》[②] 一文中指出，现有的各种翻译标准大都是片面的，不切实际的，"大都过分强调忠于原文或原文的某些方面，而忽略了影响译文面貌的其他因素"，因而，翻译理论研究"走进了一条死胡同"。而出路则是建立一门独立的、综合性的"翻译学"。而这个翻译学的基本架构是翻译学家霍姆斯在 1972 年提出来的，即把翻译学分为三个分支：描述翻译学、理论翻译学、应用翻译学。

---

① 刘重德：《关于建立翻译学的一些看法》，原载《外国语》1995 年第 2 期。
② 张南峰：《走出死胡同，建立翻译学》，原载《中国翻译》1995 年第 4 期；又载《外国语》1995 年第 3 期。

1996 年，杨自俭发表《谈谈翻译科学的学科建设问题》①一文，提出翻译学既不属于语言学，也不属于文艺学，而是一门独立的学科。他指出，1992 年 11 月国家技术监督局颁布的《学科分类与代码》把翻译学列为语言学（一级学科）之下的应用语言学（二级学科）中的一个门类，即三级学科，这是不科学的。翻译学应该是"一门跨学科的综合性很强的学科，应该是与中国语言文学和外国语言文学相并列的一级学科"。

上述建立"翻译学"的呼吁和主张提出后，翻译界呼应者众，提出不同意见者、反对者也有。1996 年，《中国翻译》杂志刊载了劳陇（许景渊）的一篇文章，题为《丢掉幻想，联系实际——揭破"翻译（科）学"的迷梦》，文章旗帜鲜明地反对建立"翻译（科）学"。劳陇针对张南峰的《走出死胡同，建立翻译学》一文中的观点，针锋相对地指出，张南峰所推崇的霍姆斯的翻译学构想"其设想之宏伟，规模之浩大，任务之艰巨，理论之玄妙，实前所未有，使人难以想象，更无法理解。自从 1972 年提出以后，到现在已有二十三个年头了，但那个宏伟的'翻译学'至今仍渺无踪影，也不知何年何月才能实现。而翻译学中的基本问题都没有解决，甚至最基本的'什么是翻译'的问题也搞不清楚……人们不仅要怀疑：究竟二十三年'翻译学'的研究解决了什么问题，起了些什么作用呢？当初福尔摩斯先生提出的这个宏伟规划，到底有没有确

---

① 杨自俭：《谈谈翻译科学的学科建设问题》，原载《现代外语》1996 年第 3 期。

切的事实根据说明它可能实现；或者，只是凭他的丰富的想象力，虚构出一个神话般的幻梦，借以炫人耳目，而实际上永无实现之可能呢？"他接着说："由此，我联想到我国翻译理论界也有类似的情况。早在四十年前，前辈翻译家早就提出建立翻译学的宏伟目标。四十年来，不少翻译家不断提出建立'翻译学'的宏伟规划，而且规模越来越大；但是，至今……仍然是一个渺茫的梦想。"他针对刘重德和谭载喜提出的翻译学是研究"双语转换规律""解释翻译过程中的客观规律"的说法，认为"在两种语言之间，直接进行对等转换是不可能的。因此也不存在什么双语转换的规律"。他指出：

> 任何翻译都必须经过（1）语言转化为思想，和（2）思想转化为另一种语言，这两个程序；也就是说（1）理解（原作的思想）和（2）表达（进行再创作）的程序。这就说明，任何翻译过程都必须通过人的创造性的思维活动；在这一过程中，主观能动性起决定作用，而不受客观规律的支配。在实际翻译工作中，我们知道，任何一个原本，经过各个翻译家的翻译，必然产生许多不同的译本，不可能有完全相同的译本，也不可能断定哪一个是标准的译本。这就以具体的事实说明翻译活动是不受客观规律的支配的。所以，翻译不可能成为科学。
>
> ……
>
> 如果我们脱离了当前翻译实践的基础，只凭着主

观想象，妄图凭空建立一门空中楼阁般的翻译（科）学来，那注定是要失败的，这是一条最可悲的、危险的道路。

劳陇的文章反对建立翻译学或者翻译科学，出发点显然是反对脱离实践的、主观想象的"空洞的理论"和架空的翻译（科）学，而并非反对翻译理论研究。他在文章的最后，希望在"当前的翻译实践的基础上，集中力量，实事求是地研究和解决翻译理论的基本问题"，在"可靠的基础上，逐步建立起完整的翻译理论体系来"。

劳陇的文章观点鲜明、批判色彩强烈，发表后引起了较大的反响和争论。1996 年，王东风、楚至大先生在《外国语》杂志发表了《翻译学之我见——与劳陇先生商榷》①一文。认为劳文对翻译学的否定"有点太绝对，也太笼统"；"所谓太绝对者，是指劳文的观点有全盘否定之嫌。这么多年来，无数翻译工作者（当然也包括劳陇先生在内），一直致力于翻译理论的研究，其结果竟然是一无所成，这似乎太难以令人接受了。"王东风认为，劳文所引用的霍姆斯的翻译学的构想并不是"神话般的幻梦"，而是有充分根据的。近年来，翻译学的研究又有了新的进展，证明"翻译学"的建立已逐渐由可能性转化为现实性。针对劳文提出的"翻译活动不受客观规律

---

① 王东风、楚至大：《翻译学之我见——与劳陇先生商榷》，原载《外国语》1996 年第 5 期。

的支配"的论断，王东风等质问："翻译活动不受客观规律支配，难道是受主观意识支配？如此说来，译《红与黑》，张三可以让于连上绞架，李四可以让于连去流放，王五可以让于连入空门了！"他们指出任何实践活动都要受客观规律支配，翻译活动自然也不例外。虽然劳文讲的一个原文可以有多种不同的译文的情况确实存在，但"从总体上看，同一原著的不同译本之间的'相同'（内容）是绝对的、本质的、无条件的，'不同'（形式）是相对的、非本质的、有条件的"。他们还指出，劳文所批评的现在的翻译界"不断地制造空洞的理论"一语，是不符合实际情况的。他们说："翻开当今各种翻译著述，不难发现，翻译论著的显著特点就是它与实践的紧密联系……总不能说都空洞无物吧。"他们最后指出，学术界对"翻译学"能否建立持不同意见是正常的，但他们依然对"翻译学"的建立充满信心。因为按照辩证唯物主义的否定之否定的规律，这正是"一种否定的标志，它标志着翻译学的建立已走完了它的第一阶段（否定阶段）……将走向它的第二阶段：否定之否定（新的肯定），亦即翻译学的初步建立"。

吴义诚在《关于翻译学论争的思考》[①] 一文中，认为劳陇先生对"翻译学"的批评"是过火了些"，"劳陇提出质疑，为什么霍姆斯的宏伟计划在经历了二十多个春秋之后至今仍渺无踪影？这种质疑有其积极的一面，它代表着部分论者对翻译研究'恨铁不成钢'的不满情绪；另一方面又说明一些论者

---

① 吴义诚：《关于翻译学论争的思考》，原载《外国语》1997 年第 5 期。

对译学研究的艰难性缺乏足够的心理准备。"他的结论是："翻译学必须是一门科学，而绝非空谈。"张柏然、姜秋霞在《对建立中国翻译学的一些思考》一文中写道："有人认为建立翻译学只是一个'迷梦'，是不可企及的目标。我们则认为这是完全可能也可行的。""没有充分揭示规律并不等于不存在客观规律，事实上，概念的转换就是翻译过程中的一条规律。任何事物都有规律可循，都有理论可依……翻译学的建立便只是一个迟早的问题，终究能够实现的。"①

劳陇的反对翻译学的文章引起的反响尚未平息，1999年，张经浩又发表了一篇题为《翻译学：一个未圆且难圆的梦》②的长文。刊登该文的《外语与外语教学》杂志在文前加了一个"编者按"，希望翻译界能够就张文提出的问题进行讨论。和劳陇一样，张经浩也把建立翻译学看成是"梦"，提出的问题论断同样尖锐，同样富有理论勇气，且相比之下，张文似乎更富有思辨性，也更具有情绪和理论的感染力。张文首先对建立"翻译学"做了一番回顾和评论，通过回顾，他的结论是："译界普遍认为'翻译学'至今没有建立。"因此他不赞成王东风与楚至大《翻译学之我见》一文中所说的我国"已形成了一系列较为成熟的翻译学分支系统"，他说："一门学科的分支必然形成于这门学科建立之后，'翻译学'尚未建立，分

---

① 张柏然、姜秋霞：《对建立中国翻译学的一些思考》，原载《中国翻译》1997年第2期。

② 张经浩：《翻译学：一个未圆且难圆的梦》，原载《外语与外语教学》1999年第10期。

支从何而来?"他还认为杨自俭在《我国近十年来的翻译理论研究》一文中所宣称的"中国的翻译学理论体系于1988—1989两年间初步构建问世"的结论"出言大胆",根据不足。接着,张文对我国翻译理论研究的现状做了分析,其中提及了多种有关翻译研究的论著,多给予一针见血的评论。如,指出刘重德的"信达切"的"切"字不及"信达雅",认为范守义先生的《模糊数学与译文评价》一文"叫人越看越'模糊'"等。通过现状的分析,他的结论是:"近二十年来,我国翻译理论研究显得活跃,新说层出,然而莫衷一是,这种局面说明大多数人赞同的系统理论根本未能形成,因此,建立翻译学就只能停留在一句空话了。国内如此,国外也如此。"张文在最后对今后"翻译学"的建设做了估计。他指出:"说穿了,问题不在翻译的许多规律还没有被发现,而在于翻译是有赖于个人能力的艺术,译者的工作存在许多共性,但不存在译者照办不误就能做好工作的什么'规律'。"因为翻译"与写作一样,是艺术,一直没有什么'写作学',也不会有什么将挖出许多尚未发现的客观规律的'翻译学'"。所以他最终的结论是:"'翻译学'不但是至今未圆的梦,而且是个将来也难圆的梦。"一句话,"翻译学"是个"未圆且难圆的梦"。

张文发表后,引起了广泛而又强烈的反响。《外语教学与研究》杂志在2000年第7期发表了几篇争鸣文章,并加了"编者的话",说:"张经浩先生的《翻译学:一个未圆且难圆的梦》发表后,引起了译界学者的重视。我们组织'翻译学大论辩',目的是为中国译学打开一个新的局面。"

该栏目中刊登的第一篇文章，是翻译界前辈刘重德的《事实胜雄辩——也谈我国传统译论的成就和译学建设的现状》，刘重德认为我国的翻译理论研究和译学建设取得了很大成就，译学建设现状是令人十分鼓舞的，而且日趋成熟。而"令人遗憾的是，张经浩的大作，却对我国大多数受到译界认可并对翻译理论较有研究的专家学者进行了不加分析的低估以至全盘否定，如此目中无人，妄自尊大，窃以为不符合与人为善、取长补短的学术交流的态度"。刘重德举出了张文对译界几位专家的评论，并写道："所举例证已足以说明《难圆的梦》的作者居心所在，无非是贬低别人，抬高自己。"尤其令刘重德不能忍受的是，"在《难圆的梦》一文作者的'横扫'之下，想不到我这个已届耄耋之年的译坛老兵也没有能够幸免，只不过没有直呼其名罢了"。紧接着刘重德用较多的篇幅、援引他人的肯定的评论，再次强调了受张经浩否定的"信达切"的"切"字的含义和价值。刘重德的文章的基本立足点是用"事实"来批驳张文的"雄辩"，对中国翻译研究的成就给予了充分的肯定，与张经浩的看法形成对照，应该说，文章的立意是好的。但同样"令人遗憾"的是，文中似乎流露出了太显眼的个人的情感意气，不够冷静，有时用词有失分寸。平心而论，只要不带成见地阅读，都会看出张经浩的文章完全是学术的，正因为是学术的，作者对译界进行评论时才没有太多地顾及人际关系，那似乎并不是"把自己凌驾于众人之上，否定一切，靠贬低别人来抬高自己"。刘文得出这样的结论，怕是已经脱离学术争论的正题了。

该栏目的第二篇文章是侯向群的《翻译为何不可为"学"——读〈翻译学：一个未圆且难圆的梦〉》，该文从四个方面对张经浩的文章提出反驳。第一，认为对于翻译学问题的讨论必须具备一定的科学理论及学科理论知识，讨论必须在一定的理论指导下进行，他指出，张经浩所说的"一门学科的分支必然形成于这门学科建立之后，翻译学尚未建立，分支又从何而来？"是"犯了一个主观主义的错误"。他以科学史上的学科创生的规律来说明，张经浩的说法是"用自然界的事理推断学科创生规律，认为树长不出干，怎么会生出枝来，因而得出一个主观臆断的结论"。第二，在对翻译学的建立应持怎样的态度这个问题上，他不同意张经浩对当今各种各样的"学"所持的否定态度。认为，1980—1990年代出现了各种各样的"学"，"是学科发展的必然，而不是人为的一哄而起。认清这一形势是必要的，因此也不必为翻译学的出现而大惊小怪"；"翻译学已经是一个呱呱坠地的婴儿，它的第一声啼哭不会是一首诗，不会那么理想和完善，它的成熟也有待我们的呵护与培育，千万不要把它扼杀在摇篮里"。侯文提出的第三个问题是"怎样的知识体系可以成为独立的学科"。张经浩曾提出一个学科的形成需有三个条件：一、对基本问题有多数人赞同的看法，二、系统理论已经形成，三、理论经受了实践的检验，被人们广泛采用，① 而在侯向群看来，"这似乎不像一

---

　　① 张经浩：《翻译学：一个未圆且难圆的梦》，原载《外语与外语教学》1999年第10期。

个新学科创生的条件，倒像是学科发展成熟的标志"，他认为学科创生的条件有三条，即：一、一定的历史条件，二、一定的理论准备，三、有一支思想敏锐、勇于创新的学术队伍和一批学科带头人。最后，侯文还对张文的另外一些观点——翻译取决于译者的天才和能力；翻译的本质是艺术；如对翻译本质的认识都不能统一，翻译学便不能成立——提出了反论。总之，侯文显示了扎实的学养、缜密的思维、严谨求实的学风，以理服人，是翻译学论战中为数不多的高水平的文章。

该栏目的第三篇文章是贺微的《翻译学：历史与逻辑的必然》，该文从历史和逻辑的角度分析了我国翻译理论研究的历史与现状，认为建立翻译学是翻译研究的必然结果，也是历史和逻辑的必然。该栏目中的第四篇文章是穆雷的《翻译学：一个难圆的梦?》，对1980年代中期以后我国翻译研究界的状况做了细致分析，从专业协会的成立，到专业刊物的创办，到专业教学的展开，再到翻译研究成果的大量涌现，都表明"翻译学"不是一个"未圆且难圆的梦"。该栏目的第五篇文章是韩子满的《翻译学不是梦——兼与张经浩先生商榷》，认为翻译研究应当被看作是科学，"翻译学"作为一门独立的学科是可以建立起来的；建立"翻译学"的可能性和可行性都已得到中西大部分学者的认同，而且从当前的情况看，甚至可以说，"翻译学"已经建立起来了，它不是"梦"。

从上述2000年《外语与外语教学》杂志第7期所刊登的这一组文章看，几乎全部文章都对张经浩的文章提出了不同意见，可知翻译界大多数人对建立"翻译学"所抱有的信心和期望。但也有学者对张经浩的观点做出响应。如李田心发表文章认为，翻译是行为，不是客观事物，翻译过程中不存在客观规律，翻译学不可能成为寻找客观规律的科学。这与张经浩的观点是基本一致的。关于张经浩的文章引起的讨论以及期间的是是非非，余富斌在一篇文章中讲的一段话较为公道，他说：

> 尽管有人认为张先生的《梦》文是在别人精心栽培的嫩草上驰马，恣意的铁蹄践踏了他人领地围好的篱笆，我却认为《梦》文至少产生了振聋发聩的轰动效应。他的话刺儿是太尖了一点，触及了某些"前辈"乃至其"师长"的皮肉，扎着了某些"新秀"们的手脚。但是，张先生并未失去希望与信心，指出问题时用词虽太直截了当了些，但他并未否定一切。他在《梦》文中有这样一些话："公允地说，学术界不同流派，不同观点的存在属正常现象，百家争鸣往往是繁荣的表现。现在译界歧见甚多，未建立起'翻译学'，但如果能通过歧见的争鸣达成共识，形成多数人接受的系统理论，那么现在的形象虽像层峦叠嶂，到时候会峰回路转，柳暗花明。"①

进入 20 世纪以后，劳陇和张经浩的文章引起的冲击波仍

① 余富斌：《兼收并蓄共生共长——当前译学建设争鸣之断想》，原载《外语与外语教学》2002 年第 4 期。

未平息，有关争鸣文章仍陆续见诸《外语与外语教学》等刊物。如谭载喜的《翻译学：新世纪的思索——从译学否定论的"梦"字诀说起》①，进一步重申了他建立"翻译学"的主张，对劳陇和张经浩的文章也做了反驳。马会娟的《翻译学论争根源之我见——兼谈奈达的"翻译科学"》，②认为早期倡导建立"翻译学"的学者将翻译视为"解释翻译活动客观规律的科学"，是引起这场论争的直接原因，而我国译界对奈达"翻译科学"的译介失误是这场论争的深层原因。文章指出，奈达"翻译科学"的实质是"对翻译过程进行科学描述"，而非"翻译即科学"；"如果一开始就明确建立翻译学是建立一门学科，而不是研究、探索能够指导翻译〔的〕客观规律的科学，想必就不会有劳、张二位先生的竭力反对了。"曾利沙的文章《论"规律"——兼论翻译理论与实践的辩证关系》，③也表达了相近的看法，这篇文章在"结语"部分说："在对翻译学性质的认识中，我们不必通过强调翻译活动的规律性而给翻译学贴上'科学'这一标签，因为科学性所涵盖的不仅限于'规律'，而是以辩证唯物主义方法论对一系列理论范畴的系统研究。建立翻译学科的宗旨不是为直接解决翻译实践中的每个具体问题而去寻找规律，而是为翻译活动走向理

---

① 谭载喜：《翻译学：新世纪的思索——从译学否定论的"梦"字诀说起》，原载《外语与外语教学》2001 年第 1 期。
② 马会娟：《翻译学论争根源之我见——兼谈奈达的"翻译科学"》，原载《外语与外语教学》2001 年第 9 期。
③ 曾利沙：《论"规律"——兼论翻译理论与实践的辩证关系》，原载《外语与外语教学》2001 年第 9 期。

性以及为翻译理论研究的发展提供必不可少的普遍指导原则。"杨自俭的《我对当前翻译学问题讨论的看法》一文，以问答的形式谈了他对译学论争问题的看法，对反对建立"翻译学"的言论观点表示了困惑，他说：

> 过去有不少人说"翻译没有理论"，后来又说"翻译理论无用，解决不了具体译法问题"，现在又说"翻译没有规律"，以后还可能有人会说"有规律也没有用"，再往后不知还会有人说什么。文学艺术界有以文学艺术为研究对象的文艺学和美学，这两个学科都被称为"科学"。写作很像翻译，写作界倾注了极大的热情，把写作学作为一个独立的学科在努力构建它的科学体系，这方面已经取得了很大的成绩。这些学界都不像翻译界那样一直有这么多反对研究理论、反对探讨规律的奇谈怪论。到底为什么？在我心中一直是个谜。①

但他认为论争是好事，应该给予充分肯定，预言"这场讨论将来一定会载入我国译学发展的史册"。

看来，对这些问题的探讨，要通过这一场或几场讨论在翻译界达成普遍共识，是很困难的。但是，通过这场讨论和争

---

① 杨自俭：《我对当前译学问题讨论的看法》，原载《外语与外语教学》2001年第6期。

鸣，翻译学的学科属性、学科创生方式问题、翻译研究与"翻译学"的关系、翻译的"规律"及"规律"的特性等，毕竟还是在大部分人中达成了一定程度的共识。而且，论争双方都是主张对翻译进行理论研究的，其中，反对建立"翻译学"的张经浩就曾出版过一本《译论》，且具有较高的理论水平。论争双方只是对于如何研究、研究的目的是否为了要建立一门"翻译学"，看法不一而已。实际他们都在自觉不自觉地为中国的"翻译研究"做了自己的奉献——反对的意见也是一种特殊的奉献。

值得注意的是，上述争鸣文章所讨论的"翻译学"和"翻译理论"，涵盖了所有不同方式和不同性质的翻译。对于文学翻译、科技翻译、学术翻译等不同种类的翻译，缺乏具体关注。实际上，正如有论者所提到的，综合性的"翻译学"的成立，有赖于"分支翻译学"研究的成熟。正如《文学翻译学》的作者郑海凌所说："不同专业的翻译活动，性质不同。笼统地讲建立翻译学是不切实际的。笼统地讲翻译是科学是艺术也是不恰当的。例如，翻译国际条约与翻译文学作品统属语际转换活动，但二者之间存在本质差别，怎么能够找到它们的共同规律呢？……把文学翻译和非文学翻译放在一起是不明智的，就好比把诗歌和家兔放在一起研究。基于此，我们只好把文学翻译自立门户。"①这番话是值得重视的。应该说，对文学翻译进行系统的理论描述的"文学翻译学"，当是分支翻

---

① 郑海凌：《文学翻译学》，郑州：文心出版社，2000年，第2页。

译学的一个重要方面。我国学者虽写出了《文学翻译原理》《文学翻译学》等重要的著作，但对于建立"文学翻译学"这一学科本身的相关问题，翻译界（包括文学翻译界）似乎还缺乏应有的热情、必要的讨论乃至争论。

二、如何看待借鉴西方译论，如何看待和吸收中国传统译论？

翻译学理论建构中是归依西方翻译理论，还是强调中国特色？还是将两者结合起来？又如何结合？这是翻译学论争中的又一个重要论题。在论争中，我们不妨把主张归依西方翻译理论的一派叫作"西方派"，把强调翻译理论中国特色的叫作"特色派"。

罗新璋最早强调中国翻译理论的特色和独特价值。他在《我国自成体系的翻译理论》一文中，开门见山地指出："近年来，我国的翻译刊物介绍进来不少国外翻译理论和翻译学派，真可谓'新理踵出，名目纷繁'；相形之下，我们的翻译理论遗产和翻译理论研究，是否就那么贫乏，那么落后？编者在浏览历代翻译文论之余，深感我国的翻译理论自有特色，在世界译坛独树一帜，似可不必妄自菲薄。"他认为，从古到今，我国的翻译理论形成了"案本—求信—神似—化境"为主线的"独具特色的翻译理论体系"。

1986 年，桂乾元在《为确立具有中国特色的翻译学而努力——从国外翻译学谈起》① 一文中，介绍了国外翻译学的概况，强调在我国翻译学的建设中应体现"中国特色"，认为要体现中国特色，就要研究中国翻译史及译学理论史，要注意总结汉外互译的规律特点。

"特色派"中，明确强调翻译理论的建构应保有中国特色，并形成较大影响的，是刘宓庆。1989 年，他发表了《论中国翻译理论基本模式》② 一文，认为"任何翻译理论体系都必须（同时也是必然）以某种特定的原语和目的语作为自己的研究对象、研究依据和归依。翻译理论的这种对象性常常被人们所忽视，其结果往往是将一种以某特定原语及目的语作为自己的研究对象、研究依据和依归所推导、概括出来的基本理论模式看成'放之四海而皆准'的通用模式。实际上，这种通用于任何双语转换的理论模式是不存在的"。他强调，"毫无疑问，中国翻译理论基本模式应以我们的母语——汉语为出发点和归依"；"中国翻译理论的基本模式应有明确的对象性和对策性，即有汉语参与的语际转换规律。而在推导这种规律时，不忽视汉语（不论作为原语或目的语）的语言文字特性及语法特征，不忽视具有独特性的中华民族文化形式及与外域文化的对比。因此，它必须重描写，注重汉语独特的意义陈述方式，及语义结构形式及手段，注重交际功能的作用机制。"

张柏然、姜秋霞也指出："建立中国翻译学，我们要自足

---

① 桂乾元：《为确立具有中国特色的翻译学而努力——从国外翻译学谈起》，原载《中国翻译》1986 年第 3 期。
② 刘宓庆：《论中国翻译理论基本模式》，原载《中国翻译》1989 年第 1 期。

于中华民族的语言、文化、思维方式，从本民族的语言与文化现实出发，从汉-外、外-汉语言文化对比研究出发，描写翻译实践过程，展开翻译理论研究。引介西方翻译理论无可厚非，也必不可少……但……西方的译学理论是建立在西方语言特点基础上的，我们不能机械地照搬和套用西方翻译理论模式，应该一方面吸取这些理论对翻译共性的描述，同时要根据本国的语言特点，透视语言中所反映的文化精神，构建具有本国特点的译学理论。"①

对于上述文章中对"中国特色"的强调，有人提出了不同的意见。如王东风在《中国译学研究：世纪末的思考》一文中，认为中国译论与西方相比差距很大，缺乏严密的理论体系和令人信服的理论深度和广度，而译学界提出的建立中国特色的翻译学，至今仍停留在口号上。他表示不赞同"中国特色"的提法，他写道：

> 有一种观点认为，西方的翻译理论讨论的拼音文字之间的翻译，其理论不适合于拼音文字和方块字，即西语和汉语之间的翻译，因此我们要发展适合于西语和汉语的翻译理论，这一理论西方没有，所以具有中国特色。笔者认为，这一观点的出发点是将翻译理论完全等同于文字转换技巧，这是很片面的想法。

---

① 张柏然、姜秋霞：《对建立中国翻译学的一些思考》，原载《中国翻译论》1997年第2期。

......

　　另一种观点认为，中国特色来自我们丰富的文化遗产。持这一观点的学者理所当然地认为中国的文化遗产中应该包括构建中国特色的翻译学所需的一切或者是根本性的东西。其实这是一种盲目自大的思想在作祟。科学的交流在于互相学习，取长补短。我们的国学传统虽然博大精深，但毕竟不可能包罗万象；同时还由于历史条件的限制，难免还有些不完善甚至谬误的地方。①

　　他还指出，中国人提出的一些译学命题西方早已有之，如钱锺书的"化境"说在西方翻译理论中早已远离模糊状态，代之以一套完整而系统的语境论；许渊冲的翻译竞争说，Saint Jerome 则早在古罗马时期就已提出。在这样的情况下，我们何以创造中国特色？而只有独创性才是特色的根本。

　　朱纯深在《走出误区，踏进世界——中国译学：反思与前瞻》② 一文中，认为"罗（新璋）文中并没有对其他语言文化体系间的翻译进行系统的分析研究，从而同'中国特色'对比而彰显出后者的'自有'或'独具'的特色来。因此，在缺乏进一步证据与论证的情况下，'自成体系'的认定便只

---

① 王东风：《中国译学研究：世纪末的思考》，原载《中国翻译》1999 年第 1 期。

② 朱纯深：《走出误区，踏进世界——中国译学：反思与前瞻》，原载《中国翻译》2000 年第 1 期。

能是一个假定了"。他还写道："在概念上应该进一步澄清的是，有共同历史渊源的观点可以归纳成一个系统，但并不等于可以自动形成一套可以成系统的理论。如果声称是成体系的，那就得严密地论证出该体系的（共同）哲学基础、理论框架和术语系统等基本要素的存在。"他从世界主义的立场出发，认为中国翻译是全球翻译的一个有机组成部分，因而应与西方译论互动。而罗新璋在《我国自成体系的翻译理论》一文中关于中国翻译理论的"特色"论和"自成体系"论，以及对这两点的过分强调"已经成为中国译学研究中的两个误区，既局限了自己的研究视野，也影响了中国译学体系与世界其他译学体系的互动"，因而提出"走出误区，踏进世界"。

张南峰发表的《特性与共性——论中国翻译学与翻译学的关系》一文，[①] 认为那些声称建立"中国翻译学"的人，"既忽视世界翻译学各个分支的共性，又忽视中国翻译学各个分支的特性，是大汉民族主义的产物"。他认为，不同国家的翻译现象既有共性，也各有特性。假如认为中国的翻译现象与西方的翻译现象的特性大于共性，即彼此之间有质而非量的区别，因此必须建立相对独立的中国翻译学，那么，必须证明以下两点：一、西方翻译理论（体系）全都非常不适合中国；二、这些西方翻译理论（体系）之中至少有一个非常适合西方。他认为到目前为止，这两点仍未得到证明。例如西方的等

---

① 张南峰：《特性与共性——论中国翻译学与翻译学的关系》，原载《中国翻译》2000 年第 2 期。

值等效论，"假如等值等效论不适合指导中国一切的翻译实践，只因为它们本来就不适合西方一切的翻译实践，而不是因为它们来自西方。"他认为，中西方的翻译现象之间的共通之处是显而易见的，而"特色派"的局限是无视纯理论的普遍适用性及其对翻译研究的普遍指导作用。翻译学可以分为"纯翻译学"（或宏观翻译学）和"应用翻译学"，前者对后者是有指导作用的，而"中国翻译学研究的特色，就是只有应用翻译学而没有纯翻译学"，具有"实用主义倾向"，如果我们承认纯翻译学对应用翻译学有指导作用，就不应再把中国翻译学视为一门独立的学科。他进一步指出，"中国翻译学不但不是一个单纯的整体，而且根本算不上一个整体。中国在政治上、地理上是整体，但在语言文化上则不是整体"，因而中国的翻译学也算不上是一个独立的整体，中国翻译学必须"走国际化的路"；"当前的急务，是把外国的纯理论搬进来，应用在我们的翻译研究上"。

张文发表后，引起了许渊冲的质疑。许渊冲发表《谈中国学派的翻译理论——中国翻译学落后于西方吗?》一文，反对高估西方翻译理论而低估中国翻译理论。他说：

> 积六十年的经验，检验了一些西方的翻译理论，我得出的结论是：中国学派的文学翻译理论是全世界最高的翻译理论，能解决全世界最重要的两种语文之间的文学翻译问题。因为世界上用中文和英文的人最多，所以中文和英文是全世界最重要的文字。没有中

英文互译的实践经验，不可能提出解决中英互译问题的理论。全世界没有一个外国人出版过一部中英互译的文学作品，因此他们提出的翻译理论不可能解决中英互译的问题。前面我已经说明用奈达的"动态对等论"来检验我的翻译实践，发现他的理论只能解决中外文有共性的问题（约占40%），不能解决中文有特性的问题（约占50%以上），如果按照他的理论应修改我的实践，不但不能提高，反而要降低译文的水平。至于其他译论，水平还在奈达之下，我从中找不到我不知道的东西。既然没有利用他们的理论，我已经取得了世界最高的，甚至可以说是独一无二的成绩，那么还有没有必要借鉴什么翻译理论来降低我的翻译水平呢？①

许渊冲进一步罗列了中国当代翻译理论的五个方面的成果，即翻译实践论、翻译矛盾论、文学翻译的1+1>2论、文学翻译超导论、文学翻译克隆论等（其中许多是许渊冲自己提出的），然后就张文所援引的许钧的"中国当代翻译理论研究，认识上比西方最起码要迟二十年"的论断，针锋相对地提出："我的看法恰恰相反，西方的翻译理论至少落后中国二十年。首先，西方的翻译理论（包括所谓纯理论）不能解决

---

① 许渊冲：《谈中国学派的翻译理论——中国翻译学落后于西方吗?》，原载《外语与外语教学》2003年第1期。

中西互译的实践问题，而中国提出的超导论和克隆论却能解决西方理论不能解决的问题……《共性论》的作者批评中国学派是夜郎自大，我认为百里之国自称万里之国，那是自大；如果真是万里之国，那就是名副其实。我倒认为《共性论》的作者'奴化'思想严重……我认为中国翻译界的当务之急，也是克服自己不如人的心理，用实践来检验一切理论（'纯理论'不但要接受翻译研究的检验，还要接受翻译实践的检验），这样才能使中国翻译学在世界上取得应有的地位。"看来，许文与张文的分歧，集中在对中西翻译理论的价值与作用的估价，而且看问题的角度各有不同。许文所说的"翻译"主要是文学翻译，张文所说的"翻译"是包括一切翻译行为的翻译；许文强调"实践"，认为中国翻译在实践上是世界最高的，理论自然也是世界最高，张文更强调"纯理论"的普遍意义，认为中国翻译理论过分拘于实践行为、过分注重应用而"纯理论"建构不够。

对于中西翻译理论的价值高低的正、反论的争执，导致了"合"论的出现，即主张中西融合。如白爱宏在《超越二元对立 走向多元共生——中国译学建设的一点思考》①一文中，认为"特色派"和"西学派"是我国译学建设中互为补充而非二者必择其一的两个纬度。"'特色派'在发扬传统、建设'中国特色'的译论的大旗下，对中国近两千年来的翻译实践

---

① 白爱宏：《超越二元对立 走向多元共生——中国译学建设的一点思考》，载《外语与外语教学》2002 年第 12 期。

与翻译理论进行了归纳梳理，厘清了我们的家底，由此我们有了马祖毅先生的《中国翻译简史》、陈福康先生的《中国译学理论史稿》等一批卓有建树的专著和研究成果，使我们对传统译论有了比较条理、系统而深刻的认识"；而"西学论者则以博大的胸襟、开阔的视野，使我们的目光由聚焦自身而投向广阔而五彩斑斓的世界"，因而，两派观点同样都"为中国的译学建设指出了两条同样正确的发展道路"。在这里，白爱宏对"特色派"和"西学派"在中国译学建设中的不同作用的看法是客观的和正确的。一百多年来，"中学"派和"西学"派在各个学术领域都有着不同的学术理念和学术追求，两派互为对立，互为对照，又互相竞争和互相促进。因此，尽管在具体论争中两派的具体言论并非都是无懈可击，但倘能超乎其上，则会发现两派的所有言论都是有启发性、参考性的。

归根到底，中国的学问毕竟还是要有中国的特色，而中国的特色并不排斥，而是应该充分借鉴外国的东西才能充分形成。

"创造性叛逆"之争与"破坏性叛逆"论[①]

近年来，我国译学界围绕译者的主体性及"创造性叛逆"问题，形成了"忠实派"与"叛逆派"的论争。两派论争活跃了译学思想，也出现了一些偏颇与问题。"忠实派"的理论适用于"文学翻译"的实践要求，"叛逆派"理论则是对翻译成品即"翻译文学"的描述，两者都将各自的主张绝对化。特别是"叛逆派"，将翻译中的一切"叛逆"视为理所当然并加以肯定，没有看到翻译中实际上存在着两种"叛逆"，一种是"创造性叛逆"，另一种是"破坏性叛逆"。而只有看到"破坏性叛逆"，才能正确认识"创造性叛逆"。纵观中外翻译文学史，翻译中的"叛逆"逐次递减，叛逆中的"破坏性"逐次递减，这是人类翻译发展进步的基本趋势。

[①] 本文原载《广东社会科学》2014年第3期，原题《"创造性叛逆"还是"破坏性叛逆"？——近年来译学界"叛逆派""忠实派"之争的偏颇与问题》。

"创造性叛逆"是对译者主体性的一种正面的、积极的评价用语。这个词组在进入一般翻译研究及翻译文学研究之后，引起了一些论争。在论争中形成了"创造性叛逆派"（以下简称"叛逆派"）与"忠实派"（又可称"求信派"）两派。而从"译文学"的译者主体性评价的角度来看，在"创造性叛逆"论之外有必要提出与之相对的"破坏性叛逆"论。

一、"叛逆派"的起源及其与"忠实派"的争点

　　所谓"创造性的叛逆"，据说是法国学者埃斯卡皮在《文学社会学》一书中较早提出来的，说"翻译总是一种创造性的叛逆"。① 但因为论者并不是翻译理论家，所以没有对"创造性叛逆"做出严格界定和详细阐释。所谓"翻译总是创造性的叛逆"，显然只是一种印象性概括，并不是严格的科学论断。翻译确实免不了"创造性叛逆"的成分，但并非"总是创造性的叛逆"。例如一首诗，每一句都是对原文的"创造性叛逆"，那么这算是翻译还是创作呢？一篇一万字的翻译小说，从语言学的角度看，如果只是很少一部分字句属于"创造性的叛逆"，其他都是逐字逐句的直译，那由此应该得出"翻译总是一种创造性的叛逆"的结论呢，还是应该得出"翻

① 〔法〕埃斯卡皮：《文学社会学》，王美华、于沛译，合肥：安徽文艺出版社，1987年，第137页。

译总是一种忠实性的转换"的结论呢？如果一多半的字数都属于"创造性的叛逆"，是否还算是合格的翻译呢？在"创造性叛逆"之外，有没有"破坏性叛逆"呢？如果"破坏性叛逆"的比重多了，还能叫作"创造性"的叛逆吗？如果译文基本上是原文的忠实的转换和再生，那它是"叛逆"原文的结果，还是"忠实"原文的结果呢？这些都是令人不得不提出的疑问。

埃斯卡皮的这句话，所强调的是翻译文学（译本）是译者的一种再创造，翻译文学难以百分百忠实原文。谢天振教授最早在他的相关文章及《译介学》中，发现了埃斯卡皮这句话的理论价值，并把它作为他的"译介学研究的基础与出发点"。认为"创造性叛逆现象特别具有研究价值，因为这种创造性叛逆特别鲜明、集中地反映了不同文化交流过程中所受到的阻滞、碰撞、误解、扭曲等问题"。[①] 显然，谢天振是把"创造性叛逆"置于比较文化、比较文学立场的，研究的着眼点是文学翻译的相对独立的价值，强调的是译者的主体性和译入国读者的阅读主体性。在这一点上，比较文化与比较文学的"译介学"不同于语言学立场上的、以"忠实"于原文为中心诉求的翻译理论与翻译研究，所以谢天振才把这一立场的研究称为"译介学"，显然是要与一般意义上的"翻译学"相区别。

---

① 谢天振：《比较文学与翻译研究》，上海：复旦大学出版社，2011年，第112页。

但此后，一些翻译研究者却在脱离比较文学语境的情况下，进一步将"创造性叛逆"论运用于一般的翻译研究，并将"创造性叛逆"论与"反忠实"论或"解构忠实"论挂起钩来。十几年来，有关"创造性叛逆"及"解构忠实"的言论与文章层出不穷，如林克难的《翻译研究：从规范走向描写》（《中国翻译》2001年第6期）、葛校琴的《译者主体的枷锁》（《外语研究》2002年第1期）、王东风的《解构"忠实"——翻译神话的终结》（《中国翻译》2004年第6期）等，还出现了《翻译：创造性叛逆》（董明著，中央编译出版社，2006年）那样的以"创造性叛逆"为关键词的专门著作，形成了阵容较为强大的"叛逆派"，并由此引发了"忠实派"与之针锋相对的反论，特别是翻译家江枫在《江枫翻译评论自选集》和《江枫论文学翻译自选集》（武汉大学出版社，2009年）两书的相关文章中，对"叛逆派"做了激烈反驳与批评。

"叛逆派"认为翻译不可能完全忠实原文，并指责"忠实派"脱离翻译实际，以"信达雅"之类的标准来"要求翻译做它所不能的事"；"忠实派"则认为翻译"无信不立"，"忠实""求信"是翻译的永恒追求，指出"叛逆派"是在鼓励一些人胡译乱译，贻害无穷，因而"叛逆派"应该为近年来翻译质量下滑、粗制滥造的译文大量出现承担罪责。"叛逆派"以西方"后现代主义"理论如解构主义之类为依据，将以"忠实"为核心的翻译理论列为"传统翻译学"，而把"创造性叛逆"奉为新派的"现代翻译学"，明言"忠实派"已经陈旧过时，应该被取代；而"忠实派"则将"叛逆派"视为西方时髦的"主义"和理论在中国的"二传手"，其所贩卖的违背翻译基本性质与规律的虚假理论，是"伪翻译学"。

平心而论，"叛逆派"与"忠实派"的论争，对于推动新世纪中国译学理论的活跃与繁荣，是有益的、必要的，各自的理论主张都有合理性的一面。

站在文学角度而言，"忠实派"理论主张是从"文学翻译"立场得来的，而"叛逆派"的理论主张则是从"翻译文学"而来的。"忠实派"适用于作为行为过程的"文学翻译"。因为"文学翻译"的行为过程若不讲"忠实"，那么翻译便成为一项极不严肃、随意为之的行为，胡译乱译将肆意横行，翻译将丧失其规定性；同理，"叛逆"是对最终成品的"翻译文学"状态的描述，只适用于作为最终文本形态的"翻译文学"。因为作为翻译结果的"翻译文学"，不可能百分百地再现原文，总有对原文的有意无意的背离、丢弃和叛逆，所以从文学翻译的最终文本"翻译文学"上看，"叛逆"是其基本属性之一。如果不承认"叛逆"，看不到"叛逆"的合理性与价值，翻译批评就只是关于语言学上对与错的挑错式的批评，而不是视野更为广阔的跨文化批评，翻译研究就无法正确评价翻译史与翻译文学史。

相对而言，"忠实派"是翻译中的理想主义，它用"信达雅"等标准指导翻译活动与翻译过程，用"神似""化境"等理想来要求风格上出神入化的最高的忠实与美；"叛逆派"则是翻译中的现实主义，它承认翻译文学不可能完全忠实原文，于是坦然接受这个现实，试图只是在理论上描述这一现实，并在翻译研究中揭示这种并非忠实的乃至叛逆性的译作之价值，指出它在文化沟通、文学交流方面所起的不可替代的特殊作用。

这样看来，"叛逆"与"忠实"两派可以在"理想"与"现实"两个界面上互相补充，在"文学翻译"与"翻译文学"两种形态上互为依存，在"翻译实践"与"翻译史研究"两个领域互为犄角。事实上两派也起到了这样的作用，但是表现在具体的论争与论证上，一些论者将各自的主张绝对化，各执一端，针锋相对，不加包容。"忠实派"认为"忠实"是翻译的根本，决不能提倡"叛逆"，认为将翻译研究纳入比较文学的范畴是"不可接受"①的。"叛逆派"认为"忠实"只是翻译中的"神话"，而"创造性叛逆"才能揭示翻译的实质。显然，两派在理论阐述的过程中，在相互的论争中，各自都"越界"了。"忠实派"把"忠实"的理论要求，由"文学翻译"推广到"翻译文学"，由翻译过程与翻译实践的规范性理论，而普泛为整个文学翻译与翻译文学的全部。殊不知"忠实"的理论固然是翻译实践的理想追求，却不是翻译结果的正确描述。同样地，"叛逆派"把自己的"创造性叛逆"由翻译文本即"翻译文学"的某方面属性，放大为整个翻译的本质属性。殊不知"叛逆"只能是对文学翻译之成品状态即

---

① 江枫：《江枫翻译评论自选集》，武汉：武汉大学出版社，2006年，第176页。

"翻译文学"的一种描述。

"忠实派"与"叛逆派"两者本应该各有畛域，不可越界。一旦越界，便由真理走向谬误。想在理论上真正站得住，就必须明确意识到各自立论的逻辑前提究竟是什么，各自的理论适用性又在哪里。

"忠实"作为翻译实践的指导性理论，是必不可少的。但"忠实派"往往用"忠实"来衡量已经问世的译作，并以此对译作做出价值判断。而且，"忠实派"的一些论者还常常只坚持"忠实"一端，虽然有的译者和翻译家重视译文独立的审美价值，提出了"与原文竞赛论"，有的理论家提出了翻译标准的"多元互补论"。但是，"忠实派"论者常常对这些理论主张强烈排斥，并从这些人的译作中，挑出一些并不忠实的翻译，乃至错译，而对其做出否定性判断。拿"忠实"的标准，做字句上的挑错式的批评，这固然是必要的，也是重要的，但以个别字句翻译上的不忠实而否定整个的译作，就不免以偏概全了。假如拿"忠实"为标准而对具体字句的翻译——加以语言学层面上的衡定，则无论是哪个翻译家的译作，多多少少肯定会有不忠实乃至错误之处，我们不能因此而否定该译作。看来，"忠实"论是有适用限度的，它是指导翻译实践（文学翻译）的理论，而不是对翻译的成品（翻译文学）的唯一的评价标准。是否忠实于原文固然是其中的重要标准，但衡量翻译文学之价值的标准，是一个综合性的、多层次的指标体系，既有纯语言文学层面上的标准，也有文化上特别是跨文化交流上的标准，例如，一部译作是否受到译入国读者的欢迎，在译入国文学史、文化史上是否有作用和影响等等，都是应该考虑的。甚至正如"叛逆派"所主张的，有时候"创造性叛逆"也是一个重要的评价标准，因为它在跨文化交流中起到了特殊的重要作用。

二、"叛逆派"立论中的问题

在上述两派中，"叛逆派"属于新派。相比于源远流长、根底扎实的"忠实派"而言，"叛逆派"的理论还较为粗糙，还未臻于成熟。虽然发表了很多的著述，虽然援引了许多西方人的观点作支持，但无论是西方的翻译理论，还是以此为支撑的中国的"叛逆"理论，在逻辑论法、观点结论等方面，问题都很多。

归纳起来，问题之一，是未能很好地处理"忠实"与"叛逆"之间的辩证关系，在论述"创造性叛逆"的时候，误把"忠实"作为靶子和对立面，将"忠实"作为陈旧的理论主张全面否定。"叛逆派"中有人写论文，宣称要"解构'忠实'"，把"忠实"与传统礼教社会夫妻之间的绝对占有与绝对服从，与臣民对君主的绝对忠诚，与译者对原作者、译作对原作的"忠实"，相提并论，认为"忠实"属于传统封建社会的"集体无意识"而痛加否定。这就未免生拉硬扯、针小棒大，离题甚远了。其实翻译中的"忠实"问题是一个语言问题、文学问题、美学问题，这与传统社会中的君主专制问题似乎有点风马牛不相及。其次，"叛逆派"的一些论者，按照

"传统与现代"二元对立的思路，进一步将"忠实"理论视为"传统翻译学"，将"创造性叛逆"理论视为现代翻译学的"全新理论"，在两派之间做出了新与旧、传统与现代的价值判断，宣布"忠实派"已经过时了。实际上，翻译学、翻译理论固然有出现的先后之别，也有形态之分，但却没有"传统翻译学"与"现代翻译学"的壁垒，新与旧绝不能决定价值的高低。"传统翻译学"如果仍在延续，那它就既有传统性，也有现代性。事实上，以"忠实论"为核心的中国翻译理论，在古代源远流长，至今仍然是翻译理论的核心。"忠实论"过时不过时，绝不是因为它是不是传统译论，而是取决于它能不能在现代翻译实践中不断充实和发展。

问题之二，"叛逆派"一些论者在把"忠实派"作为"传统翻译学"加以批判的时候，认为"忠实派"之所以主张对原作忠实，是因为"预设原作和作者是完美无瑕的"，或者是认可了原作的"权威性"，所以要求译者服从。而事实上原作往往并非完美无瑕，也未必有那么大的权威性，所以译者未必要忠实它、服从它。此言不无道理。"叛逆派"从这个角度论述"忠实派"理论的起源，也是可行的。然而，一些著名翻译家自述的那种对原作的"战战兢兢、如临深渊、如履薄冰"式的敬畏之感与忠实之心，恐怕主要是对翻译本身的敬畏与忠实，是对翻译事业的忠诚之心，而并不意味着是认可原作者或原作本身的权威与完美。"叛逆派"在论述这个问题的时候，喜欢举出宗教经典的翻译为例，到了当代也可以举出"马恩列斯"著作的翻译为例，来说明"完美"与"权威"。但是，事实上，还可以举出完全相反的并不认为原作完美、权威，却仍然要忠实地加以翻译的例子，例如过去特殊时期被翻译过来"供批判用"的著作，像右翼作家三岛由纪夫的《丰饶之海》四部曲，查对原文，译者的翻译仍然堪称忠实。这既不能表明译者认定原作完美无缺，更不能说明译者认可作者有何权威，而只能表明：只要进入了翻译过程，就要忠实原文。既然要去翻译它，就要忠实它。哪怕原文很不完美、很没"权威"。换言之，"忠实"还是"叛逆"，不取决于原文是否完美、是否有权威，而取决于"翻译"本身。译者忠实于原作，并非表明译者低原作者一等，而是真正体现了与原作之间的平等意识。

问题之三，"叛逆派"中的一些论者，坚持"忠实-叛逆""传统-现代""原作-译作"的二元对立观念，很难处理好"忠实"与"叛逆"之间的辩证关系。他们没有意识到，无论是什么样的翻译，只要它还算是"翻译"，那就有着对原作的一定程度的"忠实"，其中的"叛逆"也是在"忠实"基础上的"叛逆"。"忠实"与"叛逆"的这种矛盾运动，是贯穿于一切翻译，也包括文学翻译始终的。正如世界上不存在百分百"忠实"的译文一样，世界上也不存在百分百的"叛逆"的译文。如果百分百地"叛逆"了，那就不是翻译，而是创作了。因此，就原文与译文的关系而言，"叛逆"是某种程度上的，因而"叛逆"是相对的，而不是绝对的。"忠实"与"叛逆"是互为补充的关系，而不是对抗关系。很多情况下与其说是"叛逆"，不如说是翻译家为求"忠实"而采取的特殊的、非常规的、个性化的表现。在大部分情况下，对于译文与原文的关系而言，"忠实"是主要的，"叛逆"是次要的；"忠实"是基础，"叛逆"是附属；"忠实"是主流，"叛逆"是支流。不能做到完全的"忠实"，是翻译本身的局限性，而不是翻译值得自豪的理由。"叛逆派"高调主张"叛逆"，却忽视了"忠实"是对"文学翻译"的规范性的基本的要求，未充分意识到"忠实"是许多翻译家的理想，也是一个翻译工作者起码的职业操守。若没有"忠实"这个要求，若不追求"忠实"这个理想，那么翻译就不存在，翻译家也不存在了。

问题之四，就是无条件地肯定和弘扬"创造性叛逆"。当"创造性叛逆"被无条件肯定和弘扬的时候，所有"叛逆"就都被视为"创造性"的了。"创造性叛逆"这个命题中，暗含着对"叛逆"的完全正面的评价，体现了以译者为中心的一元论的立场。也就是说，无论译者怎么译，都是"创造性叛逆"。在"创造性叛逆"的语境中，将译者的"叛逆"与翻译中的"创造"视为因果关系，也就是将"叛逆"视为"创造性"的行为。实际上，并不是只有"叛逆"才算"创造"。在翻译实践中，"忠实"的翻译本身就是"创造"或"再创造"，而且是翻译活动中的主要的创造方式，这种"创造"常常比"叛逆"更艰难，是将科学性与艺术性、从属性与主体性结合在一起的更为复杂的劳动，严复说的"一名之立，旬日踌躇"所表达的，就是翻译中的艰辛创造，之所以艰辛，就是因为翻译要"忠实"地"创造"。

"忠实派"要"叛逆派"为翻译质量的下滑负责，实际上是夸大了或者说放大了"叛逆派"的适用性。实际上"叛逆派"早就声言：它的理论不指导实践，而只是客观描述。但是，另一方面，"叛逆派"似乎也不能不承认，完全从正面肯定"叛逆"，将"误译"这样的损害原文的行为与结果也不加分析地归为"创造性叛逆"，客观上会宽容误译，甚至会为误译开脱。"叛逆派"的问题，是将翻译中的一切"叛逆"视为理所当然、视为合理合法，而没有看到，实际上在翻译中存在着两种"叛逆"，一种是"创造性叛逆"，另一种是"破坏性叛逆"。

"破坏性叛逆"可以作为"创造性叛逆"的反义词，以解释"叛逆"的另一面，即消极面或负面。这是很有必要的，然而如今公之于世的属于"叛逆派"的上百篇相关文章和数部专著，包括专门阐述"创造性叛逆"的博士论文，对于"破坏性叛逆"存在的这个问题，连浅尝辄止的论述都没有，甚至没有触及，说明"叛逆派"的论者完全没有意识到。这是令人十分遗憾的。实际上，"创造性"与"叛逆性"（"破坏性"）是"叛逆"的两面。并非所有的"叛逆"都是"创造性叛逆"，肯定也有"破坏性的叛逆"。只有看到"破坏性叛逆"，才能正确认识"创造性叛逆"。

归根到底，翻译理论的宗旨应该是"提倡理想，规制现实"；翻译研究的宗旨也应该是"呈现事实，描述历史，生产知识，影响现实"。从这样的宗旨出发，翻译中的"叛逆"应当被客观地呈现和承认、得到客观的描述，但从"规制现实""影响现实"的角度看，"叛逆"却不应该被弘扬和提倡。因为"叛逆"中含有"破坏性叛逆"，作为一种历史现实，我们可以接受它，但应该有一定的限度、范围、条件和前提。相反地，凡是理论主张都是理想，至少具有理想色彩，理论是对实际的提炼，如理论等于实际，那就不是理论了。"忠实"作为理想，提倡之无害而有益。正因为"信达雅"等"忠实"的标准难以实现，所以更需要这样的标准，正如法律不能被百分百遵守，所以需要法律，属一个道理；"叛逆"固然是翻译上的一种现实，但如果无条件地接受现实，就会丧失理想与规矩的指引与规范，现实就将越来越糟，所以需要"忠实"来规制。正如社会腐败是一种现实，所以我们不能无条件接受它，就需要用法律加以约束和制裁，是同样的道理。

"译文学"与"译介学"之争^①

谢天振先生《"创造性叛逆"：本意与误释——兼与王向远教授商榷》一文，在"创造性叛逆"者究竟指的是"译者"还是"译文"、译介学所处理的是"广义翻译"还是"狭义翻译"等概念术语的表述上含混不清。站在"译文学"立场看，这与译介学学科范畴界定过于宽泛有关，在等同于"翻译学""翻译研究"乃至"外国文学"等广阔学术领域的"译介学"界定中，对相关术语概念的辨析势必难以精细精确，也容易引发误解与争论。而译介学的核心概念"创造性叛逆"之所以引起很多的误解误用，原因也在于缺乏精细的界定，以致有人试图拿这个词解释翻译的一切问题。实际上，译介学既然是一个学科概念，就不可能无所不包，以一个"创造性叛逆"

---

① 原载《中国社会科学评价》2020 年第 1 期，原题《宽泛的学科界定难有精细的术语辨析——从译文学看译介学的范畴界定并答谢天振先生》。

作为核心概念，也不可能有效地解释翻译的所有方面尤其是译文方面的问题。译介学本质上属于文化翻译模式，它与"译文学"不应是相互排斥的关系，而应相辅相成，各从其独特方面贡献于中国的翻译研究与翻译理论建构。

2014 年以来的几年间，我发表了二十多篇关于"译文学"的系列论文，在此基础上又出版了专著《译文学——翻译研究新范型》（中央编译出版社，2018 年），有幸得到学界朋友的关注。《中国社会科学评价》杂志在 2019 年第 2 期开设了一个专栏，发表了站在"译介学"角度与"译文学"争鸣商榷的四篇文章。在我国的翻译研究、翻译理论、翻译学学科建设不断推进的今天，这是很有意义的。四篇文章基本围绕译介学的核心概念"创造性叛逆"展开，论题较为集中，不乏可取之处。但也有文章对"译文学"了解不足，对《译文学》一书阅读不全、不细或者竟至未读，率尔操觚，出现了不少理解上、知识上、逻辑上的片面与错误，加上意气用事，显得偏激偏颇，缺少学者态度与学术价值。俟有机会，不妨将此作为译学界一种浮躁凌厉的现象加以剖析，也许不无益处。此次限于篇幅，我只能先回应其中的一篇有价值的文章，那就是翻译理论家、《译介学》及译介学理论的主要建构者谢天振先生的大文——《"创造性叛逆"：本意与误释——兼与王向远教授商榷》。

天振先生在文章中对我"译文学"的两篇论文（也是

《译文学》中的第七、第八章）提出了质疑与商榷，我很欢迎。在回应之前，须先说明一点：我的《译文学》一书的第七、第八章，以及那两篇关于"创造性叛逆"概念辨析的文章，实际并非专门针对天振先生。据我所知，"创造性叛逆"这个中文词组，最早出现在日本学者大冢幸男的《比较文学原理》中文译本（陈秋峰等译，陕西人民出版社 1985 年版，是改革开放初期中国比较文学重要的启蒙书之一）中，后来天振先生加以阐发，并把它作为"译介学"的核心概念。接下来人们对"创造性叛逆"的种种误解、误释、误用，并非都与天振先生有关，其实也有天振先生表示不赞同者。不过，天振先生作为译介学理论的创建者，作为"创造性叛逆"论的主要推崇者和阐释者，他来写批评文章与我商榷，也在情理之中。

　　从学术争鸣的角度来说，我须对天振先生的商榷文章加以回应。过程中，迫不得已会做出认可或反对的评价，难免有失敬之处，敬请天振先生原谅。无论如何，一个大前提一直没变，那就是我对天振先生及其译介学的建构始终充满敬意和谢意。相信这种学术观念上的交锋、论辩与碰撞，只能有助于增进我们的理解与友谊。我曾在《译文学》中对天振先生"译介学"建构的学术史贡献与价值做了仔细分析，并予以高度评价，认为"比较文学的许多重要概念，如影响研究、平行研究、主题学、文类学、比较诗学、形象学等，都是从外国翻译引进转换来的"，而"'译介学'是近三十年来中国学者创制的第一个比较文学概念，是中国比较文学的一个特色亮点"。①我从《译介学》中学习了很多、受益很多。我的"译文学"的理论建构，只是接受"译介学"的启发，是接着"译介学"继续向"译文"的天地开拓，不是"对着讲"，而是"接着讲"，并没有在任何层面上否定"译介学"，没有任何必要试图以"译文学"取代"译介学"，关于这一点，我在《译文学》有关章节做了明确的解释。至于对"创造性叛逆"一词的理解，我与"译介学"确有不同，但也不是为批评"译介学"而批评，只是想在"译文学"的角度澄清翻译界不少人对这个词的误解，以便我的"译文学"能够更科学有效地论述译者主体性发挥限度这一重要理论问题。我知道天振先生平日很忙，没有时间（恐怕也没有必要）全面细读我的关于"译文学"的论文与著作。关于"创造性叛逆"的两篇，因事关译介学的核心概念，引起了先生的注意，实属有幸。但是假如没有全面了解"译文学"诸概念及其理论体系、不仔细通读《译文学》，只凭借对这两篇文章（也就是《译文学》的第七、八章）的翻阅来把握我所说的"创造性叛逆"，就难免产生误会或误解。遗憾的是，这种误会或误解似乎已经发生了。天振先生在这篇商榷文章的"引言"部分，先是说明王向远之前对"译介学"是如何响应与支持，接下来又说"不过近年来，令我感到有些意外……"云云。其实吾道一以贯之，

① 王向远：《译文学：翻译研究新范型》，北京：中央编译出版社，2018 年，第 293、290 页。版本下同。

近年来我对译介学的响应支持，非但没有减弱，而是更多、更实在和更有力。近五年我在近百所大学的演讲中，在讲解"译文学"的时候也不断谈到"译介学"，有批评，更有弘扬。因为，正如我在《译文学》所说：没有译介学，就没有"译文学"；或者说：若是否定了译介学，"译文学"也就无法存在了。

此次我对天振先生的回应，不想局限于"创造性叛逆"这个概念本身，实际上关于这个问题我在《译文学》中，或者在相关的两篇论文中，已经说得足够清楚，只要按原意正确理解，就不会出现偏误。顺便说一下：近日得知中山大学国际翻译学学院范若恩副教授首次译出了埃斯卡皮的一篇专谈"创造性叛逆"问题的论文——《文学解读的"创作性偏离"》，通过翻译原作范老师认为"创造性叛逆"作为一个译名未能很好地体现埃斯卡皮的原意，他认为这个词应该准确地译为"创作性偏离"。这种新译法及整篇译文，与我当时细读的埃斯卡皮《文学社会学》（于沛译）中文版的总体感觉，是完全吻合的。它指涉的是"文学"，而且主要是总体而言的"文学"，所谓的"叛逆"主要是指文学的"读解"，而非专指"文学翻译"，且解读中没有暴烈到"叛逆"的程度，只是"偏离"而已。虽然这个词长期被译为"创造性叛逆"，作为中文词汇已经约定俗成了，但"创作性偏离"的新译法，将有助于我们对"创造性叛逆"之真意的理解。关于埃斯卡皮的这个概念的原意及其阐发，范若恩老师将有专文论述，此处不赘。总之，我的这篇回应文章不打算重复我已有的看法，还是想从"创造性叛逆"这个概念说开去，并涉及相关概念的使用与辨析问题，特别是此次天振先生商榷文章中的学科概念使用的问题，由此而又不得不涉及天振先生对"译介学"这个学科概念界定宽泛这一判断的质疑。

一、"叛逆"者是"译者"还是"译文"？

我在《译文学》中曾指出"译介学"对"创造性叛逆"这个概念的理解，在四个方面对原意有所改动、挪用与偏离。其中一点，就是指出埃斯卡皮所谓的"创造性叛逆"，其"叛逆"者，应该是指"译文"，而不能是"译者"。我认为，若不做这样的理解，不仅不合埃斯卡皮原意，而且无论在翻译理论还是在翻译实践上都是有害无益的。

对于这个问题，在这次与"译文学"的商榷文章中，天振先生提出了质疑，可惜其论点上下龃龉、自相矛盾。一方面，先生实际上承认叛逆的主体是"译文"，请看下面这段话：

> "创造性叛逆"一语是英文术语 creative treason 的迻译，它是个中性词，是对译文与原文之间必然存在的某种"背离""偏离"现象的一个客观描述。这种"背离""偏离"的结果有可能表现为"绝妙佳译"，如"可口可乐"的翻译以及诸多优秀的译作就是如此；但也可能表现为误译、错译、漏译、节译、

编译乃至胡译乱译。甚至还有一些现象……它们倒也不是什么胡译乱译，但其翻译的结果造成事与愿违，像这样的现象也属于"创造性叛逆"。①

这里天振先生说得很清楚："创造性叛逆"一词是对译文而言的。这段话里反复使用的几个词（我加了着重号），包括"误译之类"和"翻译的结果"这样的表述，实际都是指各种各样的"译作"或"译文"。而且，天振先生在这次的商榷文章中转述的他在 2012 年发表的一篇文章，也有类似的话：

> ……应该看到，"创造性叛逆"这一说法深刻地揭示了翻译行为和翻译活动的本质。就译者而言，尤其是一个认真、负责的译者，他主观上确实是在努力追求尽可能百分之百地忠实原文，尽可能百分之百地把原文的信息体现在译文中，然而事实上这是做不到的，译文与原文之间必定存在着差距。这个差距也就注定了翻译中必定存在着"创造性叛逆"这个事实。

这句话说得很对，我高度赞同。天振先生这段话的意思也很明确：译者并不想"叛逆"，"创造性叛逆"的主体不是"译者"。因为"译者"无论如何想忠实于原文，但作为结果

---

① 谢天振：《"创造性叛逆"：本意与误释——兼与王向远教授商榷》，《中国社会科学评价》2019 年第 2 期。着重号为引者所加。下文所引段落，如无特别注明，皆出自此文。

的"译文"还是有"叛逆"。因此,"创造性叛逆"只能用来描述作为"翻译的结果"的"译文",而不能成为"译者"的一种行为信条。在这一点上,我和天振先生完全一致。这当然也是埃斯卡皮的原意。

埃斯卡皮的那段话,我援引过,天振先生在这篇文章又引过,其中有"说翻译是创造性的,那是它赋予作品一个崭新的生命"。这句话最为重要。这里第一句中的"翻译",在第二句话中用"它"(而不是人称代词"他")来代替,足以表明"翻译"指的是"译作",而不是"翻译家",表意非常显明,根本无须多加辨析。

但遗憾的是,天振先生自己在后文中,却又自我否定了这个正确看法。这次在与"译文学"的商榷文章中,有这样一段表述:

> 更有必要强调指出的是,无论是拙著《译介学》还是早在《译介学》之前已经发表的拙文《论文学翻译的创造性叛逆》等论著,在讨论"创造性叛逆"这一概念时都明确阐明"创造性叛逆"的主体不仅有媒介者即译者,还有接受者(包括读者和作为读者的译者)和接受环境。

这里明确地将"译者"作为主要的"创造性叛逆"的主体,而与上述的"译文"作为"叛逆"之本体的正确认识,前后不一。而且,对于我批评有些人(当然不是天振先生本人）误将"创造性叛逆"的主体由"译文"转换为"译者"，天振先生不以为然，他说：

> 按理说，向远教授所引的埃斯卡皮的这段话结构很清晰，意思也很明白，不应该产生任何歧义。"赋予作品一个崭新的面貌"的"它"是谁？这里从字面上看可以说不是译者（尽管从某种层面上也可以说暗含着译者），但无论如何也不可能是"翻译作品（译本）"啊。这里的"它"只能是指"翻译"，是"翻译"赋予了作品（指原作）一个崭新的面貌，而译本是被"翻译""赋予了一个崭新的面貌"后的"原作"也即"译作"，是这个翻译行为或活动的结果，结果怎么可能成为"创造性"和"叛逆性"的主体呢？且不说这样的解释与这段引言的字面不符，于实际逻辑更是说不通啊。

埃斯卡皮所说的"翻译"，当然可以包含"译者"，因为"译文"毕竟是译者的产物，但是最终指的仍然是"译文"。如果像天振先生这样把"翻译"只理解为翻译行为与翻译过程，那就等于把"翻译"的结果亦即"译作"排除在外了，这难道不是"译介学"对"创造性叛逆"的"叛逆"者所指的一个根本性转换吗？可见，天振先生在"叛逆"者到底是"译文"还是"译者"这个问题上，前后矛盾，含混不清。

把"叛逆"者置换为"译者"，从逻辑上理解，就是译者在翻译行为的层面上总是要想着如何"创造性叛逆"。而事实上，从绝大多数翻译家的翻译体验谈来看，却是恰恰相反的。天振先生原本也是承认这一点的，正如上引先生所言："就译者而言，尤其是一个认真、负责的译者，他主观上确实是在努力追求尽可能百分之百地忠实原文，尽可能百分之百地把原文的信息体现在译文中。"这里明明是说，"译者"在实施翻译行为时，不能以"创造性叛逆"为旨归，而应该以"忠实原文"为目的，只是无奈作为翻译的结果的译文，仍然难以避免地存在"叛逆"。——说来说去，"创造性叛逆"的叛逆者不能是"译者"，而只能是"译文"！因为一旦理解为"译者"，则译者主观上以"叛逆"为目的，就必然造成我所说的"破坏性叛逆"。

看来，应将"创造性叛逆"的"叛逆"者理解为"译文"而不能是"译者"，才能使"译介学"在这个问题上走出自相矛盾的理论困境，才能在这一层面上尽可能地减少人们对"译介学"叛逆论的误解。而且，最根本的问题是，将"译者"作为"创造性叛逆"者，那么译者就必然会将"创造性叛逆"付诸行为，付诸行为就必然会使用一定的方式方法。关于所使用的方式方法，天振先生有这样的说明：

> 译介学对媒介者也即译者的创造性叛逆表现进行了细分，具体分为"个性化翻译""误译与漏译""节译与编译"和"转译与改编"，并配以大量的实例个案予以说明。

这就很仔细地说明了译者所使用的"创造性叛逆"的各种方式方法。但是，另一方面，天振先生又提醒说：

> 这里的关键问题仍然在于如何认识"创造性叛逆"的实质。不把"创造性叛逆"当作一种翻译方法和翻译判断标准，就不会引发任何"困惑和混乱"。

一方面详细论述了诸如"个性化翻译""误译与漏译""节译与编译""转译与改编"等"创造性叛逆的表现"，而这些"表现"明明白白都是"方法"！可是另一方面又告诫"不把'创造性叛逆'当作一种翻译方法"，这里的自相矛盾，不知天振先生意识到了吗？显而易见地，这明明是向"译者"所提供的各种方式方法，而不是对"译文"所做的描述！须知，向行为主体"译者"所提供的，只能是行为的方式方法。而对"译文"所做的"创造性叛逆"的描述才是静态的、事后的，才能确保译者不会事先把"叛逆"当方法。既然如此，不知为什么天振先生一定要把"译者"作为创造性叛逆的主体，同时又要求"译者"不把"创造性叛逆"当作翻译方法？

我这样反问天振先生，是因为天振先生这样质问我：

> 译本是被"翻译""赋予了一个崭新的面貌"后的"原作"也即"译作"，是这个翻译行为或活动的

结果，结果怎么可能成为"创造性"和"叛逆性"的主体呢？……如此固执地无视翻译的主体地位并不顾翻译的实际情况，执意把译本标举为"创造性"的主体，向远教授这样的分析和由此得出的结论也就很难让人信服了。

"译文学"之所以"如此固执"地这样做，恰恰是为了将"创造性叛逆"只用于描述作为翻译结果的"译文"，而不用于作为翻译行为主体的"译者"，从而避免理论上的自相矛盾，更可避免对翻译实践的误导。

二、究竟是"广义翻译"还是"狭义翻译"？

天振先生批评"译文学"的第二个论点，集中在"广义的翻译"还是"狭义的翻译"这个问题上。这与我在《译文学》中的如下一段话有关：

第一个转换是在"创造性的背叛"的适用范围上发生的。"文学社会学"所着眼的根本问题是文学作品如何实现其社会化价值的问题，其核心对象是对"读者"的研究，是对读者的文学作品阅读与接受的研究，在这个前提下，埃斯卡皮是偶尔谈及翻译问题的。但如上所述，他所谓的"翻译"只是指"翻译书籍"，有时则是广义上的作为阅读理解的"翻译"，在这种语境中，"译者"也是作为读者的一部分被看待的。但是，在谢天振先生的"译介学"中，"翻译"似乎更多地指狭义上的翻译，包括作为翻译过程行为的"文学翻译"与翻译之结果的"翻译文学"两个方面。这样一来，埃斯卡皮在图书发行与读者阅读层面上的"创造性的背叛"所指的广义翻译，就被转换为狭义的"翻译"即译者在翻译行为层面上的"创造性叛逆"。读者阅读的"创造性叛逆"是阅读的基本属性，是完全可以理解的、有益无害的。而翻译层面的、译者的"创造性叛逆"，则会触动翻译的根本属性及翻译伦理学的基础，在理论与实践上带来了一些问题、困惑乃至混乱。①

在此我对"广义上的翻译"和"狭义上的翻译"的界定是明确的：广义上的翻译是"作为阅读理解的'翻译'"；狭义上的翻译，"包括作为翻译过程行为的'文学翻译'与翻译之结果的'翻译文学'两个方面"。但是，对于我说《译介学》所讨论的翻译"似乎更多地是指狭义的翻译"，天振先生认为这"不符合事实"。然后他引了好几段《译介学》中的话，来证明我理解错了。

诚然，作为《译介学》的作者与译介学理论的主要发言人，天振先生对自己说的到底是什么所做的解释，应该是唯一

---

① 王向远：《译文学：翻译研究新范型》，第184—185页。

有权威性的。但是，这里得有一个前提，就是对概念的理解必须与批评者保持一致。也就是说，我所说的"广义的翻译"和"狭义的翻译"，与天振先生所说的"广义的翻译"和"狭义的翻译"，应该保持一致，我们两人所指的应该是同一种东西才行，但恰恰在这个简单的问题上出现了问题。如上所述，我所说的"广义的翻译"，是"作为阅读理解的'翻译'"，其实就是阅读理解上的跨文化的意义转换；"狭义的翻译"，则"包括作为翻译过程行为的'文学翻译'与翻译之结果的'翻译文学'两个方面"。但天振先生在对我的批评和自我解释中却偏离了这样的界定。他把"广义的翻译"和"狭义的翻译"两者完全混在一起了。为了说明《译介学》所讨论的翻译不是"狭义的翻译"，他举出了好几段话，以下不妨引用其中几段。

> 〔译介学〕关心的是翻译（主要是文学翻译）作为人类一种跨文化交流的实践活动所具有的独特价值和意义。①

这里所说的"翻译"而且"主要是文学翻译"应该属于"狭义的翻译"的范畴。

---

① 谢天振：《译介学》，上海：上海外语教育出版社，1999年，第1页。版本下同。

比较文学是从更为广阔的背景上去理解翻译的。它认为文学作品创作过程的本身就是一种翻译——作家对现实、生活、自然的翻译，而一部文学作品一旦问世，它还得接受读者对它的形形式式的、无休无止的翻译——各种读者的不同理解、接受和阐释。因此，译者对另一民族或国家的文学作品的翻译就不仅仅是两种语言之间的转换，它还是译者对反映在作品里的另一民族、国家的现实生活和自然的翻译（理解、接受和阐释），翻译研究因此具有了文学研究的性质。①

这里所说的，当然是"广义的翻译"。但是，下面这段论述又改变了：

比较文学学者（也即译介学研究者，下同——引者）研究翻译多把其研究对象（译者、译品或翻译行为）置于两个或几个不同民族、文化或社会的巨大背景下，审视和阐发这些不同的民族、文化和社会是如何地进行交流的。

这里所说的翻译，其"研究对象"是"译者、译品或翻译行为"，完全属于"狭义的翻译"的范畴。

_____

① 谢天振：《译介学》，第10页。

下面这段话，依然说的是"狭义的翻译"。

　　传统翻译研究者的目的是为了总结和指导翻译实践，而比较文学学者则把翻译看作是文学研究的一个对象，他把任何一个翻译行为的结果（也即译作）都作为一个既成事实加以接受（不在乎这个结果翻译质量的高低优劣），然后在此基础上展开他对文学交流、影响、接受、传播等问题的考察和分析。因此，比较文学的翻译研究相对来说（来）比较超脱，视野更为开阔，更富审美成分。①

　　这里虽然表明"译介学"的翻译研究不做关于"译文"的"翻译质量的高低优劣"的判断，但毕竟是把"文学翻译"这种形态作为研究对象的，因此完全属于"狭义的翻译"的范畴。

　　显而易见，天振先生一方面不同意我所说的《译介学》所讨论的问题主要属于"狭义的翻译"，认为它属于"广义的翻译"。而另一方面，在具体行文论述中，却更多地谈的是"狭义的翻译"。这表明，天振先生对"广义的翻译"和"狭义的翻译"并没有很好地、清楚地加以区分。在这种情况下，他对埃斯卡皮的"创造性叛逆"论从"广义的翻译"向"狭义的翻译"的转换与挪用，很可能是在不自觉中发生和进行的。

―――――――――

① 谢天振：《译介学》，第11页。

三、学科范畴界定过于宽泛，必会造成相关概念的含混

如上所说，天振先生在与"译文学"论争的两个争论点上——"叛逆"的主体（本体）到底是"译者"还是"译文"，《译介学》所处理的到底是"广义翻译"还是"狭义翻译"——都表现出了表述不一与前后矛盾的情况。想来其根本原因，就在于《译介学》对"译介学"这个概念的内涵、外延，一开始就仅仅与传统语言学意义上的翻译研究做了区分界定，使得"译介学"与传统的语言学的翻译研究做了切割，成为译介学学科范畴成立的前提。这在 20 世纪末期的学界是很有创新的作为，对此我在《译文学》中曾给予充分肯定。但是，现在看来，如果说"译介学"就是"翻译研究"或"翻译学"，或者限定一下，就是"比较文学中的翻译研究或翻译学"，那么这个界定还是太宽泛了。假如"译介学"就等于"翻译研究"或"翻译学"，那再提出"译介学"这三个字，岂非重复命名，有什么必要呢？"译介学"的"译"和"介"究竟是指什么，两字合在一起的"译介"又是指什么？作为一个学科概念，必须在汉语词汇的语境中，做语言学上的词素构成分析，然后加以明确界定。这么多年来，我作为《译介学》的学习者，眼看着"译介学"被许多后学者误解误用，难以无动于衷，只好站在"译文学"的立场上，在"译

文学"与"译介学"的比照中，尝试对"译介学"做了一个界定。①当然那只是《译文学》对"译介学"的界定，天振先生是否认可，则是另外一回事了。

直到今天，天振先生仍然坚持一直以来的宽泛的"译介学"概念，请看天振先生在此次与"译文学"商榷文章中的一段话：

> 译介学和翻译学，它们都属于新兴学科，都具有跨学科、跨语言、跨文化的特点，具有边缘学科、交叉学科的特征。因此它们的研究边界或学科边界注定是不清晰的。你能给比较文学划出一个清晰的界限吗？而译介学作为比较文学中的翻译研究，确切地说，也许应该说是比较文学视域下的翻译研究，它的研究对象是翻译，以及一切与翻译相关的语言、文学、文化活动、行为、现象和事实。所以我在《译介学导论》（第2版）的"自序"里说："译介学发展到今天，它已经不仅仅属于翻译学，属于比较文学，同时也属于外国文学，甚至属于所有与跨语言、跨文化有关的学科了。"

谢先生界定的"译介学"，就是这样的几乎无所不包的宏大的学术领域。在我看来，这样的"什么都是"的宽泛的学

---

① 参见王向远：《译文学：翻译研究新范型》，第291—297页。

科界定，实际近乎于没有界定。这样的"学科"等于没有分"科"，只能说是"学术视域"或"相关学术领域"罢了。任何学科都必须有明确的范畴，范畴必须明晰化。即便是交叉学科，在学科对象、研究宗旨与研究方法上，也应该有明确的界定。而学科理论的根本目的之一，就是要使学科范畴明晰化，搞清此学科与相关学科的边界，说明它与相关学科之间的关系关联。天振先生对"译介学"这个广漠的范围界定，使得"译介学"几乎成为"道"那样的元概念，而且"道"的下面连个"阴""阳"二分都没有，"道不可言，言而非也"，不可能做出清晰的界定。这就直接影响了次级概念的界定，包括上述的"译者-译文""广义翻译-狭义翻译"，更包括对"创造性叛逆"这个核心概念的界定。

而"创造性叛逆"之所以引起不少的误解误用，根源在于译介学对其内涵外延没有明确限定，或者不愿意做明确界定，这就使得少数人乐于拿这个"创造性叛逆"来取巧，来解释翻译中的一切方面和所有问题，只是因为这样的学位论文或者专著写起来比较容易，海阔天空，材料多得是，但殊不知好写的却往往写不好。拿"创造性叛逆"一词既要解释"跨文化交际"问题、"翻译主体"问题、"意识形态"问题，甚至还要解释"诗学"与"审美性"的问题，论题散漫、东拼西凑，生拉硬扯"哲学""阐释学"还有"社会性""审美性"之类，最终无非是要证明"翻译就是创造性叛逆"这个社会学意义上的常识判断，难免满纸废话，不仅没有理论上的新意，也不能解决、解释任何具体问题。（例如有一本题为

《翻译中的创造性叛逆与跨文化交际》的书，就是这样一个典型的例子。）这样的空泛的"翻译研究"，"研"不深、"究"不透，谈何"研究"？这样搞"翻译学"，又如何能使翻译成其为"学"？而且值得注意的是，因为这种模式操作简易，很容易被一些学子们模仿使用，若是一直流布、蔓延下去，我们的翻译学的前景不得不叫人担心。

如上所说，天振先生一方面对"译介学"做了等同于"翻译学""翻译研究"这样的极为宽泛的定义，一方面却又明确表示不能用"译文"研究来要求译介学。在这次的商榷文章中，天振先生引述了我的一段话："不做译文分析，不做译文批评，不对译文做美学判断的研究，就不是真正的、严格意义上的译本研究或译文研究。"对这段话，天振先生发了如下的评论：

> 如果向远教授只是对自己的翻译研究提出上述要求，那当然无可厚非。但要把这些要求诉诸所有研究翻译学、研究翻译文学的人，那就明显失之偏颇了。且不说翻译学研究有那么大的研究领域，即使是研究某一具体的译文，你能说只有做到了你提出的那几个"必须"，"才能揭示译文的根本价值"吗？研究译文在译入语境中的接受、传播、影响难道就不能反映这个译文的价值吗？看来向远教授对译介学和翻译学的定性和定位好像有一点问题。

问题在哪里呢？您既然把"译介学"的范畴扩大到了"翻译学""比较文学""外国文学"乃至"所有与跨语言、跨文化有关的学科"，那么仅仅从逻辑上讲，我若是要求"译介学"去研究"译文"本体，这不是理所当然的吗？既然"译介学"如此无所不包，那为什么不能包含"译文"这个翻译研究最为核心的部分呢？这样的要求算是"偏颇"吗？天振先生不接受这样的要求，恰恰表明他的"译介学"的宽泛定义是不可取的，表明"译介学"学科功能不可能强大到无所不至、无所不能。

　　而且，我关于必须研究译文的那几句话，只是在"译文学"的语境中说的，是对"译文学"的方法、价值与功能的要求。我不可能对"译介学"做出这样的要求，而且如果"译介学"能达到这样的要求，"译文学"就没有提出的必要了。对我的这个要求，"译介学"不做、不想做，实际上事实证明也不能做。就如天振先生在这里所说的，"译介学"只是"研究译文在译入语境中的接受、传播、影响"，并在这个文化学的意义上解释翻译及翻译文学的本质。但是，这毕竟不是"译文"的研究而是作为文化交流之媒介的翻译的研究，它毕竟不同于"译文学"的"文"即"译文"的本体研究。

四、"译文学"与"译介学"应是相辅相成

　　不管怎么说，"译介学"要成为一个学科概念，毕竟应该确认自己特定的、有限的学科范围。实际上天振先生在《译

介学》中也早就明确表示"译介学"并不涉及"译文"的研究与评价，表明他意识到了译介学的学科界限，这当然是可取的。在这次与"译文学"的商榷文章中，天振先生又明确写道：

> 至于向远教授质疑"是否还算是合格的翻译"，那就溢出了译介学的研究范畴，而把问题引入到对译作质量的价值判断的范畴了……这些都是翻译批评家的事，却不是译介学研究者要关注、要解决的问题。

这里明确地提到了"译介学的范畴"问题，再次表明"对译作质量的价值判断"，"不是译介学要关心的问题"。这是一句大实话，一语中的！

的确，"译介学"对"译文"本身不关心，这不但是一种理论主张，也是客观的事实。那"译介学"关心的是什么呢？当然就是译文之外的东西；译文之外的东西是什么呢？那只能是关于"译文"的各种文化问题，也就是所谓"文化翻译"问题，简言之就是翻译的"外部研究"。这在"译介学"三字概念中已经显示出来了，其核心就是"译介"之"介"（作为文化交流之中介的翻译）。实际上这不就是天振先生自己承认的"译介学"的范畴吗？也正是在这里，"译文学"与"译介学"才是构成相辅相成、相得益彰的关系。"译介学"不关心的"译文"，由"译文学"来关心；"译介学"搞的是文化翻译，而"译文学"提倡翻译文学的评论与研究，两者各有各的"范畴"。这也是"译文学"提倡之初就明确地加以论述的。

然而遗憾的是，在那个宽泛的"译介学"范畴的界定下，"译介学"似乎已经囊括了一切，因而天振先生似乎并不乐见有一个"译文学"出现在"译介学"之后。对"译文学"提倡的"译文"研究及一系列相关的研究范畴与理论方法，似乎不愿正视。如果是这样，依我看完全没有必要，因为"译文学"只会有助于彰显"译介学"的学科特性。假如天振先生有这种戒备与排斥，可能与"私属领域"或"禁脔"的观念有关。

> 在向远教授看来，译介学只能老老实实地守在"比较文学中"这个范畴内，"对译文做外部的传播影响轨迹的描述"……这个观点实在让人费解，众所周知，对文学翻译史与翻译文学史的区分以及对翻译文学史内涵的探讨，正是译介学的一个理论贡献……怎么现在翻译文学史竟成为译文学的私属领域，成为不准译介学研究染指的禁脔？

这段话，真真"令人费解"。实际上，不是"译文学"让"译介学""守在比较文学的范畴内"，不是"译文学"让"译介学"只做"外部的"研究，而是"译介学"自己一开始就明确声言不做"译文"的评价与研究。换言之，"译文"不是"译文学"的"禁脔"，而是"译介学"的"弃脔"。译文研究这一学术领域，不是"不准译介学染指"，而是"译介学"早就声明不予"染指"的领域。

诚然，正如天振先生所言，《译介学》明确地区分了"翻译文学"与"文学翻译"的概念，对此我早已做出了高度的评价，尽管"文学翻译""翻译文学"是一百年前就有的概念，但两相区分确实是"译介学的一个理论贡献"。但是，这种区分毕竟是在"译介学"的范畴内进行的。而且在区分完了之后，"译介学"不再往翻译文学的内部深究了。对于"翻译文学"以及作为翻译文学之核心的"译文"，应该如何去评论、如何去研究，评论与研究的层面、角度、标准（语言学的、美学的），可供操作的方法是什么，使用怎样的术语概念加以概括和标示等等，关键的、内在的问题，"译介学"不再涉及、不再解答，也没有提出任何一个关于"翻译文学"（译文）本体研究的概念、范畴及方法论，而只是满足于一个概念，即从埃斯卡皮《文学社会学》中借来的"创造性叛逆"论作为自己的核心概念与理论基础。当然，这也恰恰体现了"译介学"作为一个学科的可能性与不可能性。

坦率地说，《译介学》对学科范畴提炼不够，相关的概念范畴偏少，难以形成范畴与范畴之间的相互勾连，逻辑结构与理论体系难以严整，在论述中也难免有界说不精细之处，这些为后学者对译介学的一些误解提供了可能。在研究实践中，一些按照"译介学"的理论指导去从事研究的年轻学子，出现了对"译介学"特别是对"创造性叛逆"的一系列误解、误释与误用，对此天振先生也很不认同，似乎也很无奈。不过，平心而论，在独特的学科概念范畴的提炼与界定方面，在独特的理论体系的建构方面，我们不能苛求"译介学"。译介学的体系不严整、范畴不精细，有着学科发展史上的客观原因。事实上，译介学在研究实践中一直遵从的就是文化研究及文化翻译研究的基本方法与理路，当然也难以摆脱其局限。

不过，任何学科、任何理论要想保持活力，要想不断向前发展，就得不断调整自己、发展自己，而不是故步自封、作茧自缚。"译文学"可以借鉴"译介学"建构自己，那么，"译介学"为什么就不能参照相关理论主张（其实也不妨包括"译文学"的主张），来反省自己、调整自己，不断优化自己、发展自己呢？遗憾的是，这次与"译文学"争鸣的有的文章，正是缺少这样的姿态。假如抱着强烈的排他意识，以伐异的态度来参与学术争鸣，那么学术争鸣如何能够互相启发、取长补短呢？学术理论又如何在论争中不断修正提高呢？年轻人又如何能将师辈的理论发扬光大呢？

我反复强调："译文学"学习借鉴了"译介学"，事实上，"译文学"一开始就是受益于"译介学"，并且坦率地说："没有'译介学'，则'译文学'的建构就会失去参照；没有'译文学'，则'译介学'的特点、功能、可能与不可能性，也不能得以凸显。"①然后，我的《译文学》才在"译介学"之外，提出了自己的一系列概念范畴，建构了一个理论体系，向翻译

---

① 王向远：《"译介学"与"译文学"——译介学的特色、可能性与不可能性及与"译文学"之关联》，《民族翻译》2016 年第 4 期；或王向远：《译文学：翻译研究新范型》，北京：中央编译出版社，2018 年，第 291 页。

研究的内部推进，向译文的深处和细部开拓，这是在"译介学"之外的探索与延伸。因此说《译文学》所提倡的译文评论与研究，绝不是"不准译介学染指的禁脔"，而只是译介学之所弃之"脔"。在这个意义上，让"译介学"和"译文学"各有其"脔"，相辅相成，岂不更好吗？

在学术问题上，有两句箴言堪称真理。一句是"学术乃天下公器"，另一句是"科学是分科之学"，这两句话相反相成。"学术乃天下公器"，就是说学术研究格局要大、心胸要广，不能太有"领地"意识、"禁脔"意识。另一方面，"科学是分科之学"，不分科，就没有科学可言，也没有学术可言。就翻译研究及翻译文学研究而言，这是巨大的研究领域。各国图书馆的藏书中，翻译书籍与本国典籍差不多一样多；就中国传统翻译而言，只是汉译佛经的上亿字数，与中国的四库全书的规模相比也不相上下，这是一部巨大的文化遗产，需要我们去研究、去评论、去评价、去阐发，然后将这些翻译作品朝自国文化不断地加以吸收转化。这就要求翻译研究有多种范型或模式，需要有尽可能多的丰富的研究方法。就中国翻译研究而言，仅仅靠一个"文化翻译"模式远远不够。三十多年来的学术研究的历史现状已经证明，文化翻译的研究模式只能描述、解决和解释外围的翻译文化问题；靠一个从义化翻译脱胎而来的"译介学"也不够，因为它不能很好地、有效地对译文做出分析评价；靠一个译介学极力推崇的"创造性叛逆"的概念更不够，因为它无法全面揭示翻译的性质与本质。所以，有了"译介学"还不够，还要有"译文学"，将来还会出现超越"译文学"的其他研究模式，也未可知。从这次的商榷文章来看，天振先生现在似乎并未看到"译文学"可以与"译介学"相辅相成，也未意识到"译文学"可烘托、映衬、旁证"译介学"的学科特色、学科功能与学术价值。不过，这一点即便可以改变，大概也需要有一个过程，这是我所期望于天振先生的。

三、翻译文学史与译学思想史析论

翻译文学史的理论与方法^①

　　翻译文学史是文学史研究和比较文学研究中的一
个重要方面，应该是与外国文学史、中国文学史相
并列的文学史研究的三大领域之一，大体可以分为
综合式、断代式、专题式和国别（语种）式四种类
型。翻译文学史应该研究和回答的主要是如下的四个
问题：一、为什么要译？二、译的是什么？三、译
得怎么样？四、译本有何反响？

　　中国的翻译文学既是中外文学关系的媒介，也是中国现代
文学的一个特殊的重要组成部分。完备的中国现代文学史，不
能缺少翻译文学史；完整的比较文学的研究，也不能缺少翻译
文学的研究。

　　在 20 世纪我国的翻译文学史中，日本文学的翻译同俄国
文学、英美文学、法国文学的翻译一样，具有特别重要的地

---

① 本文原载《中国比较文学》2000 年第 4 期。

位。一百年来，我国共翻译出版日本文学译本两千多种。日本翻译文学对我国的近代文学、五四新文学、1930年代文学以及1980到1990年代的文学，都产生了不小的影响。但长期以来，我国没有出现一部日本文学翻译史的著作，在这方面的研究也处于空白状态。在20世纪即将结束的时候，我们有责任研究、整理百年来我国的日本文学译介的历史。这对于总结和借鉴中日文化交流史及翻译文学的历史经验，对于丰富20世纪中国文学史的内容，对于拓展文学史的研究领域，对于我国比较文学研究的深化，对于促进东方文学、日本文学及中国现代文学的学科发展，对于指导广大读者阅读和欣赏翻译文本，都具有重要的意义和价值。

基于这样的认识，我研究并撰写了《二十世纪中国的日本翻译文学史》。

我觉得，研究并撰写翻译文学史，首先必须明确的是"翻译文学"及"翻译文学史"的学科定位问题。"翻译文学"及翻译文学史的研究应该是比较文学研究的重要组成部分。比较文学的学科范围，应该由纵、横两部分构成。横的方面，是比较文学的基本理论研究，不同文学体系之间、文学和其他学科之间的贯通研究等；纵的方面，则是比较文学视角的文学史研究，其中包括"影响-接受"史的研究、文学关系史的研究、翻译文学史的研究等。"翻译文学史"本身就是一种文学交流史、文学关系史，因而也就是一种比较文学史。比较文学的一些分支学科，如渊源学、媒介学、形象学、思潮流派比较研究等，都应该，也只能放在比较文学史，特别是"翻译文学史"的知识领域中。这样看来，"翻译文学"及翻译文学史的研究就成了比较文学学科中一项最基础的工程。

据我所知，"翻译文学"这个汉字词组，是日本人最早提出来的。起码在 20 世纪初日本就有人使用这个概念了。受日本文学影响很大的梁启超，在 1921 年就使用了"翻译文学"这个概念。战后，日本对翻译文学的研究更为重视，出版了不少研究成果。例如，川富国基在 1954 年发表了《明治文学史上的翻译文学》，柳田泉在 1961 年出版了《明治初期翻译文学的研究》。在 1950—1960 年代日本出版的各种文学工具书，如《新潮日本文学小辞典》《日本近代文学大事典》《比较文学辞典》等，都收了"翻译文学"的词条。而西方一直使用一个含义比较宽泛的概念——"翻译研究"（Translation studies 或 Translation study）。西方的所谓"翻译研究"，当然也包括"翻译文学"的研究在内，但显然要比"翻译文学"宽泛得多。

"翻译文学"作为一个概念，它与我们所习用的"外国文学"这一概念，具有重合之处，所以长期以来，不论是一般的文学爱好者，还是专业工作者，通常都将"翻译文学"等同于"外国文学"。例如，我们大学中文系所开设的基础课《外国文学史》，并不要求学生一定去读外国文学的原文。这门课所开列的阅读书目，统统都是我国翻译家所翻译的"翻译文学"，然而我们却一直称其为"外国文学"，而不称"翻译文学"。事实上，"翻译文学"不等于、不同于"外国文学"。首先，"外国文学"与"翻译文学"的著作人主体有所区别。文学翻译家所翻译的固然是外国作家的作品，但文学翻译不同于依靠机器来翻译的简单的语言转换。它必须超越语言（技术）的层面而达到文学（审美）的层面，也就必然依赖于翻译家的创造性劳动。关于这一点，中外的翻译家和研究者们都有共同的看法。可以说"翻译文学"是一种"翻译性的创作"（可简称为"译作"）。第二，从文本的角度来看，翻译的结果——译本，是独立于原作而存在的。译本来源于原作，而又不是原作，因为它并不是原作的简单的复制。打一个蹩脚的比方：正像孩子"来源"于父母，但又不是父母的简单的复制。因此，现行的《世界版权公约》《伯尔尼版权公约》等国际性的版权法律，都在保护原作的前提下，对翻译文学的版权予以确认，一般在原作者去世五十年后，译者及译本才享有独立的版权。第三，从接受美学的角度看，一个文本的最终完成，要由读者来实现。而译本的读者群不是原作的读者群。译本的完成要由译本的读者来参与实现。由于时代、社会、文化、语言等种种因素的不同，译本可能会获得与原本不同的解读和评价。

"翻译文学"既不同于"外国文学"，那么，再进一步说，"外国文学史"也就不同于"翻译文学史"。

我国出版的各种外国文学史类的著作及教科书，不管是国别的文学史（如《英国文学史》《日本文学史》），还是地区性文学史（如《东方文学史》《欧洲文学史》），还是总体文学史（如《世界文学史》《外国文学史》），都是以外国的文学史实及作家作品为描述对象的。它们用中文来讲述，但它们所讲述的又是原作，而不是译作。当我们使用汉语来讲述"他者文化""他者文学"的时候，这本身就是一种广义上的"翻译"现象。而我们用汉语写作的外国文学史却又忽视了翻译家和译本这个环节，企图跨越译作而直接面对原作。这种情况下，绝大多数文学史及外国文学作品的读者，不能也不必阅读原作，他们所阅读的，是"翻译文学"。这就是我们的各种外国文学史著作所遇到的矛盾和尴尬。另外，近百年来，我国的翻译作品，已经积累了数万种。在已出版的全部文学类书籍中，翻译作品要占到三分之一以上。对于这么大一笔文化、文学的财富，现有的一般的外国文学史著作却没有也不可能把它们纳入研究和论述的范围。而一般的中国文学史著作也难以充分、全面地展示翻译文学的丰富内容。这就意味着："翻译文学"是文学研究的一个独立部门，"翻译文学史"应该是与外国文学史、中国文学史相并列的文学史研究的三大领域之一，正是这三大领域构成了完整的文学史的知识体系。

在翻译文学史的研究和写作方面，学界前辈已经做了不少的工作。我国翻译文学研究的先驱者是梁启超。他在 1920 年发表了长文《佛典之翻译》，1921 年又出版了《翻译文学与佛典》（一名《中国古代翻译事业》）。1938 年，阿英发表《翻译史话》，内容讲的都是翻译文学，可惜没有写完。除了这些专门著作外，1920—1930 年代出版的若干国别文学史的著作，也讲到了翻译文学。例如，胡适的《白话文学史》、陈子展的《中国近代文学之变迁》、王哲甫的《中国新文学运动史》、郭箴一的《中国小说史》等，都有专门章节讲述翻译文学。在翻译及翻译文学的专门研究方面，一直到了1984年，才有马祖毅的《中国翻译简史·五四以前部分》出版（后来扩写为《中国翻译史·上卷》，1999年由湖北教育出版社出版），其中大量涉及翻译文学的内容。1989年，陈玉刚等主编的《中国翻译文学史稿》由中国翻译出版公司出版；1998年，郭延礼著《中国近代翻译文学概论》由湖北教育出版社出版；1999年，孙致礼编著的《1949—1966我国英美文学翻译概论》由南京译林出版社出版。同年，王宏志的《重释"信达雅"——二十世纪中国翻译研究》由上海的东方出版中心出版。这些著作都填补了我国翻译文学史研究的空白。但总的看来，与翻译文学的悠久的历史和丰富的成果相比，我国对翻译文学及翻译文学史的研究还是薄弱的。

造成这种情况的原因是多方面的，有政治、文化上的，也有文学观念上的。如上所说，人们习惯上将"翻译文学"视同"外国文学"，是制约翻译文学及翻译文学史研究的首要原因。近半个世纪以来，我国的文学研究分科越来越细，不同的"专业"之间却很封闭，同时兼通中外文学两方面的人才越来越少了。例如，大学外语系的专家教授们大都从事外语本体的研究，有关的翻译专业或"翻译学"专业，基本上是在语言层面上研究翻译的技法，对"翻译文学"的研究难以展开；而大学中文系或中国文学的研究机构，同样也习惯于封闭地研究中国文学。樊骏先生在《关于学术史编写原则的思考》一文中谈到了这个问题。他认为，中国现代文学史著作忽视了翻译文学，这是因为搞中国现代文学研究的人在外国语言和外国文学两方面都

（在）欠缺，"对他们来说，产生这种'忽略'，非不为也，实不能也"。这种看法大体是符合实际情况的。事实上，对于稍具文学史常识的人来说，有谁看不到翻译文学在中国文学中的显著地位和作用呢？但是，如果没有一定的外国语言文学修养，谈"翻译文学"、研究"翻译文学"就很困难。

不过，最近这些年情况有了可喜的变化。不少人大声呼吁重视"翻译文学"及翻译文学史的研究。其中，上海的谢天振教授呼声最高，他写了多篇这方面的文章，提出了"翻译文学是中国文学的组成部分"的观点。我认为，把翻译文学视为中国文学的组成部分，是合情合理的、必要的。但同时还必须清楚，"翻译文学"是中国文学的一个"特殊的"组成部分。说它"特殊"，就是承认它毕竟是翻译过来的外国作品而不是我国作家的作品；说它"特殊"，就是承认翻译家的特殊劳动和贡献，承认译作在中国文学中特殊的、无可替代的位置，也就是承认了"翻译文学"的特性。所以，我们期望今后出版的中国文学史著作，都有"翻译文学"的内容。但是，另一方面还要看到，由于一般的中国文学史著作有体系、体例上的制约，要全面、系统地展示"翻译文学"，恐怕难以做到，所以，那就非得有翻译文学史的专门著作不可。

文学史研究作为一种研究实践，必须有明确的、正确可行的理论与方法做指导。翻译文学史，目前仍处于草创阶段。究竟怎么写？前人并没有提供足够的范例供我们做参考和借鉴。

笔者认为，根据研究的范围、角度的不同，翻译文学史大体可以分为四种类型。第一种类型是综合性的翻译文学史，即全面论述我国译介世界各国文学的历史，展现翻译文学发展的概貌，如前面提到的《中国翻译文学史稿》就是。由于这种综合性翻译文学史涉及多国家、多语种，除非是多卷本的大部头的著作，否则恐怕只能是概述性的。第二种类型是断代性的翻译文学史，如郭延礼的《中国近代翻译文学概论》。第三种是专题性的，如梁启超的《翻译文学与佛典》。第四种是只涉及某一国别的、某一语种的翻译文学史，如笔者现在写的《二十世纪中国的日本翻译文学史》就是。笔者认为第四种类型的翻译文学史，在今后相当长的时间里，应该是翻译文学史研究与写作的最基本的方式。它可以由个人独立完成，并有可能很好地体现出学术个性，保证研究的深入。在这种国别性的翻译文学史研究有了全面的积累后，才会出现综合性、集大成、高水准的《中国翻译文学史》。

写翻译文学史，还必须对翻译文学史内容的构成要素有清楚的把握。翻译文学史与一般的文学史，在内容的构成要素方面，有共通的地方，也有特殊的地方。一般的文学史，其基本的构成要素有四个，即：

时代环境——作家——作品——读者

而翻译文学史的内容要素则为六个，即：

时代环境——作家——作品——翻译家——译本——读者

在这六个要素中，前三个要素是外国文学史著作的核心，而翻译文学史则应把重心放在后三个要素上，而其中最重要的还是"译本"。因为翻译家的翻译活动的最终成果是译本。如果我们机械地奉行"翻译文学史就是翻译家的翻译历史"，那就是以翻译家为核心了。以翻译家为核心，就势必会用较多的篇幅介绍翻译家们的生平活动。但文学家、文学翻译家的生平活动，在现有的《翻译家辞典》之类的工具书及其他文献材料中都可以轻易查到，在一部学术著作中，在翻译文学史中，除非特殊需要，是不必费太多的篇幅去堆砌这些材料的。所以，翻译文学史还是应以译本为中心来写。

译本有那么多，如何选择取舍呢？究竟哪些译本要写？哪些译本不写？哪些译本要多写？哪些译本要略写？这是一个很实际的问题。例如，单就 20 世纪我国翻译出版的日本文学译本来说，总数达两千多种。假如每一种译本都要讲一通，面面俱到，那翻译文学史将写个没完没了。任何历史研究著作都要对研究对象去芜存菁、区分主次、甄别轻重、恰当定位。翻译文学史首先应该是名作名译的历史。而对于非名作、非名译，把它们作为一种翻译文学史上的一般"现象"来看待就可以了。

一般地说，译本的历史地位，是由三个条件来决定的。第一，原作是名家名作，这是决定译本地位的先决条件。几乎所有的名家名作的译本都值得翻译史来关注。但也有特殊情况，如有的原作在原作者的国内并不被重视，而译本却在翻译国有重大影响，如日本文艺理论家厨川白村的著作《苦闷的象征》就是这种情况，对此我们的翻译文学史也要高度重视。第二，译者是名家，这是决定译本历史地位的另一个重要条件。一个译者之所以被认为是著名的翻译家，首先在于他对翻译选题的把握准确可靠，其次是翻译质量可靠。而翻译家的地位，也正是靠不断地、高质量地翻译名家名作来奠定的。第三，在名家名作名译当中，首译本又特别的重要。首译，就意味着填补了空白，而填补空白本身就有其历史意义。当然，这并不是说复译本不重要。但从填补空白的意义上说，复译本不可能取代首译本。

选材的取舍问题解决后，接下去就是怎样利用这些材料，来表达文学史作者的学术见解了。

笔者认为，翻译文学史应该解决和应该回答的主要是如下的四个问题：一、为什么要译？二、译的是什么？三、译得怎样？四、译本有何反响？

首先，为什么要译？这也就是选题动机的问题。在翻译家的整个翻译活动过程中，选题是第一步。在众多的可供选择的对象中，为什么要选这个作家而不选那个作家？为什么要选这个作品而不选那个作品？这当中，有翻译家对选题对象的认识与判断，有翻译家的思想倾向、审美趣味在起作用，同时也受到翻译家所处的时代背景、社会环境、出版走向等因素的制约。一部翻译文学史，应该注意交代和分析翻译选题的成因，应该站在中外文化和文学交流史的高度，站在比较文学与世界文学的高度，在选题的分析中见出翻译家的主体性，见出我国在接受外国文学的过程中某些规律性的特征。

第二个问题：译的是什么？这个问题要求恰如其分地介绍和分析翻译的对象文本——原作。翻译文学史对原作的介绍和分析，本身是为着说明、阐释原作，这是外国文学史的核心内容，因而可以展开来写。而翻译文学史对原作的介绍和分析，是在原作如何被转化为译作这一独特的立场上进行的。

第三个问题：译得怎么样？就是要对译本进行分析和判断。这就首先要涉及语言技巧的层面。一个译本的成功，最基本的是在语言技巧方面少出问题。翻译文学史应该对那些重要的译本进行个案解剖。必要时，可有针对性地进行原文与译文的对照分析；如果有不同的译本，可将不同的译本做比较分析，指出译文的特色和优劣。不过应该注意，翻译文学史不是翻译教程，它不必也不可能对所有重要译本都做语言层面上的分析，否则就使翻译文学史变成了翻译技巧的讲义。在进行语言层面的分析评论时，要有历史感。从现代汉语的形成和发展的角度来看，翻译文学的译语的变化，与现代汉语的逐步成熟有着相当密切的关系。翻译文学不断输入着外国的句法、词汇及修辞方法，推动了汉语的现代化。在这个过程中，许多现在看来是不通的、别扭的译文，如当年鲁迅、周作人从日文"直译"过来的译文，都包含了他们借鉴外国语言来改良汉语的良苦用心。我们不能用今天业已成熟了的现代汉语的标准，予以贬低，而必须承认其历史地位。另一方面，还要看到，从比较文学的角度看，有些不忠实的翻译，包括对原作的删除、增益、改写等等，那不是语言学意义上的"错误"，而常常是翻译家有意为之。这种情况在一定的历史时期，特别是翻译文学的肇始期，是常见的现象，如梁启超对日本的政治小说《佳人奇遇》的翻译就是一例。除了语言层面之外，还必须进一步从文学的层面对译本做出评价。从文学层面对译本做出评价，基本标准是要看译者是否准确地传达出了原作的风格。如果说语言技巧层面上的评价是"见树木"，那么文学层面上的评价就是"见森林"。一个好的译本应该是"语言"与"文学"两方面艺术的高度统一。

第四个问题：译本有何影响和反响？这个问题的要素是"读者"，就是谈"翻译文学"的读者反应。这里所谓的"读者"主要可分为两种，第一种是文坛内部人士，包括翻译家、研究家、评论家和作家（有时候这几种角色兼于一身）。翻译家首先也是"读者"，他们对作品的介绍和评论，常常在"译本序""译后记"之类的文字中表现出来。有的"译本序"本身就是一篇研究论文，这是我们在写翻译文学史的时候应特别注意加以利用的材料。研究家、评论家对作家作品和译作的研究和评论，主要体现为论文或专著，一般都能够发表深刻、系统的意见。翻译文学史必须注意研究这些论文和专著，并把它们作为"读者反应"的基本材料加以利用。从这个角度来看，"翻译文学史"不能只是孤立地讲"翻译"，它还必须包括"研究"和"评介"。因此，完整的、全面的"翻译文学史"同时也是"译介史"，即翻译史和研究评介史。《二十世纪中国的日本翻译文学史》就涉及了不少关于中国对日本文学的研究和评介的内容。不过，书的名字还是叫作"翻译文学史"，就是因为我觉得"翻译文学史"理所当然地应该包括研究和评介史在内。除了上述的文坛内部的"读者"之外，第二种是社会上的一般读者。译本对一般读者的影响，虽然常常缺乏具体的文字材料来证实，不过，译本的印数、发行量、再版甚至盗版的情况，都可以说明这一问题。

　　总之，对于20世纪中国的翻译文学史，特别是像《二十世纪中国的日本翻译文学史》这样的某一特定语种的翻译文学史，还缺少研究经验的积累。上述关于翻译文学史研究与写作的体会，只是本人在写作《二十世纪中国的日本翻译文学史》中的一得之见，实不免谫陋，发表出来，敬祈方家指正。

"翻译文学史"的类型与写法①

一、译本批评的缺失与综合性《翻译文学史》的局限

近三十年来，翻译文学的研究取得了很大成绩。各种各样、厚厚薄薄的《中国翻译文学史》陆续出版，有的是通史，有的是"20世纪"之类的断代史。这些不分语种、不分国别对象的综合性翻译文学史，是翻译文学研究全面展开的必然表现，也是系统梳理翻译文学纵向发展演变的必然结果，其价值和用处是不言而喻的。

但是，这样的综合性"翻译文学史"，也有许多不可克服的局限。首先，由于涉及多语种，它不可能由一个乃至两三个作者来完成，往往需要一批作者共同完成。多人写史，难免在学术思想、知识水平、文字风格等方面参差不齐，若遇上挂名

---

① 本文是"首届翻译史高层论坛"（成都）的主题发言，载《社会科学报》（上海）2013年10月17日，原题《应该有专业化、专门化的翻译文学史》。

的主编，无法对全书加以细致统稿，便必然杂凑成书，各章节血脉梗阻、文气不畅，很难称为一部统一的作品。更为重要的是，许多这样的"翻译文学史"执笔者，大多没有文学翻译的经验，若加上外语水准低于作为研究对象的翻译家，就不敢对翻译家的译作做出分析批评。作为"翻译文学史"基本要素的译本分析，就只好放弃，于是就将"翻译文学史"写成了"文学翻译史"。其特征是没有文本分析，只有关于文学翻译的事件和史料记载的历史。这样的"文学翻译史"大多写翻译家的生平、翻译家的翻译动机、译者自述、原作家对翻译家的影响、译作出版情况，写得好的还谈到读者的接受情况等。相对而言，这样的"文学翻译史"比较好写，因为即便不做译本分析，也能把书写得很厚很长。

然而，"翻译文学史"作为"文学史"，与一般历史著作的不同，正在于它必须以文本分析作为基础。换言之，没有文本分析的文学史不是真正的文学史；没有译本分析的翻译文学史，也不是真正的翻译文学史。

诚然，即便是上述那样的没有译本分析批评的"文学翻译史"，作为入门书在一定时期也是需要的。在翻译文学研究的初级阶段，出现较多的此类文学翻译史书，也是很自然的。但是，翻译文学史研究要深化，就不能以此为满足。因为，这样的文学翻译史即便越写越多，越写越厚，在学术上也没有太多实质性的推进。

二、应该有多角度、多样化、专门化的"翻译文学史"

今后的翻译文学史的研究与写作，应该有多角度、多层次、多样化、专门化的诉求。

我认为，在上述的综合型翻译文学史（实际是"文学翻译史"）之外，翻译文学的类型还可以分为以下几种：

一是以"国别"为范围的翻译文学史，如"中国的日本文学翻译史""中国的俄罗斯文学翻译史"之类；这样的翻译文学史是翻译文学研究的基础，可以由通晓某种外语又懂得翻译文学的专家来承担。但很可惜，三十年来，这样的翻译文学史进展不大，相关著作也很少见。

二是以"语种"为范围的翻译文学史，如"中国的英语文学翻译史""德语文学翻译史"之类。这类翻译文学史的范围比国别史的范围稍大，但由于语种相同，极有可操作性。目前，德语方面已有卫茂平先生的相关著作出版，而最应该写的大语种的中国英语文学翻译史之类的著作却一直未见问世。

三是断代的国别翻译文学史，或断代的语种翻译史，如20世纪30年代中国的俄国文学翻译史，新中国十七年英美文学翻译史之类。这样的断代文学史，是前两种翻译文学史的基础的前期性的工作。断代的先写出来，"整代"的也许就可以随之慢慢出世了。

除了国别、语种的翻译文学史之外，还可以立足于不同的

"学科"立场，来撰写带有学科色彩的翻译文学史。这里大约也可以分为如下三类：

第一是立足于中外文化交流史的翻译文学史，它主要是将翻译文学作为中外文化交流的一种现象，强调相关史料的收集、整理与呈现，从传播与接受、影响与回返影响的角度，揭示出翻译（包括翻译家、译本等）在中外文化交流中的作用、功能和地位。

第二是立足于语言学立场的翻译文学史，重点是对译本做语言学层面的批评，用语言统计学、语义分析学的方法，重视翻译语言技术层面上的分析。

第三是立足于比较文学的翻译文学史，超越具体的语言层面，强调翻译文学是一种跨文化的文学关系与文化交流的载体，特别重视其文化变异现象，对"创造性叛逆"给予正面评价，注重译作对原作总体风格的呈现和传达。

三、不同学科立场的翻译文学史之价值与价值观之间的冲突

在这三种不同学科立场的翻译文学史中，立足于历史学和文化交流史立场的翻译文学史，一般都不需要深入到译本内部做具体细致的文本分析，而只是对译本外围的相关史料加以清理和陈述。乍看上去，这种翻译文学史与上述的综合性翻译文学史，在不触及译本内部构造这一点上似乎很相似，但实则有很大不同。现有的综合性翻译文学史，主要是立足于本国文化

立场，主要笔墨用于文学翻译与本国文学的关系、与本国社会文化的关系、与本国读者的关系。而文化交流史立场上的翻译文学史，侧重点则是翻译文学、翻译家、译本作为中外文化交流之"媒介"的作用和价值，尤其重视译本与原作之间、翻译家与原作家之间的互动关系，重视对翻译家与译本的文化旅行的跟踪。最重要的是，它不仅要写"外译中"即"译入史"，还要研究"中译外"即"译出史"，并将两者有效结合起来。这样的角度，是现有的综合性文学翻译史所普遍缺乏的。之所以缺乏，是因为有关资料来源不仅涉及国内，更涉及国外，资料信息的收集和处理是跨境性的，因而，这类翻译文学史研究写作的难度相对较大，学术文化价值也更大。

立足于语言学的翻译文学史，与立足于比较文学的翻译文学史，在强调译本分析方面是有共通性的，但又有很大的不同。立足于语言学的翻译文学史，尊奉的是语言学的价值观，主要是从词汇转换、语法结构、语篇的改变等角度来分析译本，从而做出语言学立场上的对与错、准确与不准确的判断。这样的译本分析，主要目的是以文学译本为剖析对象，为了给语言学习者、研究者提供案例，宗旨是从字句、语法的层面上切磋、琢磨翻译技术。这样的翻译文学史很适用于外语学院翻译专业教学。但可惜的是，在如今外语专业热热闹闹的翻译学学科建设中，这样的翻译文学史仍然付之阙如。

同样是译本分析，立足于比较文学层面上的翻译文学史，与立足于语言学层面的翻译文学史，其学术立场与价值观却迥然有别。比较文学立场的翻译文学史的译本分析，重点不在词汇句法等纯语言的基础层面，而是注意在翻译过程中，哪些东西因为文化、文学或美学上的原因，而不得不发生变异或改变；关注翻译家如何通过有意识的语言扭转、意象转换、形象改变等，将原作纳入译入国的文化语境中，即实现译本的"归化"，同时有效地传达原作的总体风格。因此，比较文学立场的翻译文学史的译本分析，重点不是语言的对错、准确与否的判断，而是比较文学最为重视的文化变异现象。对翻译文学而言，就是人们所熟悉的所谓"创造性叛逆"现象。"创造性叛逆"是语言学层面上的译本分析所坚决排斥和否定的，却又是比较文学层面的译本分析所特别推崇并高度评价的。在语言学层面上来说，对原作的不忠实翻译等叛逆现象，实是一种"破坏性叛逆"，绝不值得提倡。在我国翻译界，这两种译本价值观有着针锋相对的冲突。例如，翻译家、译论家江枫先生，就坚决反对对"创造性叛逆"的推崇与提倡，并认为这种主张是近年来翻译水平下滑、胡译乱译的祸根；而比较文学家、译论家谢天振先生，却充分肯定"创造性叛逆"的作用与价值，两种学科立场的价值观是泾渭分明的。在相当长的时间里，两种翻译观要想达成和解与统一，还有许多困难，因而两种翻译文学史也可以同时并存。

总之，不同类型和层次的翻译文学史，根本的差异在于有没有实现研究对象（国别、语种）的专业化和专门化，更在于有没有具体细致的译本分析或译本批评；在做译本批评的时候，是依据语言学的标准，还是比较文学的标准。专业化、专门化的翻译文学史，是学术质量的保证；而具体细致的译本分析或译本批评，是翻译文学史应具有的"文学史"特性的标志。只有在专业化、专门化的翻译文学史研究有了充分积累后，高水平的综合性翻译文学史才能写出来，才能写好，这是我们所期望于未来的。

从"外国文学史"到"中国翻译文学史"

—— 一门课程面临的挑战及其出路^①

近来在比较文学界，有人从"原文原教旨主义"
出发，陆续发表了一些"世界文学"否定论、"外国
文学史"（或称"世界文学史"）中文课程取消论的
言论。这些言论在学理上是站不住的，在实践上是有
害的。但这也在客观上表明，中文系传统的外国文学
史课程及教学应该加快改革。改革的思路就是用
"中国翻译文学史"来改造"外国文学史"课程，而
不能将外语系的国别文学史照搬和移植到中文系来。
必须明确，在中文系用中文讲授外国文学，与在外语
系使用外文讲授外国文学，其宗旨和效果都是根本不
同的，也是不能相互取代的。中国文学对外国文学消
化和吸收的主要途径之一，就是在中文系将外国文学
课程中文化，用中文讲授外国文学这一行为本身就是

---

① 本文原载《中国比较文学》2005 年第 2 期。

中外文学与文化的碰撞和融合，因而其实质就是"比较文学"；用中文讲述外国文学，外国文学便在中文、中国文化的语境中受到过滤、得到转换、得以阐发，也就是化他为我，其本质具有"翻译文学"的性质。

一

一直以来，"外国文学史"（或称"世界文学史"）作为一门课程虽然也被列为本科生的基础课，但实际上往往不受重视，被很多人看作是边缘课程；在中文系的学科建设中，"世界文学"作为一个二级学科，作为一个教研室，在规模上一般不能与中国古代文学、现当代文学等相比，甚至在某些名牌大学的中文系，一直没有设立这个二级学科和相关的教研室。个别长期掌握学科评议大权的专家，站在外语系的国别文学的立场上，认为中文系的世界文学范围太大，不能建立博士点，导致"世界文学"硕士点和博士点的成立普遍落后于其他二级学科。出现这些情况的原因，除了由于学科藩篱所造成的厚此薄彼的偏见之外，似乎还有一些深层次的问题没有很好地予以回答和解决，诸如中文系的外国文学课程与外语系的外国文学课程有什么联系和区别？在中文系搞外国文学研究有优势吗？中文系的外国文学史课程与中国文学史课程之间有什么联系？为什么开设外国文学史这门基础课是充分必要的？在这些疑问没有完全解决之前，在"中国语言文学"的学科架构内，

"外国文学史"就无法真正融入。虽然人们也意识到，中文系搞中国文学研究，不可以没有外国文学、世界文学的知识，但"外国文学"当然毕竟不是中国文学，而只是与中国文学密切相关的课程，这也就是"边缘"课程的意思。把外国文学放在中文系来讲授，其主要目的是开阔视野，丰富知识，使中国文学的评介和研究及其定性和定位有世界文学的参照。但是，仅仅这样的理由，现在看来还是不充分的。对中文系的这个二级学科的进一步巩固和发展而言，也是不够的。由于这些旧的问题没有解决，再加上一些新的消极迹象的出现，现在中文系的这门课程遇到了更大的挑战，甚至可以说出现了生存的危机。

我所说的消极迹象之一，首先来自政府部门的行政决策方面。众所周知，1998年教育部对二级学科进行了大规模调整，将中国语言文学一级学科下原有的"世界文学"与"比较文学"两个二级学科合并起来，称为"比较文学与世界文学"。从此，"比较文学与世界文学"作为"中国语言文学"一级学科下的八个二级学科之一，被正式确定下来。最近若干年的实践也已经表明，"比较文学"与"世界文学"合并成一个新的二级学科，在总体上是体现了学术发展的必然要求的。它充分考虑了新中国成立以来中文系原有的"世界文学"教研室（一般称为"外国文学教研室"）长期立足于中国文学进行外国文学教学与科研的既定事实和已有优势，有利于引导人们以"比较文学"的观念和方法，来研究和处理"世界文学"——当然包括中国文学——的问题，因此这个方案基本上是积极的、有意义的。然而，有关行政管理部门在集思广益做出"比较文学"与"世界文学"合并这个正确决策的同时，却也出现了令人深感意外和吃惊的失误：教育部1998年颁布的中文系课程目录中，综合性大学中文系有外国文学史这门基础课，师范类大学却没有了。这对外国文学或世界文学这门学科的存续而言，可谓雪上加霜。

迹象之二，现在比较文学在中国呈方兴未艾之势，但似乎有很多人将"比较文学"理解为"比较文学概论"，在近几年各大学中文系纷纷将"比较文学概论"或原理或基本理论之类的课程增列为基础课后，原有的教授世界文学的老师，已将更多精力转向比较文学概论，而原有的外国文学史课程却相对地被忽视了，主要表现为课时量普遍较1998年以前有所减少，有的学校甚至减少一半以上。

迹象之三，在这种背景下，近来又有重点大学的教授公开发表了带有强烈的"外国文学取消论""世界文学取消论"意味的言论。有的教授表示，像现在这样用中文讲授外国文学不理想，应该用外语来讲外国文学才是，今后他所在的中文系打算聘请外语系的老师来讲这门课。他的意思显然是要把外语系的国别文学史的讲法移植到中文系来；又有教授从根本上对"世界文学"这个概念提出质疑，认为"世界文学"这个词儿是有害的，是不得要领的，因为"世界文学"无所不包，什么都是什么都不是，某些大而无当的空疏的著述，都是"世界文学"这个空洞的概念惹的祸。因此建议今后我们这个学科只称"比较文学"，而摒弃"世界文学"这个概念。而谁都知道，"世界文学"这个概念一旦抛弃，就无异于对中文系的世界文学或"外国文学课"釜底抽薪，掐粮断水。

迹象之四，在近来北京某大学主办的一次学术会议上，有的外语系出身的学者，以非外语系的学者不能直接阅读原文为由，对中文系学者的发言表示不屑，并由此引发舌战。有的外语系出身的学者认为，只有能够直接阅读原文，才有发言权，因此在这种研究外国文学的学术会议上，中文系的人没有多少发言权。按照这种看法，中文系从事外国文学课的教师，绝大部分人只能通一门外语，却要将西方文学或者东方文学，甚至是整个外国文学，都通讲下来，其教学质量和效果是值得怀疑的。

这些迹象都表明了，中文系的传统的"外国文学史"课程正面临着生存危机，在经历了多年不受重视的状态后，现在又面临着更大的挑战，这样说似乎并非耸人听闻。

我认为，上述怀疑和否定中文系"外国文学史"或"世界文学史"课程合法性的言论，对中国的学术事业、对中国的高等教育事业、对中国的外国文学与世界文学及比较文学的学术研究而言都不能说是积极的，在学理上更是站不住的。

这些否定论、取消论的言论与教育部的行政决策有关。为什么教育部在1998年把这门课从师范大学的基础课程中撤了下来？众所周知，一直以来，"外国文学史"都是全国各大学中文系的本科生基础课，而不分综合性大学或师范类大学，有关行政部门忽然做出如此决定，这令人百思不得其解。当初本人在北师大中文系负责教学工作，却从未记得有关部门为此事征求北师大的意见。作为师范大学龙头的北师大的意见都没有征求，可以想象，它会认真地征求过别的大学的意见吗？本来师范大学主要是培养中学教师的，中学语文课本上有四分之一到五分之一左右的课文，是外国文学的译文，师范大学的学生不学外国文学，如何胜任相关课程？这已经不再是学术问题，而是行政命令与学术、行政命令与教育教学规律的关系应该如何处理的问题。我本来没有这方面的发言权，因此在此不便多说。

相比之下，更值得注意的是上述来自学术界和教育界内部的"取消论"。

首先，对"世界文学"这个词的质疑和非难，是值得讨论和辨析的。众所周知，"世界文学"作为一个概念是由德国文学家歌德首先提出来的，它的提出和形成当然要早于"比较文学"。从空间范围对全球文学进行划分，我们得到了"民族文学"（国别文学）、"区域文学"（如亚洲文学、欧洲文学、拉美文学）、"东西方文学"乃至"世界文学"之类的概念。这些概念对于我们的文学研究所起的作用非常重大。其中，"世界文学"作为从空间范围上对全球文学的最高概括，对比较文学与世界文学的研究尤其重要。考究起来，"世界文学"概念当有三重基本的含义：第一是作为"量"的世界文学，即世界文学是全世界各民族文学史的总合；第二个含义是作为"质"的"世界文学"，即世界文学是在世界上占有历史地位的、代表人类文学水平的文学；第三个含义是作为"观念"的"世界文学"，即"世界文学"是我们在进行文学思考和文学研究时所应持有的一种思维背景、一种思想空间、一种价值标准。"世界文学"的三个含义都具有"大"（范围大）与"高"（抽象程度高）的特征，这恰恰是这个学科研究的特点。如此看来，"世界文学"本身是一个学科概念，是一个知识体系，而不是具体的研究课题和研究对象；而后来的"比较文学"概念的提出，显然得益于"世界文学"这个概念，没有"世界文学"的意识，就不会有真正的"比较文学"的观念。比较文学的学科实质就是对"世界文学"的相关性所进行的具体的学术研究。两者互为依存。"世界文学"是客观的实体概念，"比较文学"则是对世界文学的相关性进行学术研究的主体概念。抽掉了"世界文学"的"比较文学"——现在授课的主要形式是"比较文学概论"——则失去了"比较"的基础和前提，没有世界文学、没有中外文学的完整的知识修养，拿什么做"比较"呢？那只能导致"X比Y"的庸俗的比较模式更为盛行。所以，在今后的比较文学研究中，"世界文学"这一概念不但不应淡化，更不能取消，而是应该进一步强化。同样，也绝不能说"世界文学"这一概念是一个"空洞概念"，从具体到抽象，从个别到一般，是一切学术研究的基本理路。在这个过程中，我们需要"世界"这一概念。况且其他学科以"世界"二字作修饰限定词的也有不少，例如政治学中有"世界政治"、经济学中有"世界经济"、历史学中有"世界历史"、宗教学中有"世界宗教"等等，都已经形成了一种固定的学术概念乃至学科名称。以我孤陋寡闻，迄今为止我还没有听到哪个经济学学者或哪个历史学学者，因为经济学领域或历史学领域出现了一些大而无当的空泛的研究选题，就归咎于"世界经济""世界历史"这样的概念，并主张取消"世界经济"或"世界历史"这样的名称，或干脆把经济系的"世界经济"学科、历史系的"世界历史"学科都改名换姓。这实在没有必要，也没有可能。

与上述对"世界文学"的否定倾向密切关联，有人反对"世界文学"，似乎还有这样一个"强有力"的理由：一个人一生中只能掌握一两种外语，因而也只能从事极有限的一两种语言文学的研究，谁能把"世界语言"都掌握？谁能研究"世界文学"？依照这种观念，只有那些懂得某种外语的人，才有资格谈论和研究某种文学，而不懂那种外语的人，肯定是一知半解、隔靴搔痒，遑论"研究"？

这种看法貌似有理，其实无理。它成为外语学科出身的一些学人学术偏见的根源，并导致了一些深层问题的发生。我想可以借鉴宗教学上流行的"原教旨主义"这个术语，把这种原语至上的观点称为"语言原教旨主义"或"原文原教旨主义"。"语言原教旨主义"认定"原文"或称"原始性语言文本"具有绝对神圣性和权威性，这种看法在一定意义上说，是不无道理的。但人类在发展和进步过程中，往往并不无条件地认可原文的神圣性，而出于种种原因对原文进行翻译和诠释，并在翻译或诠释的过程中对原文有所损益。因此，"原文"或"原典"本身实际上是一个相对的东西，而不能把它看成是绝对的，否则就走向了"原文原教旨主义"。例如，人们都熟悉的《旧约圣经》，原本是用希伯来文写出来的，后来翻译成希腊文，又翻译成拉丁文，再后来又根据拉丁文翻译成德文、英文、法文，后来又根据英文翻译成中文。按照"语言原教旨主义"的观点，这样几经翻译，早已没有了《旧约圣经》，怎么能根据这些译本谈什么宗教?! 统统都靠不住；再如，佛经的绝大部分是中国人根据印度梵文及巴利文翻译出来的，从"语言原教旨主义"看来，只有懂梵文的才配谈佛经，而那些根据汉译佛经来研究佛经的人，都是靠不住的。——然而这样的看法，在今天会有谁赞同呢? 在印度，佛经原作差不多不见了，难道东南亚各国依照自己的民族语言翻译出来的佛经来信仰佛教，缺乏合法性吗? 难道根据汉译佛经研究佛教，是靠不住的吗? 再以政治学为例，以"语言原教旨主义"的逻辑，只有懂俄文原作的，才最理解列宁斯大林的思想，也最有关于马列主义的研究与发言权，以此推演，在中国现代革命史上，精通俄文的王明最能理解列宁、斯大林，而不懂俄文的，则不配谈马列主义——当年王明本人等其他一些"海归派"就是这样想的。但是，历史早已经证明，这种想法大错特错了。

再回到文学问题上来，依照"语言原教旨主义"的逻辑，只有能够读莎士比亚英文原作的，才有关于莎士比亚的发言权；只有能够直接读孟加拉文的，才有谈论和研究泰戈尔的资格；只有直接读德文原作的，研究《浮士德》才具有权威；只有能读法文的，才能谈巴尔扎克……照这样的看法，我们每个人都不可能懂得世界上的几千种语言，因而我们也不可能懂得"世界文学"，更不能研究"世界文学"，所以，"世界文学"这个概念没有用处，是虚的、大而无当的，是应该摒弃的。

按照这样一种逻辑，"世界文学"对每一人而言，都是虚幻的、可望而不可即的，因为你没掌握"世界语言"，当然也就不能谈"世界文学"。依此而论，由于鲁迅只懂日文，稍懂德文，所以鲁迅关于俄罗斯文学、东欧文学、英国文学的大量评论和看法，都没有学术上的价值；同样，由于郑振铎只懂英语，而不懂梵语、孟加拉语、波斯语、日语等其他一切东方语言，因而他在《文学大纲》中花了那么多篇幅论述的东方文学，也没有什么价值。而事实上，中国懂英文、懂俄罗斯文、懂日文等东方语文的，不可计数，然而他们对俄罗斯文学、对东方文学的理解和见地，却未必超过鲁迅和郑振铎。

我认为"语言原教旨主义"是一种纯粹理想化的乃至略具偏执倾向的文学观念。从根本上说，这种观点来自一种"话语霸权垄断"心理——因为我懂原文，所以我的发言才最有权威；因为我懂原文，我自然和天然地就是这个方面的权威专家，你们只能听我的。而那些通过"翻译"、通过译本进行外国文学评论和研究的人，都缺乏可靠性和科学性。换言之，这些人在宣扬"原语"的唯一神圣性的同时，实际上是在伸张自己对"原教旨"解读的权威性。说得严厉一些，是一种学霸作风。一个学者，假如他的学术成果的数与量都很可观，事实证明他在这个领域中最有研究，我们倒不得不承认他的"霸"、他的"阀"是有底气的。"语言原教旨主义者"虽然是可能有"洋"博士的身份，甚至据说还自称"外文说得比中文都好"，但假如拿不出多少成果来，又如何服人呢？实际上，语言只是工具，掌握了工具并不意味着能够创造。那位声称掌握了十三种外语的所谓"奇人"王同亿先生，在学术上却没有别的造诣，到头来只编出了劣质的《语言大典》之类的垃圾辞典，令学术界人人喊打。相反的例子是仅仅粗通日文的梁启超，在短短的五十六年的颠沛流离的生涯中，却给后人留下一千五百万字的庞大规模的著作，他对外国政治、经济、文化等各方面问题的观察和研究，他对佛经的研究，跟那些懂原文的人比较，到现在看仍然是高水平。可见外语能力绝不等于学术智慧和学术创造力。

强化学术智慧、提升学术创造力所需要的知识，也绝非只有通过直接阅读原文才能有效获得。以我这样的中年人目前所具有的知识结构而言，我们关于外国、关于世界知识的大部分，并不是直接靠读原文得来的，而是靠读译文得来的。我本人愿意自豪地承认这一点，而没有丝毫的羞愧和不安。上帝造人的时候，本来不想让人们懂得外语并彼此沟通，所以打碎了巴别塔，变乱了人们的语言。我们一生中能够掌握的，听说读写都无问题的语言，充其量只有一两种而已，这是常人的宿命。但人们却又建立了另一种巴别塔——即翻译的巴别塔。只要我们肯读译文，完全可以了解这个复杂的世界。在如今的信息社会，在翻译高度发达的今天，这既没有多大不便，也没有什么缺憾和遗憾。因为，好的"翻译"，"信达雅"的译作，对于读者是可靠的，对于研究者也应该是可靠的。在文学方面，我们相信优秀的翻译文学家，应当像相信优秀的作家一样。翻译文学中迫不得已丢掉的那些东西，那些"过"或"不及"的地方，翻译家却以自己的独特创造给予了补偿。以我个人的体会，有时候，我已经读完了原作，但我仍然希望再读那些高明的翻译家的译作，因为自己在读原文的时候，常常不如翻译家那样专注、细致，理解和表达也常常不如翻译家那样精准到位，翻译家毕竟是翻译家，他常常比我们自己的阅读更准确可靠。所以，我钦佩并由衷地相信那些高明的翻译家（这也是近年来我以撰写翻译史的方式热心地为翻译家树碑立传的原因）。我认为，根据翻译家的优秀译作来阅读并研究外国文学、来总体了解和把握世界文学，是完全可行的。即使有时候在纯语言层面上的研究——如"英美新批评"那样的文学语言学的研究——会有局限和困难，但研究者在选题上自然会想办法回避这些局限。

那些"语言原教旨主义"者，自己通常也做翻译，而且有人还以翻译为主业。那么请问：您认为您自己的"翻译"可靠吗？如果您的翻译与"原教旨"（原文）有那么大的背离，您为什么要做这种吃力不讨好的傻事来贻误别人呢？您为什么出版胡译乱译的东西而不对读者负责任呢？如果您认为您的翻译"信达雅"地再现了原作的风格神韵，并非靠不住的东西，那么您又有什么理由认定，别人通过您的翻译而了解的那个作家是不可靠的、通过您的翻译来研究那个国家的文学是没有价值的呢？

二

归根到底，中文系外国文学史基础课所遭遇的挑战与危机，不是仅仅靠辨析和辩护所能济事，要摆脱危机，根本的出路还是改革。因此，以上我表示反对"世界文学"取消论，反对"语言原教旨主义"，呼吁进一步确认翻译及翻译文学的正当性与合法性，其目的是为中文系的外国文学基础课这门课程的改革提出相关思路。

改革的方向和途径在哪里？我认为就在"翻译文学"。一言以蔽之，我主张用"中国翻译文学史"来改造"外国文学史"或"世界文学史"课程。

首先，这么做是为了"正名"。而"正名"是为了确认它的合法合理性。中文系的学科内涵是"中国语言文学"，外延也应该是"属于中国语言文学的各知识领域"，中文系的课程体系，应当涵盖"中国语言文学的各知识领域"。按照这样的理解和界定，在许多人看来，外国文学是外国文学，当然不是中国文学；换言之，"外国文学"当然不属于中国语言文学的范围，因此在中文系开设这样的必修的基础课是否必要就成了疑问，"外国文学史"这门课程就必然处在了"名不正，言不顺"的窘境中。可是，如果我们从另一个角度提问题，现在的中文系开设的各门基础课程，是否已经囊括了、覆盖了中国语言文学的各个知识领域？

我的回答是：没有。因为"中国翻译文学"没有被包含在其中。

"中国翻译文学"不是"外国文学",而是中国文学的一个重要的特殊的组成部分。关于这一观点,谢天振教授在《译介学》、我本人在《翻译文学导论》等著作中,都做了充分的论述,目前学界的大多数人已经逐渐对此达成了共识。然而,现在的中文系的基础课程中,却没有这门课。既然"中国翻译文学"是中国文学的一个特殊的重要组成部分,那么,中国翻译文学当然就属于"中国语言文学的各知识领域"中的一部分,它在中文系的课程体系中就是不可或缺的。换言之,中国语言文学专业的学生就应该学习中国翻译文学,否则他的专业知识结构就不完整。而且从根本上说,中国语言文学系的最大宗旨,或者说它存在的最大理由,就是传承中国语言文学及相关的精神文化,并以此来提升和加强国民的精神文化教养。一个国家的教育体制是文化传承体制的重要组成部分,因而一个民族、一个国家,要将一些有价值的精神文化传承下去,首要途径之一就是将这些精神文化作为知识形态,列入其教育体制中。中国翻译文学,如果从佛经翻译文学算起,已经有近两千年的历史,已经成为中国文学的一个有机组成部分,已经成为我国精神文化的一笔独特的宝贵财富。所以,有必要将中国翻译文学作为我国文学、我国精神文化的重要部分纳入我们的教育体制中,而纳入教育体制的关键步骤,就是将其课程化。

目前的情况是,中文系的中国古代文学史课程不讲古代的佛经翻译文学,现代文学史没有傅雷、朱生豪等翻译家的位置，讲鲁迅、郭沫若、巴金等作家时，也不讲他们在翻译文学上的贡献。鉴于"翻译文学"与"汉语言文学"并不是一回事，各有其自身规律和特征，要将中国翻译文学包含在中国古代文学史、中国现当代文学史课程中，是很困难的。这就需要在各门中国文学史课程之外，开设一门独立的"中国翻译文学史"的课程。

而实际上，传统上中文系所开设的"外国文学史"课，老师用中文讲授，要求学生阅读的是中国翻译家翻译过来的译作（翻译文学），而不是外文原作，所以它本来就具有"翻译文学史"的性质；在这门课程中，老师们所讲述的、学生们所学习的，与其说是外国文学，不如说是翻译文学。这一点只不过没有被自觉地意识到罢了。

对此，我认为，用中文来讲授外国文学，其本质上是一种广义上的"翻译"。换言之，当我们把外国文学转换为中文来讲述的时候，自然就融入了我们中国人的理解和阐释。伴随着我们自己的学习、理解和阐述，我们在逐渐地吸收外国文学，使其成为自身肌体的一部分，这时的"外国文学"已不是外国文学了，正如我们吃了牛肉，消化并吸收了，牛肉已经不再是牛肉，牛肉已经融化为我自身的一部分了。长期以来中文系的"外国文学史"课，所做的实际上就是这样的吸收和消化工作，因此其意义不可低估。可以说，中国文学对外国文学消化和吸收的主要途径之一，就是在大学中文系的课程中，将外国文学课程中文化。用中文讲述外国文学，这一行为本身就是中外文学与文化的碰撞和融合，因而其实质就是"比较文学"。用中文讲述外国文学，外国文学便在中文、中国文化的语境中受到过滤、得到转换、得以阐发，也就是化"他"为"我"，其本质具有"翻译文学"的性质。这门课不单纯是"史"，更具有文学理论的特征。所以，在中文系用中文讲授外国文学，与在外语系使用外文讲授的外国文学，其宗旨和效果都是不同的，也是不能相互取代的。故而，将外语系的国别文学史照搬和移植到中文系来，是不可行的。

如果我们对中文系的外国文学史课程的性质达成这样的共识，那么，提出以"中国翻译文学史"来改造"外国文学史"，将原有的"外国文学史"课程转换为"中国翻译文学史"课程，就是非常自然、顺理成章的事情了。

当然，这还需要完成立场角度和观念方法的转换。

原来的"外国文学史"课程，是努力站在外国文学的角度与立场上，现在的"中国翻译文学史"课程，则要求站在中国文学的立场上，把翻译文学作为中国文学的组成部分来讲授。这绝不是外国文学史课程的取消，而是外国文学史课程的强化和转化。"中国翻译文学史"这一课程的特点，就是不满足于只讲"外国文学"，还要讲"外国文学"如何通过翻译家的再创作，转化为"翻译文学"，也就是站在中国文学及翻译文学的立场上讲"外国文学"。这样一来，中国文学史自身的发展演进线索就成为中国翻译文学史的纵向坐标。在这个坐标上，中国翻译文学家就成了中心点，"中国翻译文学史"课程首先是肯定和张扬翻译文学家们在中国文学史上的贡献和地位，使优秀的翻译家作为中国文学的功劳者，与著作家一样获得应有的评价，在中国文学史上占有相当的地位。其次，在"中国翻译文学史"的纵向构造上，要摆脱以往的外国文学史模式，在尽可能描述外国文学自身发展演进历程的同时，应当将重点放在描述中国翻译文学史自身的发展演进历程及其规律性的探寻上面。再者，"中国翻译文学史"对外国文学史上的文学思潮、运动、作家作品的轻重权衡和甄别取舍的依据和标准，主要不是外国文学史自身的标准，而是中国翻译文学史的标准，即根据其对中国文学的影响作用的大小、多寡和深浅，来确定其主次轻重。例如，英国的《牛虻》，或许在英国文学史上没有什么重要位置，但在中国翻译文学史上却有重要地位，这应予以确认。

这样一来，"中国翻译文学史"与原先的"外国文学史"就有了显著不同，它已经不单是外国文学的介绍和赏析了，而是进入了"研究"状态，是站在中国文化的立场上与外国文学的对话；中国翻译文学史既是中国文学史，也是站在中国翻译文学立场上所看到的外国文学史；中国翻译文学史既是与世界文学密切相关的中国文学史，也是站在中国文学立场上所观察到的世界文学史；中国翻译文学史既是中国文学与外国文学的关系史，也是一种以中国文学为中心的比较文学史——这就是我所理解的"中国翻译文学史"这门课程的实质。因此，用"中国翻译文学史"改造过的"外国文学史"，绝不是"外国文学史"的取消，而是"外国文学史"的强化——强化其比较文学的属性，强化其中国文学的主体性，强化这门课程的学术性，从而加大其深度，拓展其广度。

"中国翻译文学史"既然称为"文学史"，当然也就应该包括文学研究的内容。除了纵向的加强中外文学关系史的线索的梳理和描述外，在横向上，还要进行对名家名作的赏析与批评，特别是注意对翻译文学文本自身的鉴赏与批评。理想的状态就是在必要的时候对重要的译文与原文进行比较分析，看看翻译家如何创造性地将原文译成中文。这样一来就大大地增加了讲授的难度，对教师的外语、外国文学和中国语言文学的修养标准要求都提高了，对学生的接受水平的要求也提高了。当然，承担中国翻译文学史课程的教师，无论何人，都不可能通晓所涉及的所有外语语种和原文，但我们直接面对的是翻译文学，在原文不在场的情况下，也可以对译文本身进行赏析。例如，戈宝权译高尔基的《海燕》，一位中文修养足够的教师，完全可以在不懂俄文的情况下，感受和体会到译文本身的美并把这种美传达出来。二十多年前我的中学教师（他不懂俄文）就是这样做的，这至今令我难忘。也就是说，我们把优秀的翻译文学看作是翻译家的再创造，看成是中国文学的一种类型。中国翻译文学史所鉴赏所批评的对象，不是外文原作，而是翻译家的译作。在这里，一个教授中国翻译史课程的教师，其外文修养自然是越高越好，但更重要的，还是中文水平，是良好的中文感受力，是较高的文学与美学理论的修养。

　　将中文系的外国文学史或世界文学史基础课，改造为"中国翻译文学史课"，我认为势在必行，但要实现这个目标，还有较长的路要走。我认为这个工作可以分为两步走，第一步是在现有的"外国文学史"或"世界文学史"框架中，注入

"中国翻译文学史"的观念和角度及方法，也不妨说借"外国文学史"之名，行"中国翻译文学史"之"实"；第二步再争取改变这门课的"名"。不过在中国现有的教育管理体制下，为一门课程改"名"谈何容易。就我本人的实践而言，我目前只是初步尝试做到了第一步。而要做到第二步，必须有学术教育界的普遍的共识，必须写出高水平的中国翻译文学史的教科书。这需要付出长期的努力。但愿有意于、有志于这项工作的同行们，今后齐心协力，加强合作，为新世纪我国的世界文学与比较文学事业的兴旺发达，为中文系的教学改革和人才培养水平的提高，做出我们的贡献。

中国翻译思想的历史积淀与
近年来翻译思想的诸种形态①

　　"翻译思想"是研究和思考翻译问题而产生的有创意的思考与表达，需要在翻译研究与翻译理论中加以概括和提炼。"翻译思想史"属于"思想史"的范畴，与"翻译研究史""译学理论史"多有不同。中国翻译思想经历了三个时期的积淀：从道安到玄奘的四百年是中国传统翻译思想史的奠基期；从严复到钱锺书的一百年，是以解决"如何译"为中心的"泛方法论"时期；从1990年代至今的二十多年间是翻译思想的活跃期，翻译研究实现了学科化之后又走向超学科化，翻译理论体系化并有了学派化的倾向，出现了许渊冲的"翻译创作"论、谢天振的"译介学"、王秉钦的"文化翻译学"、辜正坤的中西诗歌鉴赏与翻译的理论体系与理论模式、冯天瑜等的翻译

---

　　①　本文原载《广东社会科学》2015 年第 5 期。

语研究及"历史文化语义学"等诸种思想形态，使得翻译思想有了更多的产出、更多的建树。同时这二十多年也是翻译思想史研究的"灯下暗"时期，需要努力加以确认和阐发。

一、翻译研究·译学理论·翻译思想

"翻译思想"即"翻译的思想"，是研究和思考翻译问题而产生的有创意的观点主张或理论建构。"翻译思想史"属于翻译史的专题史研究，研究的对象主要不是翻译家及其译作，而是翻译学者、翻译理论家及其思想。最近二十多年来，在这方面出现了一系列专门著作。代表性的有陈福康著《中国译学理论史稿》（1992年），王秉钦著《20世纪中国翻译思想史》（初版2004年，第二版2009年），许钧、穆雷主编《中国翻译研究（1949—2009）》（2009年）等。还有廖七一的《中国近代翻译思想的嬗变》和郑意长的《近代翻译思想的演进》两本断代史。它们分别使用了"翻译研究""译学理论""翻译思想"这三个词，但对这三个概念未做明确的区分和界定。例如，《20世纪中国翻译思想史》最早使用了"翻译思想史"这一概念，为这类著作的写作开了一个好头，但从内容和写法上来看，该书所理解的"翻译思想"与"译学理论"这个概念大致相同，因而写法上也与陈福康的《中国译学理论史稿》大同小异。当然，《20世纪中国翻译思想史》本来是作为教材使用的，这样的写法也无可厚非。

实际上，"翻译研究""译学理论""翻译思想"应该属于不同的三个概念。三者互有关联，也互有区分。"翻译研究"主要是指翻译理论、翻译实践、翻译史等方面的研究，"译学理论"侧重的是翻译理论与翻译批评，"翻译思想"则是关于翻译的思想，是从翻译研究、翻译理论与批评中产出来的思想成果。因为这三个概念的含义不尽相同，因而以某一概念为关键词的翻译史，其写法及范围也应该有所不同。其中，第一个概念"翻译研究"范围最宽，它包括了关于翻译的一切学术研究、学科教学、学科建设、学术活动、翻译经验总结和理论主张等。第二个概念"译学理论"或"翻译理论"，则主要研究属于"理论"形态的东西，包括翻译理论与翻译批评，陈福康称之为"译学理论"，其范围在"翻译研究"的基础上有所收缩。第三个概念是"翻译思想"，顾名思义是研究"翻译的思想"之历史的，范围论旨应该更进一步收紧，主要关注有"思想"建树的翻译研究与翻译理论。对于"译学理论史"或"翻译研究史"的写作而言，只要相关的著述存在着，你就不能忽视或无视，否则就是不尊重历史的存在。对于写得不好的文章和著作，可以做否定的、负面的评价，但不能略而不提。然而，写"翻译思想史"就不同了，对真正有思想史价值的，就要多说多写，对于缺乏思想史价值的人物与著作，可以少说或不说。

总之，我们应该对"翻译思想史"这个范畴加以明确界定，与"翻译研究史""译学理论史"等相关概念加以区分，否则，我们的翻译史研究就难以真正范畴化和类型化。只有界定相对清晰的研究范畴、确立相对独立的研究类型，才能进一步细化、深化中国翻译史的研究。区分了这三个概念，我们就会明白，为什么在翻译研究史、译学理论史之外，还需要再写"翻译思想史"。此前，陈福康、王秉钦等先生都做了很好的工作。可以说，就"译学理论史"的角度和选题而言，要写一部在文献资料上超越陈福康的《中国译学理论史稿》的著作，是很困难的。要在现有的基础上有所前进，就要把立足点由"译学理论史"转到"翻译思想史"上来。要在已有的译学理论史研究的基础上，更强化"思想"的品质。要从"翻译的思想"或"思想史"的角度，对已有的相关材料加以重新审视、筛选、概括和提炼，把真正属于"思想"层面的东西抓出来，加以阐发。

什么是"思想"？众所周知，思想是一种创新性的思维和表达。思想当然不是放纵想象、胡思乱想，因为思想要从知识与学问中产生，它要依附于知识、学问和学科。所以我们的翻译学学科、研究翻译的学问，理应是产生思想的土壤与温床。同时，思维和表达的基本材料是语言，因而大凡新思想，就一定要有新的概念、新的范畴、新的命题乃至新的体系和范式。作为"翻译的思想"而言，新概念、新范畴、新命题，是翻译思想的显著表征或主要标志。换言之，如果一部理论性的著作没有提出相应的经得住推敲的新概念、新范畴或新命题，那它有没有思想建树，就颇有疑问了。

"翻译思想"往往包含在"翻译研究"中，也包含在"译学"或"翻译理论"中；不见得所有的"翻译研究"和"译学理论"中都有"思想"的建树；严格地说，称得上是"思想"的东西，既要有严谨的逻辑、有理论的深度，又要有理论想象力和鲜活的生命体验，应该具有思考与表达的独特性、创新性、启发性与耐用性。有思想的，一定会有学问的基础；但是有学问的，不一定有思想。因此，"翻译思想"需要从"翻译研究"和"译学理论"中加以提炼。另一方面，虽然我们的思想创新离不开古今中外的遗产，但是，完全跟着西方的翻译话题走的，那主要属于西方翻译思想的延伸与影响的范畴，不是严格意义上的中国人的翻译思想；完全固守传统翻译思想的，是保守古人的思想，而不是现代人的翻译思想。

　　思想既不能以作者的知名度而论，也不能以文章的长短、书籍的厚薄、读者的多少而论。就翻译界而言，影响最大的是学生不得不使用、出版社也最愿出版的教材。但是在当代中国，除非少数个人专著型的教材外，一般教材很难有"思想"。有的书发行量较大，再版次数多，但并不一定其"思想"价值就大，发行量与思想价值大小没有直接的对应关系。有一些没有思想含量的书影响面较广，相反，一些有思想的著作与文章，却相对寂寞。因为真正的"思想"，大多是独辟蹊径、先行一步、孤独寂寞的，而且起初往往被一些人当作异端邪说，冷漠待之、不屑一顾，甚至加以攻讦。因为它关注的东西是一般人想不到或不关注的；它的表述方式，也是一般人所不习惯的。西方思想史上的大家，大都不是被同时代人所认可的；东方的孔子、释迦牟尼，也都是死后两三百年才被人体会到价值之所在并逐渐被人重视的。因此，翻译思想史，特别是当代的翻译思想史，也不能只以传播远近与影响大小作为考量的主要依据。

二、"翻译思想"与"翻译思想史"

以上述的"思想"为标准，"中国翻译思想史"对翻译史上的学术研究与理论遗产的轻重权衡就有了一个标准。作为一种相对独立的翻译史类型，"中国翻译思想史"与"翻译研究史""译学理论史"都有不同。也就有了自己特有的立场、视角、选材范围、价值判断标准。"翻译思想史"既然属于"思想史"的范畴，就要从思想史的角度研究"翻译研究"与"翻译理论"，就要看看哪些"翻译研究"的成果包含着"思想"，哪些"译学理论"具有"思想"的价值，要看看它们为中国思想史贡献了什么。

按照翻译思想史的这个原则来考量的话，许多文字是可以排除在"翻译思想史"之外的。例如，一些作者不了解翻译研究的历史现状，仍写文章重复别人的话题，结果就地打转，了无新意；许多文章热衷于讨论、争论没有学术价值的、不言而喻的问题，浪费了好多纸张与精力；许多人一窝蜂似地跟随西方翻译学界，写了大量选题重复的书籍和文章，以致关于女权主义与翻译、后殖民主义与翻译、结构主义与翻译之类的评介性文章，连篇累牍，不绝如缕。更有许多作者把介绍外来的东西当作学术本身，习惯于生搬套用，丧失了独立思考的能力，更丧失了思想能力。一些人的文章与著作，说得很正确、很在理，头头是道，客观公正，但那些话要么是正确的废话，要么是对此前正确的、有用的话的复述或祖述，没有提出属于自己的真正的思想。有的学者，写出了一部大著，全书却连一个像样的新概念、新范畴都没有提出来，更何况什么新命题、新思想！个别带着"翻译美学""比较美学""艺术哲学"字样的翻译理论著作，貌似高深，实则浅陋，细读之下，常常令人大失所望。更有甚者，故弄玄虚、云山雾罩，不免使读者产生受愚弄的感觉。有的学者甚至出版了十多卷本的翻译论著全集，可惜这些书大多烦琐而又混乱，因为作者缺乏理论想象力，缺乏翻译实践的鲜活生动的体验，于是文字死板，了无生气，其著作的数量规模与思想含量之间严重不对称。当然，这只是从思想史的价值而言，我们也要承认这些书在学科建设、教学乃至指导翻译实践方面，都有它的用处，这是不用多说的。

翻阅现在已经出版的中国译学史或各种翻译史著作，就会有一个强烈的感受，真正含有"思想"的译学研究和翻译理论并不多。相比之下，在当代中国，史学理论研究、文化研究、文艺理论研究、美学研究、比较文学研究等学科，思想的生产比较活跃，但翻译研究领域却相对要少。这个印象的形成，有两个方面的原因，一个是客观实际方面的原因，就是有思想史价值的东西本来就不会太多。就翻译界而言，翻译研究连接中外，视野开阔，本应该是思维最为活跃、思想生产力最强的领域，但是长期以来，中国的翻译研究与翻译理论着眼于实用，强调对翻译实践的指导价值，而不把这个领域看作是思想的平台，于是造成一种局面，就是"翻译的研究"很多，"翻译的理论"也不少，"翻译的思想"却不多。相对而言，"翻译的研究"产生知识，"翻译的理论"总结和提炼知识，努力使之由"知识"上升到"学识"，"翻译的思想"却必须在这个基础上产生思想。我国的学术，在超越常识、生产知识、提炼学识方面，是做得不错的。但是，由于种种不必多说的复杂原因，在"思想"的生产上，却相对贫弱。这一点不仅是翻译界，其他领域也是如此，例如笔者曾撰文指出：在中国的"东方学"界，"知识东方学"很繁荣，"思想东方学"却较为贫弱，而在欧美和日本乃至韩国，"东方学"却是思想最活跃的领域之一。中国的翻译界是不是也如此，何以如此，这是值得我们思考的问题。

说"翻译界"思想产出相对贫弱，并不是说我们的翻译研究、翻译理论中没有思想。现在的问题是，已有的翻译史研究著作，常常将知识与思想、理论与思想混为一谈了，甚至将"权威"与思想、"权力"与思想混为一谈了，造成了翻译史研究在选题与论述上的偏颇。一些近现代翻译家或翻译理论家，因为他在其他方面的名声大、造诣高、地位高，所以他关于翻译的论述就备受重视。在当今大学行政化、学术官场化的大背景下，因为一些教授所拥有的行政权力资源多，掌握学术评比、评选的权柄，成了学霸，所以他的有关著述就被一些人高看一眼，以紫夺朱，自觉不自觉地做了过高估价。

实际上，一些重要的翻译思想，既在人们所熟知的名家名作中，也在人们所不太注意的一些作者的文章中。所谓"不太注意"，就是一些研究者圈子意识太强，他们顾不上关注甚至不屑于关注圈子以外的研究成果。须知当今学术思想常常是在跨学科、交叉学科的板块之间产生的，学术体制的圈内圈外，都需要加以注意。

就当代中国翻译思想而言，并非我们的翻译思想绝对贫乏，而是我们发现得还不够、阐发得更不够。中国翻译研究的矿床很大，沙子石头多，贵金属也多。本着去粗取精、去伪存真、科学评价、恰当定位的写史原则，在这些数量众多的文章著作中去发现真正的思想建树，也是可以做到的。现在我们提倡"中国翻译思想史"的写作，就是要从思想史的层面，对中国译学建设、翻译研究、理论建构的成果，在已有的基础上再加甄别、再做提炼、再做取舍、再去发现。把真正有思想价值的东西呈现出来，突显出来，弘扬出去，让广大读者和后辈学子加以思考和判断。说到"再加甄别、再做提炼、再做取舍"，就是说，也许在已有的相关著述中反复提到的人物或著述，在新的"中国翻译思想史"中就不用多说了，而是把重点放在"思想"价值的发现与阐发上面。不能满足于介绍和评述，要让所研究的翻译思想家的思想有交流、有撞击，以便相互发明；要能够对翻译思想家的思想，加以分析、综合、提炼和阐发，进而做出思想史上的价值判断。

三、中国翻译思想史的三个时期的历史积淀

纵向地看，两千年间中国翻译思想史的历史积淀，可以分

为三个时期。第一是古代，从道安到玄奘，即从公元4世纪到7世纪的三百多年间的佛经翻译时期；第二个时期是现代，即从严复到钱锺书，亦即从19世纪末至1980年代的近一百年间；第三个时期是从1990年代至今。

具体而言，在古代，翻译思想主要表现在六个方面：一是关于"翻""译"与古代"翻译"概念的产生与翻译思想的起源问题；二是佛经翻译家关于"直译""重译"等翻译方法的概念与思想；三是佛经翻译中的"信"的思想；四是佛经翻译的名与实、文与质的关系论；五是佛经翻译中的"格义"与阐释学方法；六是道安的"失本"、玄奘的"不翻"与"不可翻"思想。这六个方面是古代中国翻译思想的精华，形成了翻译思想的原创期，虽然只局限在佛典翻译领域，却涉及翻译原理、翻译方法、翻译文化论、比较文学与比较文化论等各个方面；虽然只是只言片语，却是开天辟地、空谷足音、微言大义，需要在现有的基础上做进一步阐发。

第二个时期，即从严复到钱锺书的时期，是被研究得最为充分、最为深入的时期。例如，陈福康的《中国译学理论史稿》，在这方面做了开拓性的研究，该书对这一时期的论述占了总篇幅的百分之八十。王秉钦的《20世纪中国翻译思想史》中，这段时期的论述也占了百分之八十以上。虽然该书名中有"20世纪"的字样，但对20世纪80年代后的翻译思想最为充盈的时期，却以约十分之一的篇幅做了简单化的处理。作者在序言中所概括的"中国翻译思想发展史的十大学说"，其中除了有一个是古代的"文质论"之外，其他九个"学说"都高度集中在这段时期。实际上，这段时期的一些"学说"，如林语堂、朱光潜、茅盾、焦菊隐的理论观点，从思想史的角度看，还嫌简单，创意也不大，实难称之为"学说"或"思想"。从真正的"翻译思想史"的角度看，这一时期可以称得上是"思想"的，大致有四个方面，一是严复的"信达雅"论及后人的阐发。但是与其说"信达雅"是一种思想形态或具有思想的价值，不如说它在翻译理论方面具有承前启后的价值，形成了以规范论与标准论为中心的中国传统翻译理论的主流形态，可以称之为"泛方法论"形态。二是鲁迅等人提出的"逐字译""直译""宁信而不顺"等主张，表达了借助翻译来改良汉语乃至实现中国语言的现代化的意图；鲁迅关于翻译批评是"剜烂苹果"的论述，意在矫正胡译、建立现代规范的翻译与翻译批评；鲁迅关于"复译"与"转译"的主张，也是他的"拿来主义"文化思想的组成部分。三是郭沫若等人起初以"处女、媒婆"论贬低翻译，后又将翻译抬升到与"创作"相等的位置，提出了"好的翻译等于创作，甚至还可能超过创作"的命题论断，标志着翻译家对翻译的高度自信，这种自信是此前的翻译家所没有的，是翻译艺术进入成熟状态的自然反映，也代表了那时人们对翻译文学独立价值的普遍认同。四是"形神"之辨与傅雷的"神似"、钱锺书的"化境"论及其后人的阐发。"神似""化境"是诗学的、描述性的审美价值判断，却也是中国翻译理论援引中国传统文论与诗学概念的最后的表达。在以上一百年间的翻译思想的四个方面中，鲁迅的主张、郭沫若的主张，在当时都是以貌似极端的、偏颇的方式提出来的，现在看来却有更大的思想价值。

总体来看，从严复到钱锺书这一百年的翻译理论，所讨论的问题都集中在译者"如何译"的层面，是翻译规范论、翻译技术论、翻译方法论的放大，其理论话语的关键词，可以"信达雅"来概括，所有的议论和理论，实际上都围绕着这三个字展开。"直译"与"意译"论、"归化"与"异化"论、风格忠实论等不必说，"再创作"论和"神似""化境"说虽然将翻译理论从"如何译"引申到了翻译美学层面，但仍属于"信达雅"说的综合化与深化。这一时期翻译理论的基本特点，除了鲁迅、瞿秋白等少数的翻译思想具有现代思想文化的关心与建构的意图之外，可以说基本上都是"就翻译论翻译"，即属于泛方法论。有关翻译的话语无法和其他的话语相碰撞，这是翻译的思想产出较少的主要原因。此时期这种翻译思想的单调与丰富的翻译实践是不太相称的。这也表明，思想往往是落后于实践的。翻译的思想需要后人从大量的翻译史料中慢慢发现和提炼。

第三个时期，就是最近二十多年。这里以 1990 年代以后作为开端。而现有的各种专门史一般都习惯于把改革开放后的 1970 年代末或 1980 年代初作为断代的年限。其实，对翻译思想史而言，整个 1980 年代，与此前的九十多年相比并没有本质的改变，从 1990 年代中期以后才真正开始了新的时代，因为翻译研究由传统的语言学转型为新的文化学研究、文学研究，理论思考的角度改变了，思想建构的方式也改变了。1990 年代至今虽然只有短短的二十多年，却是翻译思想最为活跃、产出最大、建树最多的时期。而这一段时期，恰恰是翻译史研究的"灯下暗"时期。对这段时期的翻译理论与翻译思想的梳理、评述与研究严重不足。陈福康著《中国译学理论史稿》只写到 1980 年代为止，该书虽然多次再版，最近一次再版（2011 年）改题为《中国译学史》仍然没有往下延伸和增补。作者在"后记二"中说："拙书只写到 1980 年代止，曾有朋友希望我将此后的三十年也补写一下。老实说，这也并不那么难写，但还是需要花费大量的时间精力的。"说"需要花费大量的时间精力"是实情实话，但是说"并不那么难写"，却未必然也。至于说不写最后三十年，是考虑"也省得写到我不想提到的人的高论了"① 云云，就更不应该成为理由了。实际上，从"史"的角度叙述当代学术，看起来容易，做起来很难；或者即便感觉做起来容易，实则很难做好。王秉钦等著《20 世纪中国翻译思想史》是 20 世纪的"中国翻译思想"的断代史，作者在"再版自序"中说："我越来越感到，原来的研究项目框架已不能完全涵盖和容纳思想史所研究的全部范围。"②其中最重要的问题是，20 世纪中国翻译思想史的重头戏在最后二十年，而该书恰恰对最后二十年做了简化处理。对此，正如谢天振教授所指出的，该书对最后二十年的"轻轻几笔带过"，使得全书内容显得"头重脚轻"。③这大概是因为

---

① 陈福康：《中国译学史》，上海：上海外语教育出版社，2011 年，第 433—434 页。

② 王秉钦：《20 世纪中国翻译思想史》（第二版），天津：南开大学出版社，2009 年，第 3 页。

③ 谢天振：《海上译谭》，上海：复旦大学出版社，2013 年，第 89 页。

距离太近，再加上非学术因素会影响学术判断，有好多东西不容易看清楚。文献数量也空前庞大，更加令人如入宝山，一时眼花缭乱，难得要领。正因为如此，今后要撰写"中国翻译思想史"，就需要对研究最为薄弱的最近二十多年加以重点处理和特别关注，努力解决学术史写作中出现的"灯下暗"的现象，要用与这一时期的翻译思想的丰富建树相称的篇幅和字数，来谋篇布局。

四、近二十多年来中国翻译思想的诸种形态

中国翻译思想史上的第三个时期，即最近二十多年来，中国翻译思想的建构或建树，主要表现在以下几个方面：

第一是许渊冲先生的以"译者与原文竞赛"为核心的"新世纪新译论"。许渊冲是天才的翻译家，他的翻译思想是从心底里自然地哗哗地流淌出来的，不是搬来的、借来的、挤出来的、炮制出来的，属于真正的"浑金璞玉"。他的思想打破了传统的规范论、忠实论的束缚，他的表达方式也打破了我国学界常见的那种故作深沉、故作谦逊、故作沉着的惯态，以其特有的执着与率真，显示了一位翻译家旺盛的思想能力。他从翻译艺术的体验中创制了一整套属于自己的概念和范畴，提出了"三美论""三似论""三化论""三之论"，都在强调译作本身的独立的、创造性的价值，是前期"好的翻译等于创作"论的深化和理论化，形成了独具特色的"翻译创作派"或简称"译作派"。尽管其阐述具有感性的、不周延的、不完

满的地方，却具有可观的思想含量，值得后人加以打磨和阐发。

第二是谢天振先生的"译介学"建构论。谢天振最早将比较文化、比较文学与翻译学相嫁接，较早在"媒介学"的基础上提出了"译介学"这一重要的分支学科概念，并反复不断地通过文章、著作、论文集、教材等形式加以论述，影响很大，使得传统的基于语言学基础上的翻译研究，上升为文化传播史、影响史与接受史的研究，上升为比较文化与比较文学的研究，为翻译学开辟了新路，使"译介学"形成了一种新的研究模式，也是近年来颇有声势和影响的学术思想流派。

第三是王秉钦等先生的"文化翻译学"建构论。他在1995年出版的《文化翻译学》一书中，最早明确而系统地提出了"文化翻译学"的学科范畴，建立了文化翻译学的理论体系，将语言文化中的翻译问题与翻译中的语言文化问题统一起来，将外国翻译界的文化翻译理论与中国传统翻译实践与翻译理论结合起来，推动了中国翻译研究与文化研究的对接，后来在众多研究者的呼应与努力下，事实上已经形成了"文化翻译"的研究模式或研究流派，这种模式相当程度地打破了此前一百年翻译研究的语言学单一向度，也为翻译思想的生产创造了更多的可能与空间。

第四是辜正坤先生的中西诗歌鉴赏与翻译体系模式论。他从丰富的翻译实践入手，总结出了一整套中西诗歌鉴赏与翻译的理论体系、理论模式，包括诗歌鉴赏的"五象美论"、十个角度、五个标准、五个功能论，把诗意的灵动性与概念范畴的科学严谨性很好地结合起来，将中国传统哲学、美学、文论与西方作品相互浸泡与融汇，使其翻译论由"技"进乎"道"，也就有了思想的品质。他提出的"玄翻译学"作为"翻译理论的理论"，也是从哲学层面探讨和研究翻译理论问题、翻译文化问题的方法论。虽然还有待于进一步论证和充实，但使翻译问题思想化的动机，是非常有意义的、值得赞赏的。

第五是翻译造词（翻译语）研究及"历史语义学"方法论。冯天瑜、沈国威等一批学者，在新旧世纪交替时，提出了"历史文化语义学"或"文化语义学"等概念和主张，以"翻译语"的研究为基本单位和切入点，从语义的历史演变的角度，解释了中外语言文化、翻译文化之间的深层联系，冯天瑜的《新语探源》及相关学者所发表的一系列相关成果，往往能在哲学、美学、文论、翻译学等各方面，加大研究深度，阐发、生发出思想史的价值。

第六是"翻译文学"概念的定着及其中国文学属性论。把"翻译文学"作为一种介于"本土文学"与"外国文学"之间的独特的文学类型，并把它视作中国文学的组成部分或特殊组成部分，是一个具有思想史意义的事件。它的理论论争的结果，不仅为翻译文学定性与定位，而且颠覆、更新了人们对翻译文学与文学翻译的认识，改变了人们对"中国文学""外国文学"的传统认知，"翻译文学"融入"中国文学"，使翻译家和译作进入了中国文学研究的视野，也带来了中国语言文学学科课程内容的变革。在这个问题上，施蛰存、贾植芳、方平，特别是谢天振等先生，都做出了重要贡献。

第七是翻译史及翻译文学史的体系建构论与方法论。这是一种新的历史书写方式，马祖毅先生最早写出了综合性的《中国翻译简史》，谭载喜最早写出了《西方翻译简史》，陈玉刚、刘献彪等先生最早写出了《中国翻译文学史》，王克非在《翻译文化史论》中较早提出了"翻译文化史"的概念，王向远写出了最早的一部国别文学（日本文学）翻译史、最早的东方区域文学翻译史及中国文学翻译论争史，提出并阐明了翻译文学史的六大要素及方法论。季压西、陈伟民合著的长达150万字的三卷本《语言障碍与晚清现代化进程》，从"语言障碍"这一概念切入近代翻译文化史，等等。那些关于翻译史的个案研究与专题研究，在产生了大量系统丰富的新知识的同时，它们的作者都提出了或在著作中体现了自己的翻译史写作的思想方法，都是值得翻译思想史加以总结、阐发和提炼的。

进入新世纪后，中国翻译研究中的"文化翻译""译介学"形态，在繁荣发展了二十多年后，也出现了选题重复、理论想象力贫弱、创新点缺乏、对某些观点与主张阐释过度、走向偏颇偏执等现象和问题。鉴于这种情况，笔者提出了"译文学"这一概念及新的研究范式。"译文学"的建构前提，是把当代中国的翻译研究划分为"翻译学""译介学""译文学"三种不同的研究模式，认为一般的"翻译学"是语言学中心论、忠实中心论，"直译·意译"二元的方法论；"译介学"是媒介中心论、文化中心论、"创造性叛逆"论、"异化·归化"二元的翻译方法论和译本评价论；而"译文学"

作为"译文之学"，即以研究译文为中心的学问，则是"译本中心论""文学中心论""译本批评中心论"，"创造性叛逆"与"破坏性叛逆"两种叛逆论，"迻译·释译·创译"三位一体的翻译方法论与译本评价论，并主张以"迻译·释译·创译"的三元论来取代传统的"直译·意译"二元论。以"归化·洋化·融化"的正反合论，来取代"归化·异化"的二元对立的文化风格与翻译策略论。还提出了"翻译度""译文老化"等概念，主张把"翻译语"的研究作为"译文学"研究的最小单元。"译文学"的译文研究模式与批评模式，可以与"译介学"的译介研究互为补充，也是超越传统翻译学、开拓并深化今后的中国翻译研究的一大模式与方向。从"译文学"产生的思想，是从翻译研究的核心与本体——译文——中产生出来的，因此它是严格意义上的"翻译的思想"，而不是"文化研究的思想""比较文化的思想"或"比较文学的思想"。

综观最近二三十年的"翻译的思想"，其最大特点是具有超学科、跨文化的生产特征。与前两个阶段的最大不同，表现在五个方面：

第一，是在表达方式上，超越了以翻译家为主体的翻译经验谈、感想与随笔的表达形式，而主要使用学术论文、学术论著的方式加以系统的阐述。

第二，"翻译"已经成为研究的对象，翻译已经在体制上被学科化。参与翻译学科建构的，大都是翻译家、理论家与学者三位一体的专业人士。

第三，在论题和话题上，由上一个时期的"如何译"，而转向了"译得如何""何以如此译"这两个基本问题，"译得如何"是做语言学与文艺美学的审美判断，"何以译""何以如此译"则是做历史文化学的全面观照，是做文学史、学术史、思想史的价值判断。

第四，与翻译学科化的同时，也出现了超学科研究的倾向，翻译问题已经不再是"翻译"圈子内的话题，而成为中国文学、外国文学、中国学术文化、文艺理论、美学等领域的共同话题。

第五，由于不同的思想主张与学术范式的形成，事实上已经出现了翻译思想中的不同思想流派的倾向和萌芽，这预示了今后的进一步发展的广阔前景。从思想史的角度看，只有不同流派的自然形成与流派之间的相互切磋与论争，才能促使思想火花的绽放，有利于思想成果的形成。

与其他国家比较起来看，我们在翻译思想的产出方面有得天独厚的条件，可谓天时、地利、人和。所谓"天时"，是说中国古代翻译的千年历史，近代翻译的百年历史，现在到了最终加以整理、清算、鉴别、阐发和提炼的时期；所谓"地利"，是说我们中国具有跨越中印、中西文字，即跨越汉语的象形表意文字与印欧语系的拼音文字两大文字系统的最悠久、最丰厚的翻译历史，是西方各国、东方的印度等国所难以比拟的，要论翻译思想的产出的条件，则舍中国而无他国；所谓"人和"，是指我们中国近年来已经形成了或许是世界上人数最多的从事翻译、翻译研究与翻译教学的队伍，而且许多是翻译家与理论家兼于一身，学科意识极强，最近这些年的翻译研究学术成果的产出量，估计也应该是世界第一了。在这种情况下，我们有条件发挥中国思想者的主体性的自觉，强化思想生产与思想创新的意识，超越传统的语言学层面的翻译论，而寻求跨学科的综合视角，从而促使翻译思想的不断生产。

后　记

　　我在《王向远文学史书系》的"卷末说明与志谢"中有这样一段话：

　　2020 年 1 月初，有出版界朋友建议我，将以往三十多年间出版的单行本著作予以修订，出版一套学术著作集……于是在二十多位弟子的帮助下，将已有的作品做了编选、增补、修订或校勘，编为二十卷。6 月份，当全部书稿完成排版后，被告知《"笔部队"和侵华战争》等侵华史研究的三部著作按规定须送审，且要等待许久。考虑到二十卷若缺少这三卷，就失去了"学术著作集"的完整性，于是决定放弃二十卷本的编纂出版方式，另按"文学史书系"（七种）、"比较文学三论"（三种）、"译学四书"（四种）、"东方学论集"（四种）几类不同题材，分别陆续编辑出版。

　　原定二十卷就这样拆成了四套小丛书。其中，《王向远文学史书系》（七种）先行编出并于 2021 年 9 月由九州出版社出版，《王向远比较文学三论》（三种）由广西师范大学出版社于 2020 年 9 月和 2021 年 10 月出版。现在这套《王向远译学四书》（四种）仍由九州出版社出版。

"译学四书"中的《中国译学史新论》是一部专题文集，共分三栏。其中第一栏"古代译学史新论"，第二栏"现代译学争鸣论"中的文章，除了《一百年来中国的文学翻译十大论争及其特点》《"创造性叛逆"之争与"破坏性叛逆"论》《"译文学"与"译介学"之争》三篇文章之外，其余六篇取自《中国文学翻译九大论争》（见《王向远著作集》第八卷，宁夏人民出版社，2007 年）一书中的有关章节。第三栏"翻译文学史与译学思想史析论"中的各篇文章曾在学术期刊上公开发表过。此次按古今时序及主题内容分类编辑后，可以体现"中国译学史"上的一些重要的点和面，并且可以大体见出中国译学史的基本线索。

感谢西北师大外语学院张焕香副教授校对初稿。

王向远

于广州白云山下，广东外语外贸大学东方学研究院

2021 年 10 月 5 日